P9-AFE-703

Anna Gondrexon
Hunderassen der Welt

Die Reihe BLV Bestimmungsbücher:

Band 1 Pilze
Band 2 Wildpflanzen (vergr.)
Band 3 Meeresfische
Band 4 Süßwasserfische
Band 5 Aquarienfische
Band 6 Heilpflanzen
Band 7 Steine + Mineralien
Band 8 Sterne + Planeten
Band 9 Tierspuren
Band 10 Pflanzen- und Tierwelt der Alpen
Band 11 Bäume + Sträucher
Band 12 Blumen am Mittelmeer
Band 13 Pflanzen Europas
Band 14 Hunderassen der Welt
Band 15 Insekten + Weichtiere
Band 16 Muscheln + Schnecken

BLV Bestimmungsbuch

Hunderassen der Welt

Über 300 Hunderassen,
farbig abgebildet und beschrieben

Anna Gondrexon

Zweite Auflage

BLV Verlagsgesellschaft
München Bern Wien

Übersetzung: Dieter Vogt

BLV Bestimmungsbuch 14

Titel der holländischen Originalausgabe:
Elseviers Hondengids

Illustrationen: K. van den Broecke u. a.

Printed in Belgium · ISBN 3-405-11362-8

Inhalt

Vorwort

Heute findet man ein ausgesprochenes Interesse für die verschiedensten Hunderassen. Es scheint uns deshalb sinnvoll, eine vollständige Aufzählung aller auf der Welt noch bestehenden Hunderassen zu bringen, und zwar in einer verbindenden, übersichtlichen Form. Unter diesem Gesichtspunkt ist der vorliegende Hundeführer zustande gekommen. Für diejenigen, die daran denken, sich einen Hund anzuschaffen, haben wir einen informierenden Teil mit Ratschlägen und Hinweisen aufgenommen, die für das Gelingen dieses Vorhabens wichtig sind. Darüber hinaus wollen wir den Wünschen derjenigen entgegenkommen, die sich ein Bild von der großen Unterschiedlichkeit der Hunderassen machen möchten. Mit diesem Führer bieten wir ihnen die Möglichkeit, bestimmen zu können, zu welcher Rasse ein einmal gesehener Hund gehören mag, aus welchem Land er stammt und wofür er verwendet wird oder wurde. Auch die rein durchgezüchteten aber noch nicht anerkannten Gebrauchshundrassen, wie der Foxhound, Otterhound und so weiter, sind hier aufgenommen.
Im Kapitel »Allgemeine Hinweise« findet man Anweisungen über die Einteilung und Anwendungsweise des Buches.
Wir hoffen, mit diesem Führer einen Beitrag zur Verbreitung der kynologischen Kenntnisse geleistet zu haben, und es würde uns freuen, wenn er bei der Auswahl, der Erziehung und der Versorgung dieses Haustieres von Nutzen wäre.

Die Autorin

Einleitung

Wir wählen einen Hund

Die Umstände, unter denen jemand vor die Frage gestellt wird, welchen Hund er sich nehmen soll, können sehr verschieden sein. Es kann sein, daß man einen Hausgenossen sucht, der zugleich in der Lage ist, einem möglichen Einbrecher Respekt beizubringen; vielleicht hat man auch aus anderen Gründen eine Leibwache nötig. Man kann die Eintönigkeit des Alleinseins unterbrechen wollen oder als Ehepaar ohne Kinder ein gemeinsames Lebewesen suchen, um es zu umsorgen. Eltern wünschen sich manchmal aus pädagogischen Gründen, daß ihre Kinder schon jung den Umgang mit Tieren lernen. Vielleicht ist es oft auch nur ein Nachgeben, weil sich die Kinder schon lange einen Hund gewünscht haben. Für andere wiederum ist der entscheidende Punkt das dekorative Element, das ein Hund einem Haus verleihen kann. Viele fühlen sich dabei von der unvergleichlichen Anhänglichkeit angezogen, die nur ein Hund zeigen kann. In all diesen Fällen lebt man in der Illusion, ein Hund liefere einen positiven Beitrag für das tägliche Leben. Dabei neigt man dazu, sich darauf zu stützen, was man bei anderen erlebt hat, und trifft dann gern seine Wahl mit derselben Hunderasse. Paßt ein Hund aber weniger gut in Verhältnisse, in die er hineinkommt, werden seine guten Eigenschaften nicht oder nur gering entwickelt. In einem solchen Fall kann ein in jeder Hinsicht vorzüglicher Vertreter seiner Rassenanlagen auch ungehorsam und aggressiv werden, ja es kann gefährlich sein, mit ihm umzugehen. So wird die Anschaffung eines Hundes zum ersten Schritt auf einem Leidensweg, an dessen Ende der Hund immer das Opfer ist.

Wer ernsthaft an das Anschaffen eines Hundes denkt, muß damit beginnen, sich und seinen Angehörigen einige unausweichliche Kriterien vorzulegen. Als erstes muß man sich darüber klar werden, ob man die Möglichkeiten hat, die Verantwortung für einen Hund zu übernehmen. Die Zeit, die man einem Hund widmen kann, ist außerordentlich wichtig. Man muß einfach die nötige Zeit aufbringen können, darin gibt es keinen Ausnahmehund! Man braucht Zeit, um sein Fressen zuzubereiten, um ihn regelmäßig zu versorgen, um eine tüchtige tägliche Wanderung von mindestens einer Stunde mit ihm zu machen und um ihn darüber hinaus zwei- bis dreimal pro Tag herauszulassen, und das bedeutet nicht, ihn nur einfach auf die Straße zu schicken.

Dann kommt die nicht weniger wichtige Frage: Was denken die anderen Familienangehörigen? Gibt der Hund keinen Anlaß zu Reibungen? Kinder sind anfangs gerne bereit, den Hund zu versorgen und hinauszuführen, aber wenn das Neue vorüber ist, bleibt oft nicht mehr viel davon übrig. Vor allem: Sieht die Frau des Hauses den Hund gern kommen? Sie ist es nämlich, an der das meiste hängenbleibt, wenn Mann und Kinder außer Haus sind. Für sie bleiben außerdem die weniger schönen Arbeiten übrig, wie das Entfernen des Schmutzes, der bei schlechtem Wetter ins Haus gebracht wird, das Entfernen der Haare von Teppichen und Möbeln und auch der kleinen »Unglücke«, die sehr wohl vorkommen können. Bei einem jungen Hund ist sie diejenige, die alles saubermachen muß und die bei Krankheiten da sein muß, denn auch der Hund ist, wie der Mensch, manchmal krank. Ist man sich soweit klar, und fällt der Beschluß positiv aus, dann überlege man, was während der Ferien mit dem Hund geschehen soll. Kann er immer mit? Hat man Bekannte, die bereit sind, ihn aufzunehmen? Oder muß er in einer Tierpension untergebracht werden? Im letzten Fall warte man nicht bis zum Tag vor der Abreise, um nach einer wirklich guten Adresse zu fragen. Außerdem stelle man sich auch die Kosten vor, die nicht unbeträchtlich sind. Zu den Kosten kommen noch die täglichen Aufwendungen, wie Fütterung, die den Bedürfnissen entsprechen muß, die unvermeidlichen Rechnungen des Tierarztes, und die Hundesteuern, die in manchen Gemeinden nicht gerade niedrig sind. Es ist nun einmal so, daß jeder Besitz neben Freude auch Sorgen und Verantwortlichkeit mit sich bringt. Und der Besitz eines Hundes macht da keine Ausnahme. Hat man nach gründlicher Überlegung noch immer den Wunsch nach einem Hund, dann taucht die Frage auf, ob es ein Rassehund sein muß.

Bastard oder Rassehund?

Vorangestellt sei, daß jeder Hund, genau wie der Mensch, vor allem ein Individuum ist und daß jeder Hund, ob reinrassig oder nicht, seine eigenen Charaktereigenschaften hat. So ist ein »Straßenköter« nicht geringer als ein »Rassehund«. Er kann treu und anhänglich sein, lebhaft oder träge, aggressiv oder freundlich, zutraulich oder scheu. Der große Vorteil eines Rassehundes ist nur der, daß bei Jungen das Aussehen ganz und der Charakter größtenteils festliegt. Dadurch kann man bei einer genauen Wahl Bedürfnisse und Möglichkeiten vereinigen. Obwohl sich bei jedem Vertreter einer Rasse individuelle Merkmale einstellen, sind die Anlagen bei allen doch dieselben. So ist ein Hund, der zu den Hütehunden gehört, wachsam und verteidigungsbereit; ein Terrier ist unternehmungslustig und fröhlich; eine Bracke ist von Haus aus eigensinnig und zeigt eine große Jagdleidenschaft. Eine andere Überlegung bei der Wahl eines Rassehundes ist die, daß man bei einer eventuellen Zucht ein gewinnträchtigeres Ergebnis erzielen kann als mit einem Bastard. Von einer schönen, gesunden und rassereinen Hündin und einem gut gewählten Rüden kann man einen vielversprechenden Wurf erhalten. Man muß sich aber darüber klar sein, daß dies sehr viel Arbeit und Zeit verlangt und Kosten mit sich bringt, die mitunter kaum durch die Aufzucht der Jungen gedeckt werden können. Abgesehen davon, ist es ein herrliches Erlebnis, einen Wurf junger Hunde von Tag zu Tag heranwachsen zu sehen.

Wenn kein ausgesprochenes Interesse für eine bestimmte Hunderasse besteht, dann kann man mehr als genug zwischen den unglücklichen Hunden wählen, die im Tierasyl auf einen neuen Herrn und ein liebevolles Zuhause warten. Mit einigen Ausnahmen werden es Bastarde sein, das sind Hunde, deren Eltern nicht zur gleichen Rasse gehören. Manchmal handelt es sich um Kreuzungen von zwei Hunden verschiedener Rasse, aber meistens sind es Mischlinge von vielen Rassen, weil bereits eines der Elterntiere (oder beide) ein Bastard war. Ein solcher Bastard kann natürlich, genau wie ein Rassehund, ein lieber und angenehmer Geselle sein, ja, er kann selbst ein schönes Tier sein oder werden, wenn sein Äußeres kynologisch auch nicht unterzubringen ist. Geht es um ein junges Hündchen, dann kann man nicht voraussagen, mit welchen Eigenschaften und welchem Aussehen es heranwächst. Glücklich sind Menschen, die bereit sind, ein Risiko einzugehen. Dieses Risiko ist selbstverständlich geringer, wenn es sich um einen ausgewachsenen Hund handelt. Man vergesse nicht, daß ein Findling, der vielleicht bereits seit Tagen allein in einem Asyl gesessen hat, sich nicht von seiner besten Seite zeigen wird; ein störrischer, scheuer Asylhund kann sich aber in einer neuen, liebevollen Umgebung sehr wohl zu einem idealen Hausfreund entwickeln. Man tut ein gutes Werk, wenn man einen Findling aufnimmt. Allerdings darf das nicht wahllos geschehen. Es kann einen besonderen Grund geben, weshalb der Hund im Asyl landete. In einem solchen Fall muß man dann bereit sein, sich ganz einzusetzen, um mit diesen nicht geringen Schwierigkeiten fertigzuwerden. Man denke daran, daß es unmenschlich ist, ein Tier erst aus seinem Elend zu holen und es danach wieder zu verstoßen. Die gute Absicht endet dann in einer Tragödie. Genau wie beim Anschaffen eines (teuren) Rassehundes gilt auch beim Annehmen eines hilflosen Bastards der Grundsatz von der Verantwortung des Menschen für ein aufgenommenes Tier.

Übrigens möchten wir hier vor einem weitverbreiteten Irrtum warnen: Die Behauptung stimmt nicht, daß ein Bastard oder Straßenköter gesünder oder widerstandsfähiger ist als ein Rassehund.

Wenn aber, trotz der vielen Plädoyers für ein in Not geratenes Geschöpf, der Entschluß zum Vorteil für den Rassehund ausfällt, überlege man zuerst, welche Eigenschaften man bei dem zu erwerbenden Hund zu finden hofft. Hat man eine Gruppe gewählt, zu der der Hund gehören soll, zum Beispiel Wachhund, Jagdhund oder Gesellschaftshund, dann bestehen meistens noch große Unterschiede in den Maßen und im Haarkleid. Man führe sich deshalb zu allererst vor Augen, in welche Verhältnisse der neue Hund kommen wird. Keine große, langhaarige Rasse in eine kleine Etagenwohnung, keinen sportlichen Hund, wenn man keine Gelegenheit hat, ihn auslaufen zu lassen, aber auch keinen Laufhund in der Nähe freier Felder oder Wälder, wo er, seinem Jagdinstinkt folgend, droht verlorenzugehen. Man vergesse nicht, daß ein rauh- oder langhaariger Hund viel mehr Zeit zur Pflege verlangt als ein kurzhaariger, und daß bei sachkundigem Trimmen und »Verschönen« recht beachtliche Kosten anfallen können. Will man sich diese Kosten nicht machen, bekommt man schnell einen Hund, der ganz anders aussieht, als der Typ, dessentwegen man ihn wählte. Noch größer ist die Ernüchterung, wenn man sich ohne Rassenkenntnis durch das rührende Schnäuzchen eines entzückenden Welpen zum Kauf verleiten ließ – und nach einem halben Jahr im Besitz eines Hundes von der Größe eines Kalbes ist.
Eine ausgezeichnete Möglichkeit, sich sehr breit zu orientieren, findet man auf den verschiedenen Hundeausstellungen. Eine andere Gele-

Niedliche junge Hündchen, die sich bestimmt zu starken Hunden entwickeln, die ihren Platz fordern.

genheit, sich Hunde in lebhaftester Aktion anzusehen, bieten die Klubwettkämpfe, die man bei bestimmten Hunderassen abhält. Nachdem man dann seine Wahl enger umrissen hat, kann man sich wegen weiterer Informationen an die speziellen Klubs wenden, die für die meisten Rassen bestehen.

Diese Klubs wurden von Liebhabern und Züchtern gegründet, um die Grundlagen einer bestimmten Rasse – oder einer Gruppe von Rassen – zu pflegen. Sie erteilen gern alle gewünschten Auskünfte. Die Adressen der Sekretariate dieser Klubs bekommt man beim Verband für das Deutsche Hundewesen e. V. (VDH), Dortmund, Schwanenstraße 30. Man sei sehr vorsichtig beim Kauf eines Hundes, der in einer der zahllosen Tageblattanzeigen angeboten wird. Diese Anzeigen stammen sehr oft von Händlern oder Berufszüchtern, denen es einzig und allein darum geht, mit einem Wurf soviel wie möglich zu verdienen. Solche Leute paaren zwei willige Hunde derselben Rasse, ohne sich um eine verantwortliche Kombination zu kümmern; sie züchten viel zu viel mit ein und derselben Hündin und geben sowohl dem Muttertier als auch dem Wurf keine vollwertige oder zu wenig Nahrung. Deshalb besteht die Möglichkeit, daß die Freude mit dem im Triumph nach Hause gebrachten Jagdhund nicht lange anhält. Abgesehen von der Enttäuschung, den großen Sorgen und den Arztkosten, gibt es dafür auch keinen Ersatz.

Das ist auch der Fall, wenn der Verkäufer, wie das manchmal geschieht, verspricht, den zum jungen Hund gehörenden Stammbaum nachzusenden und dann versäumt, das zu tun oder ein wertloses Papier beifügt.

Das sind alles Risiken, von denen man nichts hat, denn die Händler verlangen für ihre Jungtiere denselben Preis wie derjenige, der als sorgfältiger und fachkundiger Liebhaberzüchter nur aus Liebe zur Rasse seine Exemplare heranzieht. Außerdem sollte man gerade diese Liebhaberzucht in entsprechender Weise unterstützen.

Geschlecht

Hat man schließlich beschlossen, welche Hundeart man will, dann bleibt noch die Frage offen, ob man einem Rüden oder einer Hündin den Vorzug geben soll. Das kann von persönlichen Überlegungen abhängen, wie das ja auch der Fall bei der Rassenwahl ist. Auch hier hängt viel von den Umständen und von der Umgebung ab, in die der Hund passen muß und nicht weniger von der Rolle, die dem Tier zugedacht ist. Bei der Wahl des Geschlechtes kann auch die Rasse einen Einfluß haben.

Schwankt man, dann kann man sich den besten Rat bei denjenigen holen, die Erfahrungen mit der Rasse haben, oder wendet sich an die bereits früher genannten spezialisierten Rassehundklubs.
Im allgemeinen besitzt ein Rüde eine stärkere Persönlichkeit als eine Hündin und ist deshalb etwas schwieriger zu erziehen. Es ist durchweg mehr Einfluß nötig, um ihn von klein auf wissen zu lassen, wer der Herr ist, und um ihm Gehorsam beizubringen. Er ist kampflustiger als eine Hündin, was bei bestimmten Rassen schwierig werden kann. Für den Besitzer eines gut gepflegten Gartens ist es einfacher, einer Hündin beizubringen, ihr kleines Geschäft nicht auf den schönen Rasen zu machen, als einen Rüden zu lehren, seine Pfoten nicht gegen Sträucher und Pflanzen zu heben. Ein Rüde setzt nun einmal seine Duftmarken verschwenderisch (und es überkommt ihn im Haus eher einmal als einer Hündin). Bei vielen Artgenossinnen des schwachen Geschlechtes in der Nachbarschaft kann der Rüde zeitweilig sehr unruhig und schwierig sein, das Fressen verweigern und in seinem Befinden abfallen. Auch besteht die Gefahr, daß er eine offenstehende Tür dazu benutzt, sich aus dem Staube zu machen und zum Aufenthaltsort seiner Auserwählten zu eilen, wo er tagelang auf den Stufen sitzen bleiben kann. Vielleicht liegt hierin die manchmal geäußerte Meinung begründet, ein Rüde sei weniger treu als eine Hündin. Völlig zu Unrecht! Es ist nichts anderes als der natürliche Trieb. Aus dem gleichen Grund kann man einen Rüden immer, eine Hündin aber nicht immer mitnehmen. Zweimal im Jahr ist die Hündin läufig und bekommt Stubenarrest. Man muß sie dann – auch an Stellen, die nicht gefährlich scheinen – an der Leine führen, will man das Risiko eines unerwünschten Wurfes vermeiden. Wenn es aber, trotz aller Vorsicht, zu einem Fehltritt kam, kann der Tierarzt die Folgen durch eine Injektion ungeschehen machen, wenn es ein oder zwei Tage nach dem Decken geschieht. Dann wird der Hund aber wieder läufig. Es ist besser vorzubeugen als zu heilen. Viel schlimmer ist sicherlich, einem Mutterhund nach der Geburt alle Welpen wegnehmen zu müssen. Aber es ist schwer, einen Wurf Bastardjunge unterzubringen, besonders, wenn man für sie ausschließlich ein gutes Zuhause sucht.
Man kann mit einem Hormonpräparat die Läufigkeit ausbleiben lassen, doch reagieren nicht alle Hündinnen darauf gleich, und es kommt vor, daß die folgende Läufigkeit lange wegbleibt. Daraus ergeben sich dann Schwierigkeiten, wenn man mit der Hündin züchten möchte. Bei älteren Hündinnen (Hunde werden noch im hohen Alter läufig) braucht man keine Bedenken zu haben, weil man mit ihnen nicht mehr züchten sollte. Übrigens kann man vielen Beschwernissen zuvorkommen, indem man den Hunden während der Läufigkeit besondere für diesen Zweck in den Handel gebrachte Chlorophylltabletten gibt.
Die Wahl einer Hündin läßt aber die Möglichkeit offen, irgendwann

in der Zukunft zu einem wohlüberlegten Wurf zu kommen. Hat man dafür Zeit und ist einem die Arbeit nicht zuviel, dann wird die Freude daran sicher überwiegen. Die nicht zu unterschätzenden Kosten für die Versorgung, die Zusatznahrung für die Mutterhündin und den möglichen Arztbeistand, sowohl bei der Niederkunft als auch bei verschiedenen Impfungen der Welpen, werden bei einem nicht zu kleinen Wurf guter Qualität meist durch die Aufzucht gedeckt. Mit mehr darf man aber nicht rechnen. Besitzt man dagegen einen schönen Rüden, muß man abwarten, ob ihn jemand für seine Hündin zum Decken haben möchte. Ohne die Mühen und das Vergnügen eines Wurfes gelten für das Decken unterschiedliche Rechte, die variieren können zwischen zum Beispiel der ersten Wahl aus einem Wurf bis zu einer geldlichen Vergütung im Werte eines Welpen.

Welpen

Wahl und erste Fürsorge

Es ist schwer, aus einem Wurf von sechs oder sieben Wochen den Junghund herauszusuchen, der in der Aufzucht das meiste verspricht. Ist man selbst kein Fachmann, sollte man sich, gerade wegen dieses Beschlusses und seiner Tragweite, von jemandem beraten lassen, der die Rasse und ihre Welpen kennt. Auch wenn man nicht die höchsten Forderungen an das Äußere stellt, muß man doch beim Verhalten der Jungen aufpassen. Ein freches Tier wird sich unter Druck besser behaupten als ein schüchternes oder verlegenes. Die Kleinen müssen sich ganz allgemein ungezwungen benehmen und müssen, genau wie die Mutter, gut ernährt aussehen. Über den besten Zeitpunkt, wann man einen jungen Hund aus dem Wurf nehmen soll, gehen die Meinungen auseinander. Der Amerikaner Dr. Scott stellte an Welpen ganz verschiedener Typen psychologische Untersuchungen an. Diese Untersuchungen ergaben, daß 7 bis 8 Wochen Alter die beste Zeit ist, um einen guten Anschluß an den neuen Herrn und an die neue Umgebung zu erreichen. Bei wilden Tieren beginnt in diesem Lebensalter die Zeit, in der der Vater die Aufzucht übernimmt. Eine Aufgabe, die bei unseren Hunden durch den Herrn übernommen werden muß. Viele Züchter geben den Junghund nicht ab, ehe er nicht drei Monate alt ist; er kann dann alle Impfungen hinter sich haben. Nimmt der neue Besitzer einen acht Wochen alten Welpen mit, muß dieser durch den Züchter bereits zweimal entwurmt sein und die sogenannte Staupeimpfung hinter sich haben. Diese vorläufige Impfung gegen die Hundekrankheit kann man ab der fünften Woche geben lassen. Der

Tierarzt überreicht gleichzeitig mit ihr eine Impfbescheinigung, auf der steht, wann die endgültige Impfung fällig ist, die Hündinnen gegen Hepatitis und Leptospirose schützt. Einige Impfungen muß man wiederholen; der Tierarzt kann hierüber Auskunft geben. Fragen Sie ihn, wann Sie den jungen Hund wieder entwurmen müssen. Denken Sie auch daran, die Krallen kurzzuhalten, um Spreizzehen oder Plattfüßen vorzubeugen.

Der Übergang in die neue Umgebung soll sehr ruhig verlaufen, wenn das Tier nicht älter als zwei Monate ist. Sein Widerstand ist dann geringer, und nach einem ermüdenden ersten Tag voller neuer Eindrücke sollte es, in der Nacht allein gelassen, ohne nennenswerten Protest schlafen.

Der ältere Junghund aber, der bereits eine viel stärkere Bindung zu seiner ursprünglichen Umgebung gefunden hat, fühlt sich durch die Veränderung viel unglücklicher. Er widersetzt sich deshalb auch viel stärker und hält seinen Widerstand auch länger durch. Der Verlauf der ersten Nacht ist manchmal ein Maßstab für die folgenden. Diese Hinweise zeigen schon, daß es sicherer ist, den jungen Hund in den Morgenstunden zu holen, damit er möglichst viel Gelegenheit hat, sich am ersten Tag in seiner neuen Umgebung einzuleben.

Als erster Schlafplatz eignet sich am besten ein nicht zu geräumiger Schlag, ausgelegt mit einer ordentlichen Schicht Zeitungen. Ratsam ist es, wenn man eine gut eingewickelte Wärmeflasche (aus Stein oder aus Metall) beifügt, die die Wärme der Nestgenossen nachahmt. Die Tür des Schlages bleibt offen, und man stellt einen kleinen Verschlag gegenüber, ebenfalls mit einer guten Zeitungsschicht versehen. Der Welpe, der noch nicht in der Lage ist, seine Bedürfnisse die ganze Nacht zurückzuhalten, erledigt dies dann im Verschlag. So kommt man am nächsten Morgen nicht in eine beschmutzte Küche oder in ein beschmutztes Badezimmer und kann alles im Handumdrehen aufräumen. Als Verschlag eignet sich bestens ein alter Kinderlaufstall, an dessen Innenseite man feinen Maschendraht anbringt.

Ist der Welpe nach fünf Monaten noch immer nicht sauber, kann man dazu übergehen, die Tür zu schließen. Der Hund, der sein eigenes Nest nicht gern beschmutzt, wird so gezwungen, seine Notdurft einzuhalten. Man muß aber das Tier, wenn es sich meldet, sofort herauslassen.

Die beste Weise, einen Hund schnell stubenrein zu machen, ist die, ihn sofort nach dem Schlafen und Fressen und darüber hinaus alle anderthalb bis zwei Stunden nach draußen zu bringen. Der Hund ist ein Gewohnheitstier, und dadurch, daß man ihm zuvorkommt, sein Geschäft drinnen zu verrichten, gewöhnt man ihn daran, alles draußen zu erledigen. Bei schlechtem Wetter kann man ihn zu Zeitungen in der Duschecke oder auf einen überdachten Balkon führen und ihn, wenn es geschehen ist, mit einem Stückchen Käse, Apfel oder Fleisch belohnen. Diese Art und Weise bietet sich auch für Etagenbewohner an. Es kostet nämlich später wirklich einige Mühe, ihm beizubringen, dies draußen zu tun. Genau wie bei Kindern sind manche Tiere früher stubenrein als andere. Selbstverständlich muß derjenige, der einem Hund beibringen will, sauber zu sein, auch selbst sehr sauber sein und auf der Straße dafür sorgen, daß der Hund nur in die Rinnsteine macht. Der Kinderlaufstall ist auch der geeignetste Platz, einen kleinen Hund zu Hause zu lassen, wenn man ausgeht und nicht ständig auf ihn aufpassen kann. Außerdem beugt man so dem Zerkauen von Hausrat vor. Man sollte aber dafür sorgen, daß er etwas hat, mit dem er sich beschäftigen kann. Am geeignetsten ist ein Spielzeug aus Büffelhaut, das man in jeder Tierhandlung kaufen kann. Nie etwas aus Gummi geben, die abgenagten und verschluckten Stückchen können den Darm verstopfen, die Büffelhaut kann dagegen ohne Bedenken aufgefressen werden. Das Spielen mit alten Schuhen oder Pantoffeln ist wegen der vielen kleinen Nägel und Farbstoffe nicht ungefährlich.

Futter

Das Futter muß in der ersten Zeit das gleiche bleiben, das der Welpe bis dahin bekommen hat, selbst wenn es nicht das geeignetste Menü gewesen sein sollte. Verändert man mit der Umgebung auch noch das Futter, dann sind die Chancen für eine Magenverstimmung groß. Man

Ein frecher junger Hund wird sich später gegen Druck besser durchsetzen als ein scheues, schüchternes Tier.

frage deshalb immer, was der junge Hund gewöhnt ist zu fressen; ein gewissenhafter Züchter wird stets eine Diätliste mitgeben. Veränderungen beim Zusammenstellen der Mahlzeiten muß man sehr langsam angehen und auch erst, wenn sich der junge Hund ganz zu Hause fühlt. Selbstverständlich gibt es viele Möglichkeiten, einen Welpen von rund acht Wochen zu einem starken, gesunden Hund von einem Jahr heranwachsen zu lassen. Nach einem Jahr sollten die Vertreter der meisten Rassen noch deutlich schwerer werden, aber nicht mehr wachsen. Die größten Gefahren für Veränderungen durch eine unsachgemäße Fütterung sind dann vorbei. Vom zweiten bis dritten Monat sollte ein Welpe fünf Mahlzeiten bekommen; vom dritten bis fünften Monat vier und vom fünften bis neunten Monat drei.
Nach neun Monaten gibt man ihm nur zweimal am Tag zu fressen. Obwohl die meisten jungen Hunde verrückt sind nach Brei, muß man den Brei nach vier Monaten durch altbackenes dunkles Brot ersetzen. Eiweiß ist der Hauptbestandteil der täglichen Nahrung. Es kann gege-

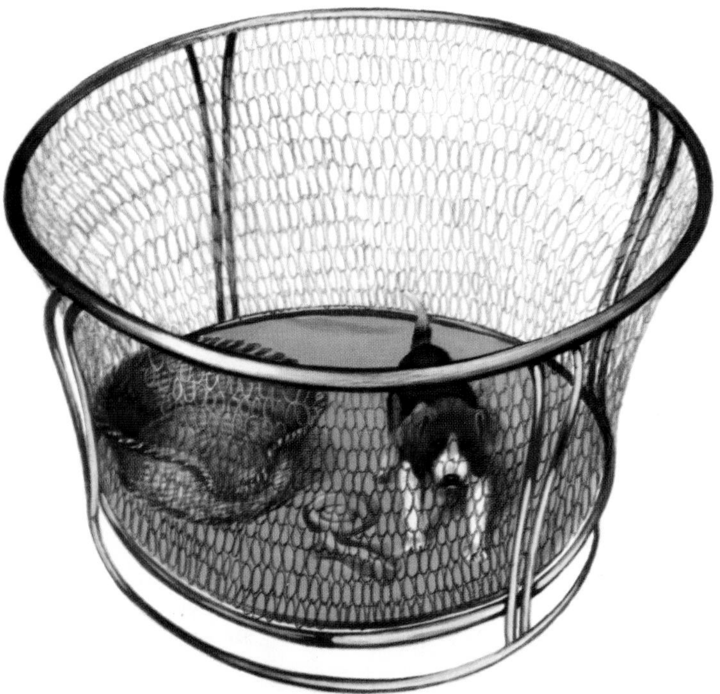

Ein Kinderlaufstall ist der beste Platz für einen jungen Hund, den man allein lassen muß.

ben werden in Form von Pferdefleisch, Rindfleisch, Rinderherz, Pansen oder Fisch (vom Pansen fast die doppelte Menge). Alles wird sehr fein zerkleinert. Abhängig von der Größe der Rasse macht man, je nach Heranwachsen des Welpen, das Futter weniger klein. Rinderherz und Fisch kocht man, das andere gibt man roh. Den Fisch entschuppe und entgräte man gut. Auch Eier und Milch eignen sich ausgezeichnet für den heranwachsenden Hund, die Eier weichgekocht, die Milch versetzt mit etwas Sahne oder einem Klümpchen Butter oder Margarine. Die Muttermilch des Hundes ist nämlich fetter zusammengesetzt als die Kuhmilch. Sehr fein geschnittenes, kurz gekochtes Blattgemüse, Tomaten oder Apfelsinensaft und geraspelte Äpfel sorgen für die nötigen Vitamine.
Natürlich ändern sich die Mengen und Bedürfnisse von Rasse zu Rasse sehr stark. Darüber kann man sich beim Züchter genau erkundigen, vorausgesetzt, er ist ein Fachmann. Sonst kann man bei Fachleuten eines Klubs für die bestimmte Rasse anfragen oder bei einem Tierarzt. Sie können auch Auskunft geben über die täglich benötigten Vitamine, Kalk und Mineralstoffe, die nie in der Ration fehlen dürfen. Stets muß man für frisches Wasser sorgen, aber man lasse den Hund lieber nicht kurz vor oder nach dem Fressen trinken.

Erziehung

Von klein auf muß der junge Hund lernen, was er darf und was er nicht darf. Dabei muß man eine feste Richtung verfolgen, an die man sich streng hält. Gesteht man dem Welpen Dinge zu, die man beim erwachsenen Hund nicht mag, dann führt das später bestimmt zu Schwierigkeiten. Es ist nun einmal nicht einfach, eine Gewohnheit wieder abzulegen. Das kleine Tier muß mit viel Geduld behandelt werden. Man gebe ihm einen festen Ort im Zimmer, auf dem er gut liegt. So beugt man vor, daß er Sessel aufsucht. Will man ihm etwas beibringen, benutze man stets die gleichen Worte, zum Beispiel »brav«, wenn alles richtig ist, und »nein« oder »pfui«, wenn er etwas falsch macht. Nie strafen oder schlagen, auch dann nicht, wenn er nicht stubenrein war. Das macht ihn nur unsicher und ängstlich.
Wenn er im Zimmer eine Pfütze macht, dann bedeutet dies, daß er noch nicht begriffen hat, nur draußen seine Dinge zu erledigen oder auf einem bestimmten Platz in der Wohnung. Das beste ist, ihn sofort zu heben, »pfui« zu sagen und ihn nach draußen zu setzen. Entdeckt man das Unglück erst etwas später, dann muß man es stillschweigend übergehen. Es ist sinnlos, einen Hund, ganz gleich ob jung oder erwachsen, hinterher auszuschimpfen oder zu bestrafen. Ein Tier kann unmöglich begreifen, daß dies in Beziehung zu einer früher begange-

nen (Misse-) Tat steht. Man gehe morgens und mittags mit ihm spazieren oder in den Garten zum Spielen; er erhält dadurch Gelegenheit, sein Wasser abzulassen.

Der erwachsene Hund

Fütterung

Man gebe einem erwachsenen Hund vorzugsweise zweimal zu fressen. Eine Mahlzeit kann vielleicht für einen schweren oder alten Hund ausreichen, aber für einen jungen, aktiven Hund, der eine gehörige Portion verkraften kann, ist es besser, nicht alles in eine Mahlzeit zu packen. Außerdem ist das Fressen für einen gesunden Hund meist ein Fest. Warum will man ihm dieses Vergnügen nicht zweimal am Tage gönnen? Am besten gibt man am Morgen eine leichte Kost und am

Jeder junge Hund hat Anspruch auf ein eigenes »Bett« an einem warmen, zugfreien Platz.

Nachmittag die Hauptmahlzeit. Man füttere ihn nie kurz vor seinem täglichen Auslauf.

Als Regel kann gelten, daß der ausgewachsene Hund gut gedeiht, wenn man ihm dasselbe gibt, wie vorhin beim Welpen angegeben. Nur die Portionen müssen mengenmäßig anders sein. Da auch in bezug auf die richtige Fütterungsmethode von Rasse zu Rasse Unterschiede bestehen, ist es klug, wenn man sich von einem guten Züchter oder dem entsprechenden Klub aufklären läßt.

Man sei niemals zu sparsam beim Verabreichen von tierischem Eiweiß. Als Abkömmling des Wolfes ist ein Hund von Haus aus ein Fleischfresser, wenn er auch im Laufe der Zeit zu einem Allesfresser wurde. Deshalb müssen Fleisch, Innereien, Fleischabfälle oder Fisch zu den Hauptbestandteilen seines Futters gehören, ergänzt durch Milch, Käse, Eier, Brot, Gemüse und Früchte. Man kann ruhig eine

Beispiele für gut gebaute Hundehütten

Menge von 25 g Herz, Pferdefleisch oder Fisch pro Kilo Körpergewicht ansetzen; von Abfall gibt man etwa die Hälfte mehr. Man sorge dafür, daß stets ein Napf mit Trinkwasser bereitsteht. Kommt er kurz vor seiner Fressenszeit durstig nach Hause, muß er erst etwas trinken und bekommt seine Mahlzeit eben eine Stunde später. Es gibt heute für Hunde sogenanntes Fertigfutter, in dem alles, was sie benötigen, im richtigen Verhältnis enthalten ist. Die wirklich guten unter diesen vielen Marken eignen sich prächtig als erste Mahlzeit und, wenn nötig, als Reisenahrung. Bequeme Menschen setzen ihren tierischen Hausgenossen Tag für Tag dieses Trockenfutter vor. Obwohl diese dann in der Fütterung nicht zu kurz kommen, bleibt ihnen die Freude am Fressen versagt. Genauso wie dem Menschen sollte man dem Hund nicht täglich dasselbe vorsetzen. Er kann sich darüber leider nicht beschweren. Ein Nachteil des Fertigfutters ist es, daß der Käufer nicht erkennen kann, ob es frisch ist. Wenn durch unsachgemäße Lagerung oder Alterung das darin verarbeitete Fett ranzig wird, geht die Qualität des Futters stark zurück.

Pflege

Eine regelmäßige Bürstenpflege ist für die Vertreter fast aller Rassen notwendig; man kommt damit im Haus der Belästigung durch Haare zuvor. Sowohl die Bürsten als auch die Technik des Bürstens sind für die verschiedenen Behaarungen unterschiedlich. Man halte den Hund frei von Flöhen. Vor allem in den warmen Sommermonaten stellen sie unserem Hund nach. Sie sind Übertrager von Wurmeiern, und durch den Juckreiz, den sie verursachen, kratzt und beißt sich der Hund wü-

Der Futternapf für einen großen Hund muß in einem hölzernen Hocker oder Schemel untergebracht werden.

tend, wodurch Ekzeme entstehen können. In den Tierhandlungen bekommt man gute Bekämpfungsmittel. Will man Spreizfüßen vorbeugen, muß man die Nägel kurz halten. Bei Hunden, die immer auf hartem Boden laufen, schleifen sie sich von selbst ab. In den Fällen, wo das nicht so ist, müssen sie regelmäßig abgeschnitten oder gefeilt werden. Man sollte es das erste Mal von einem Tierarzt oder in einem Hundesalon ausführen lassen. Die Zähne kann man mit Wasserstoffperoxid frei von Belag halten; die Ohren muß man regelmäßig nachsehen und wenn nötig mit einer mit Watte umwickelten Pinzette säubern. Manchmal baden kann nicht schaden, aber von zuviel waschen muß man abraten. Die Haut wird dann stark entfettet, und es ist auch nicht notwendig, wenn man täglich eine Bürstenpflege anwendet. Badet man den Hund doch einmal, reibe man ihn gut ab und lasse ihn solange nicht nach draußen, bis er auf einem warmen, zugfreien Platz vollkommen trocken geworden ist. Der wichtigste Punkt der Pflege ist die Bewegung. In dieser Hinsicht kommen unsere Hunde in der Regel viel zu kurz. Genau wie ihre wilden Vorfahren sind sie sehr aktiv und brauchen, um körperlich und geistig fit zu bleiben, viel körperliche Bewegung, ob klein oder groß. Ein dürftig gefütterter Hund, der viel rennt, trabt und spielt, wird in besserer Verfassung sein als ein Hund, der an Futter genau das bekommt, was er benötigt, aber in der Bewegung zu kurz kommt.
Wenn man nicht mehr Zeit erübrigen kann, als dreimal täglich notgedrungen um den Block zu gehen, dann sollte man so einsichtig sein und sich keinen Hund anschaffen. Man muß täglich die Gelegenheit haben, das Tier mindestens eine Wanderung von einer Stunde machen zu lassen, und in dieser Stunde muß er loslaufen können in einer Umgebung, wo das gestattet ist und keine Gefahr besteht, daß ihm ein Unglück zustößt.

Erziehung

Bei der Erziehung der von Natur aus folgsamen Rassen ist bedeutend weniger Geduld nötig als bei den stolzen. Der unbedingte Gehorsam, der einen Schäferhund ziert, steht einer Bracke nicht. Mit bestimmtem Verhalten sind alle Hunde zum Gehorsam zu erziehen. Es ist aber unbedingt wichtig, an den bereits bei den Welpen festgelegten Regeln festzuhalten und den Hund nicht damit zu verwirren, daß man ihn aus Bequemlichkeit etwas tun läßt, was er eigentlich nicht darf. Besonders angenehm ist es, wenn man den Hund im Auto mitnehmen kann und ihn auch einige Zeit allein im Auto zurücklassen kann. Will man ihn an das Fahren gewöhnen, beginnt man am besten damit, ihn oft auf kurzen Fahrten mitzunehmen. Ist er an das Auto gewöhnt, kann man ihn erst ganz kurz und dann, wenn es gutging, immer etwas länger im Auto allein lassen. Man muß aufpassen, daß das Auto nicht in der Sonne steht oder später in die Sonne kommt. Außerdem läßt man stets einen Spalt breit die Fenster offen, damit er ausreichend frische Luft bekommt. Man vergesse nicht, einem jungen Hund zur Beschäftigung seine Büffelhaut zu geben. Die Verwendung des Kofferraumes zum Mitführen oder Einsperren des Hundes ist Tierquälerei.

Krankenfürsorge

Wenn ein Hund sich nicht wohl fühlt, kann er das nicht mitteilen, genauso wenig wie ein Baby. Es wird allerdings selten vorkommen, daß eine Mutter an der Art des Weinens ihres Kindes nicht merkt, daß das Kind sich nicht wohl fühlt.
Der richtige Hundeliebhaber wird eine Veränderung im Verhalten seines Haustieres sofort bemerken. Hat man das Gefühl, daß etwas im Anzuge ist, muß man besonders aufpassen. Zuerst sieht man nach, ob der Kot normal ist, und mißt die Temperatur. Diese liegt bei einem gesunden Hund zwischen 38 und 38,5 °C, bis 39° ist die Temperatur erhöht, darüber ist es Fieber. Man mißt die Temperatur, indem man ein angefeuchtetes Thermometer in den After schiebt. Wenn der Hund das nicht gern zuläßt, muß man ihn gut festhalten, um das Zerbrechen des Thermometers zu verhindern. Nach drei Minuten kann man die Temperatur ablesen. Im Anfangsstadium ist eine Krankheit meist viel schneller zu heilen als wenn man sie verschleppt, außerdem spart man sich dann viel Arztkosten. Deshalb darf man nie selbst herumdoktern, sondern sucht so schnell wie möglich einen Tierarzt auf. Man kann versuchen, eine Pille oder ein Pulver dem Hund so zu verabreichen, daß man sie zum Beispiel in Gehacktes wickelt. Wenn dieser Versuch mißlingt, muß man die Hand mit der Pille zwischen den Fingern ganz in den geöffneten Rachen bringen, so daß der Hund die Kiefer nicht schließen kann, und dann läßt man die Pille tief in die Kehle fallen. Sofort danach das Maul schließen und leicht über die Kehle streichen, wodurch der Hund gezwungen wird zu schlucken. Beim Eingeben einer flüssigen Medizin muß man den Kopf des Hundes nach hinten und sein Maul geschlossen halten. Dann zieht man im Maulwinkel seine Unterlippe nach unten und gießt mit einem Löffel oder einem kleinen Gläschen die Arznei hinein. Sie fließt die Kehle von selbst hinunter. Man reibe nun sofort über die Kehle und lasse den Hund nicht los, bevor er nicht geschluckt hat. Spritzt oder tropft man etwas in die Ohren, kann man ohne Gefahr die Spritze oder das Tropffläschchen tief in die Ohren halten. Bei den Augen muß man dagegen stets einen gewissen Abstand wahren und den Hundekopf kräftig fest-

halten lassen. Muß der Hund einen Verband tragen und hat man nicht ständig die Möglichkeit, darauf zu achten, daß er ihn nicht herunterreißt, besprüht man ihn mit einem Mittel, das Rüden von läufigen Hündinnen fernhält. Es kann helfen! Dasselbe Mittel eignet sich auch gut, um kämpfende Hunde zu trennen; man spritze etwas davon auf die Nasen, und sie lassen sofort los. Man achte aber darauf, daß die Flüssigkeit nicht in die Augen kommt.
Bei einem langhaarigen Hund, der sich beschmutzt hat, aber zu krank ist, als daß man ihn waschen könnte, kann man die zu reinigende Stelle mit Babypuder bestreuen. Später bürstet man sie dann vorsichtig aus. Falls nötig, schneidet man die Haare etwas weg. Ein kranker Hund gehört immer auf einen ruhigen, warmen Platz.

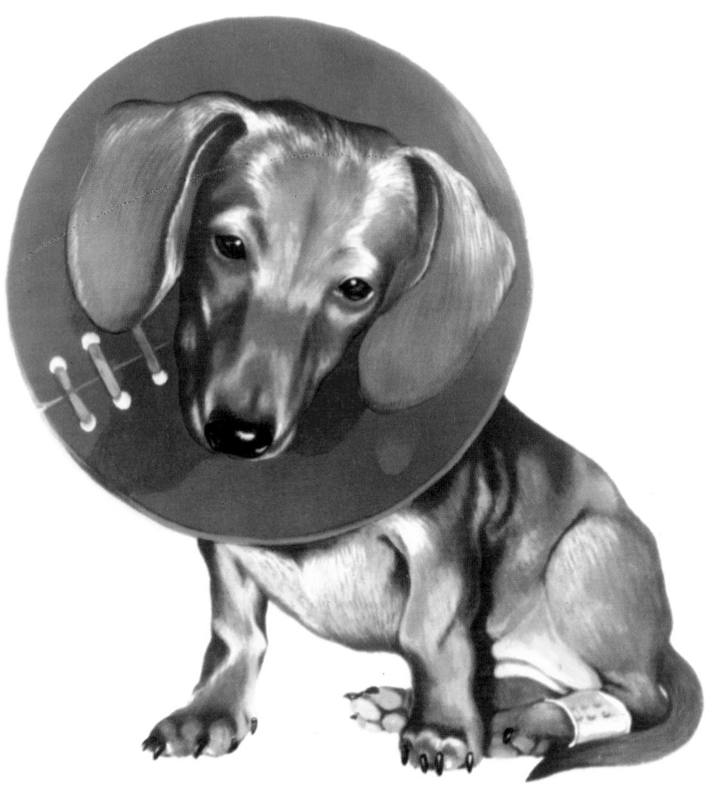

Ein Halsschild eigener Herstellung aus starkem Karton verhindert, daß der Hund seine Wunden leckt.

Der Wurf

Vor dem Entschluß, selbst einmal einen Wurf aufzuziehen, muß man erst gut mit sich selbst zu Rate gehen. Neben der Freude, die man zu empfinden hofft an einer kleinen Gruppe wimmelnder, drolliger Hummeln, geht es vor allem um die Verantwortung, die man für die kleinen Lebewesen übernimmt.

Es ist mitunter keine leichte Aufgabe, für alle Kleinen ein gutes Zuhause zu finden. Trotz aller Sorgfalt kann man im entscheidenden Moment entdecken, daß sich der zukünftige Besitzer zurückzieht. Man muß darum immer bereit und imstande sein, den Welpen wieder aufzunehmen und einen anderen Besitzer zu suchen. Das gilt auch, wenn einer der kleinen Hunde vielleicht aus unvorhergesehenen Gründen von seinem Zuhause wieder fort muß.

Man muß nun einmal auf alles vorbereitet sein. Es können Komplikationen bei der Geburt auftreten oder Schwierigkeiten beim Säugen. Man muß unter Umständen die Sorge für den Wurf von der Hundemutter übernehmen können, und das kann manche Stunde der Nachtruhe kosten. Erst wenn man wirklich davon überzeugt ist, mit allen Konsequenzen fertig zu werden, ist man ein ernsthafter, sich seiner Verantwortung bewußter Züchter.

Züchtet man mit einer Hündin einer bestimmten Rasse, sollte das ganze Bestreben darauf hinauslaufen, das bestmögliche Ergebnis zu bekommen, um die Qualität einer Rasse zu erhalten und zu verbessern. Dazu ist es grundlegend wichtig, bei der Wahl des Vaters sehr sorgfältig zu verfahren. Ist man selbst nicht fachkundig genug, sollte man einen Kenner befragen oder einen speziellen Hundeklub. Diese verfügen über Unterlagen, die sie in die Lage versetzen, zu bestimmten Kombinationen zu raten. Für diejenigen, die zum ersten Mal eine Hundegeburt mitmachen, ist es empfehlenswert, sich ein Fachbuch mit nützlichen Ratschlägen zu diesem Thema zuzulegen.

In der Regel bringt man die Hündin zum Decken zu dem Rüden, dessen Besitzer ein Recht auf Deckgeld und/oder auf einen Welpen hat. Diese Dinge kann man aber auch anders vereinbaren.

Während der 63 Tage dauernden Tragzeit braucht der Mutterhund besonders kräftige Nahrung. Zu den Vorbereitungen für die Geburt gehört die Anfertigung einer Wurfkiste. Die senkrechten Wände sollten anderthalb mal so lang sein wie der auf der Seite liegende Hund. Die Kiste sollte ziemlich tief sein, doch muß es leicht möglich sein, der Mutter auch helfen zu können. Praktisch ist es, wenn eine Seitenwand heruntergeklappt werden kann, damit der Hündin das Ein- und Aussteigen leichter fällt. Auf der Innenseite der Kiste bringt man rundherum in einigem Abstand vom Kistenboden an den Wänden eine Leiste an, die dem vorbeugen soll, daß die Mutter ein hinter ihrem

So gibt man einem Hund Tropfen oder Pillen ein.

Rücken liegendes Junges totdrückt. Der Raum unter der Latte muß so flach sein, daß der Körper des Mutterhundes nicht darunter paßt. Unten hinein kommt eine Lage zusammengefalteter Zeitungen, die das Saubermachen vereinfachen. Deshalb sammele man schon beizeiten genügend »Lektüre«. Man stellt die Kiste dann in einen gut erwärmten Raum, bringt sie aber in der ersten Zeit nicht in das helle Tageslicht. Außerdem benachrichtige man vorher den Tierarzt, wann die Hündin Junge erwartet.
Am Verhalten der Hündin merkt man, daß die Geburt bevorsteht. Ein oder zwei Tage vor der Geburt fällt die Temperatur um anderthalb bis zwei Grad. Meist will die Hündin kurz vor dem Werfen nicht mehr

Wurfverschlag

fressen. Sie wird unruhig und beginnt zu keuchen. Dann wird es Zeit, sie in die Wurfkiste zu bringen.
In der Regel wird der Mutterhund mit allem allein fertig, aber er wird es als sehr angenehm empfinden, wenn ein Familienangehöriger, an dem er sehr hängt, bei ihm bleibt. Hat man den Eindruck, irgend etwas gehe nicht schnell genug voran, zum Beispiel, daß zwischen den Geburten mehr als zwei oder drei Stunden vergehen, dann ist es notwendig, den Tierarzt zu benachrichtigen. Das sollte man auch, wenn die Geburt glücklich verlaufen ist, damit nichts versäumt wird; er kontrolliert dann, ob kein Junges zurückgeblieben ist, ob die Milchproduktion ausreicht, und gibt die nötigen Injektionen. Die Mutter bekommt besonders stärkendes Futter, dazu ausreichend Lebertran und

Kalk. Darüber hinaus gibt man ihr viel zu trinken: Fleischbrühe, Milch oder Buttermilch und Wasser.
Sind die Welpen drei bis vier Wochen alt, beginnt man damit, ihnen als Beifutter geschabtes Fleisch zu geben. Am ersten Tag formt man eine kleine Kugel, von der man vorsichtig etwas auf die Zunge schmiert, das mit Appetit aufgenommen werden muß. Am zweiten Tag versucht man es mit zwei kleinen Kugeln, am dritten mit drei und so weiter. Ist man dann sicher, daß das Fleisch gut vertragen wird, kann man es auch mit etwas Brei versuchen. Am besten eignet sich Reismehl mit Dextropur gesüßt; der Milch gibt man etwas Sahne oder Kaffeesahne zu. Nach und nach steigert man die Mahlzeiten, bis die für die Rasse vorgeschriebene Menge erreicht ist.
Wenn die Welpen vier Wochen alt sind, sollten sie damit anfangen, über den Rand der Kiste zu klettern. Dann wird es auch Zeit, daß sie eine andere Unterkunft bekommen. Am geeignetsten ist ein Verschlag mit viel Raum, damit sie Platz zum Spielen haben. Man belege alles mit Zeitungen, damit sich die Reinigung vereinfacht. Ab der vierten bis sechsten Woche müssen die Welpen frische Luft haben und wenn möglich auch Sonne. Ein abgezäunter Verschlag im Freien mit einer Kiste darin, in die sie bei plötzlichem Regen oder bei zu starker Sonne kriechen können, ist am zweckmäßigsten. So kommt dann die Zeit immer näher, zu der die vorgemerkten Besitzer erscheinen, sich einen kleinen Hund aussuchen, um kurz darauf das Tierchen ihrer Wahl mitzunehmen in sein neues Zuhause. Wenn der ganze Wurf untergebracht ist und alles wieder aufgeräumt wurde, bleibt eine Leere zurück, doch auch die Erinnerung an eine sehr interessante und fröhliche Erfahrung.

Äußerliche Merkmale

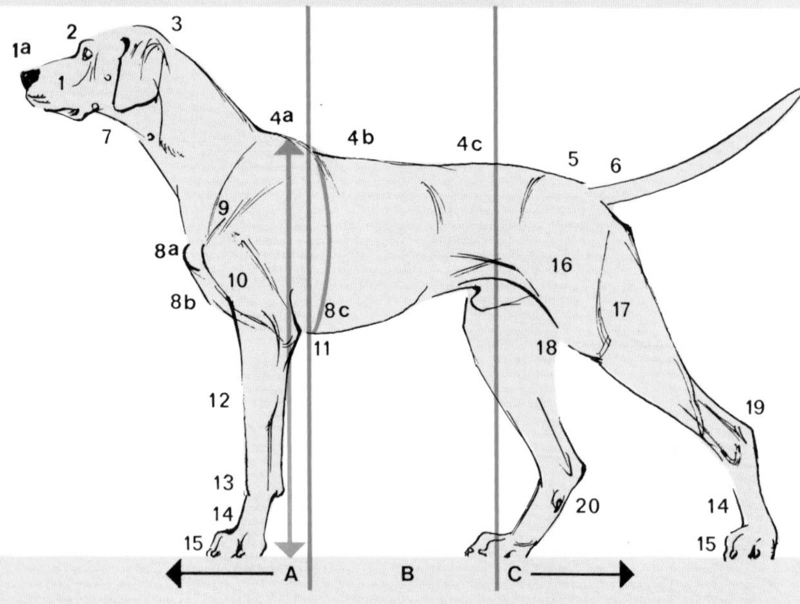

Das Äußere des Hundes unterteilt man in Vorderhand (A), Mittelhand (B) und Hinterhand (C). Die Schulterhöhe ist die Senkrechte, gemessen von der obersten Schulterspitze. Den Brustumfang mißt man um den tiefsten Punkt direkt hinter den Ellenbogen und der Schulter (blau).

In der Hundeterminologie spricht man nicht von Beinen und Schwanz, sondern von Läufen und Rute. Andere mehr oder weniger besondere Namen gelten für folgende Körperteile:

1 Fang, 1a Nasenspiegel, 2 Stop (das »Treppchen« im Profil), 3 Hinterhauptsstachel oder Occiput, 4 Rücken, 4a Schulter, 4b Rücken im eigentlichen Sinn, 4c Lenden- oder Nierengegend, 5 Kreuz oder Kruppe, 6 Rutenansatz, 7 Backen- und Kehlwarzen (Platz der Tasthaare), 8 Brust, 8a Bug, Brustbeinspitze, 8b Vorderbrust, 8c Unterbrust, 9 Schulter, 10 Oberarm, 11 Ellenbogen, 12 Unterarm, 13 Vorderfußwurzelgelenk, 14 Mittelfuß, 15 Pfote, 16 Oberschenkel, 17 Unterschenkel, 18 Knie, 19 Sprunggelenk, 20 Afterklaue oder -kralle (kommt nicht bei allen Rassen vor; wird oft operativ entfernt); bei französischen Schäferhundrassen sitzen an dieser Stelle sogar zwei Krallen (doppelte Afterkrallen); diese gehören zu den Rassemerkmalen!

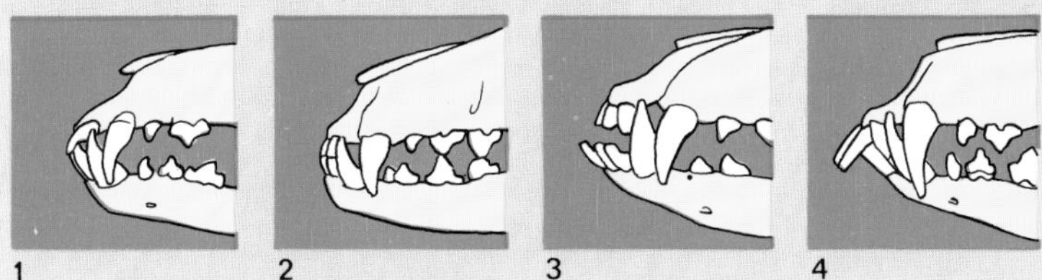

Das Gebiß ist nicht bei allen Rassen gleich. Ausgehend von der Stellung der Schneidezähne spricht man von 1 *Scherengebiß*, die Schneidezähne des Oberkiefers stehen ohne Zwischenraum über denen des Unterkiefers, 2 *Zangengebiß*, Schneidezähne stehen aufeinander, 3 *Vorbeißer*, Schneidezähne des Unterkiefers stehen mit mehr oder weniger Zwischenraum vor denen des Oberkiefers, 4 *Hinterbeißer*, Schneidezähne des Oberkiefers stehen mit mehr oder weniger Zwischenraum vor denen des Unterkiefers, dies gilt als Fehler.

Der Kopf kann sich auf verschiedene Weise vom Allgemeinbild unterscheiden. 1 *Ramsnase*, Oberkante des Fanges leicht gebogen; von der Seite gesehen spricht man dann von »down-faced«. 2 *Sattelnase*, Oberkante des Fanges leicht hohl; von der Seite gesehen spricht man von »dish-faced«. 3 *Backen* nennt man stark entwickelte Kaumuskeln. 4 *Scowl*, Gesicht des Chow-Chow. 5 *Jagdknubbel* oder *Peak*, stark entwickelter Occiput. 6 *Viereckiger Fang*, die Oberlefze bildet mit dem Maulwinkel ein eckiges Profil.

Die Augen können folgende Eigenarten zeigen: a *Glasauge* oder *Porzellanauge*, mit blauer Iris. b *Raubvogelauge*, gelbes Auge, meist weniger gewünscht wegen des harten Ausdrucks. c *Triefauge*, ausgesacktes unteres Augenlid.

1

2

3

4

5

6

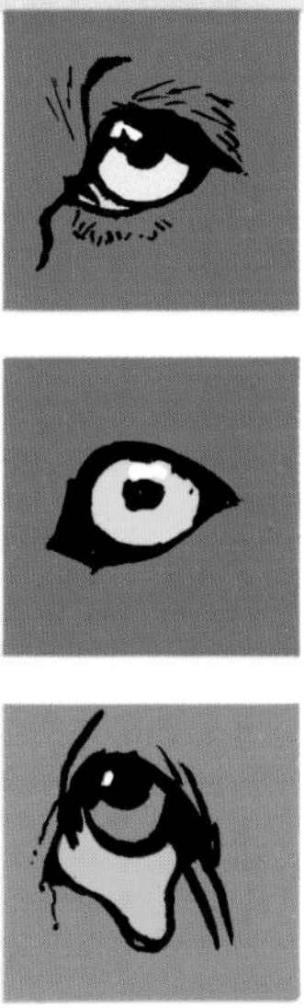

a

b

c

Die Ohren zeigen bei den ursprünglichen Rassen eine dreieckige, mäßig spitze Form; bei zahmen Rassen spricht man in diesem Fall von einem *Fuchs-* oder *Natürlichen Stehohr*. Das normale stehende Ohr ist bei den zahmen Rassen aber durchweg größer und spitzer (1). Eine merkwürdige Form findet man bei der Französischen Bulldogge, das sogenannte *Tulpen-* oder *Fledermausohr* (2), ein großes, straffes, hoch aufgerichtetes Ohr mit abgerundeter Spitze.
Neben dem stehenden Ohr gibt es noch eine Anzahl Ohrformen, die sich halb stehend oder hängend zeigen. Ganz auffallend ist das *Überfallohr* (3), z. B. bei Collie und Sheltie; ist die Ohrspitze bei diesen Rassen nicht umgekippt, spricht man von einem *Spitzohr*. Das *Knopfohr* (4) ist soweit umgekippt, daß die ganze Gehöröffnung verdeckt wird. Das *Rosenohr* (unten 1) ist das nach hinten und gegen den Hals gebogene Ohr vieler Windhundrassen. Das *Hängende Ohr* (5) ist hoch angesetzt, mit Klappfalte, und hängt flach an den Wangen. Beim *Behang* der Laufhunde (3 unten) ist die Klappfalte undeutlich, tief und weit nach hinten angesetzt und schraubig nach innen gedreht. Das *Lappenförmige Ohr* ist eine Varietät, die beim Cocker-Spaniel vorkommt.

Der Hals wird in starkem Maße davon bestimmt, wie die Haut um ihn beschaffen ist. 1 *Trocken* nennt man den Hals, wenn die Haut gut anliegt, mit gut sichtbaren Muskeln. 2 *Kehlhaut* ist eine geräumige Haut an der Kehle. 3 *Wamme* nennt man sehr geräumige und schwere Hautfalten an der Kehle.

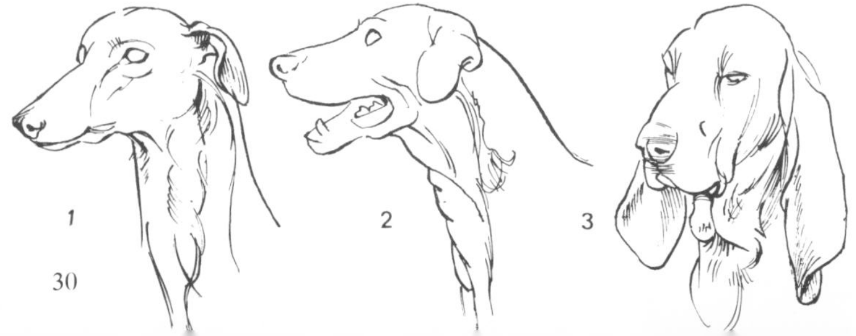

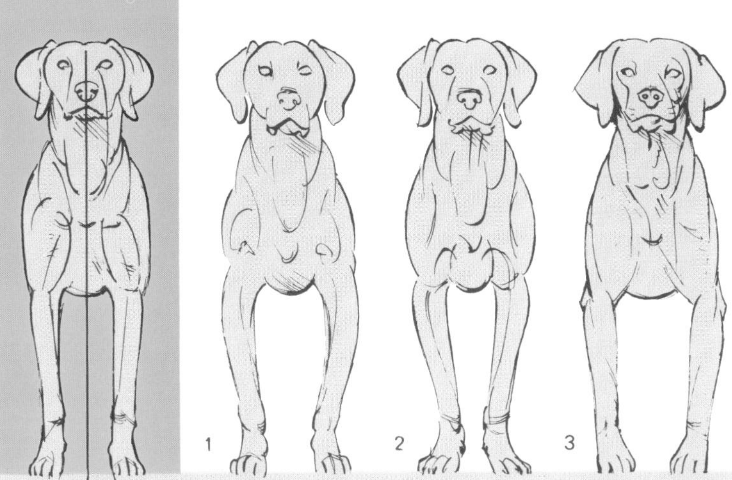

Die Vorderhand muß von vorn gesehen bei den meisten Rassen einen senkrechten Stand der Läufe zeigen. Nicht gern gesehene Abweichungen können die Folge von Rachitis sein, wurden aber oft auch während der Aufzucht durch falsche Behandlung oder durch fehlerhafte Ernährung verursacht. 1 *Krumme Front*, mit rund nach außen gebogenem Unterarm. 2 *Französischer Stand,* bei vielen Rassen fehlerhafter Stand der Vorderläufe, wobei die Pfoten nach außen gedreht sind. 3 *Freie Ellenbogen*, bei denen die Ellenbogen hervorstehen und die Pfoten nach innen drehen, das kann durch allzu vieles Hochheben bei den Ellenbogen entstanden sein. Etwas anderes ist der *Hound-Stand* mit etwas nach innen gedrehten Pfoten bei sonst kerzengraden Vorderläufen, ein typischer und für viele Bracken normaler Stand.

Die Hinterhand unterliegt den gleichen Regeln wie die Vorderhand. Von hinten gesehen müssen die Hinterläufe ebenfalls senkrecht stehen. 1 *O-beiniger Stand*. 2 *Kuhhessigkeit*, die auch oft als erbliche Abweichung auftritt. 3 *Enger Stand*, dieser Fehler tritt vor allem beim Gehen in Erscheinung.

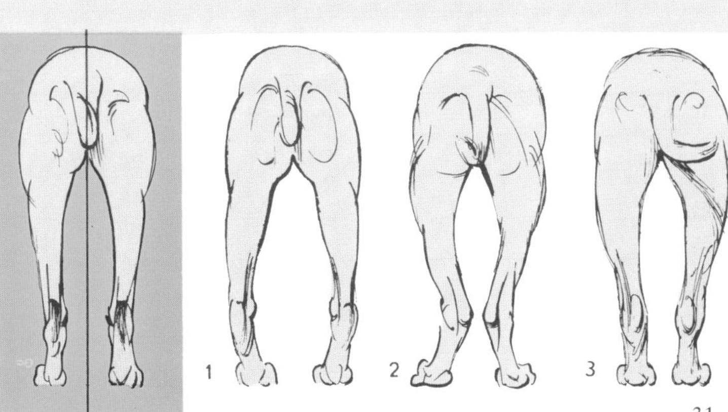

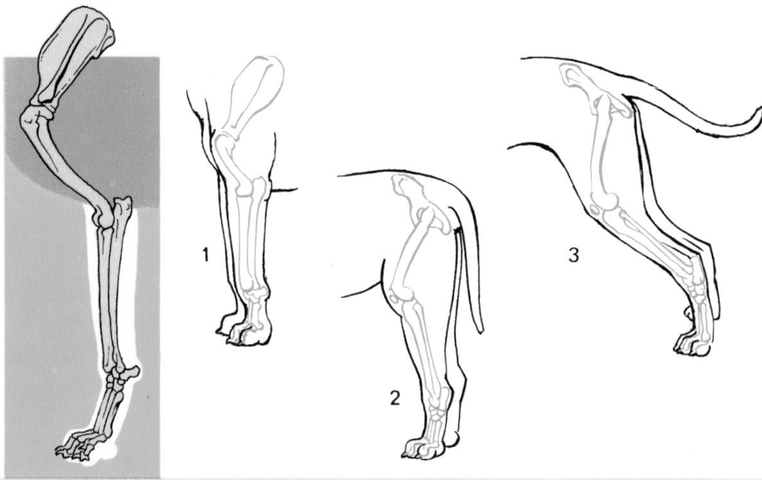

Die Läufe betrachtet man neben ästhetischen Standpunkten vor allem nach ihrer Funktion als Fortbewegungsapparat. Folgt man dem Verlauf der Gliedmaßen von oben nach unten, erkennt man, daß die Elemente in ihren Richtungen verschieden stehen. Dadurch entsteht eine Konstruktion, die sowohl zu kräftigem Abstoß und Strecken beim Vorwärtsschnellen ideal ist, als auch beim elastischen Aufsprung. Bei der *steilen Vorder-* und *Hinterhand* (1, 2) wird der Gang ruckend mit kurzem Schritt. Für einen geschmeidigen, kräftigen Gang ist eine mehr oder weniger stark gewinkelte Hinterhand nötig (sowohl im Knie als auch im Sprunggelenk).

Pfoten Der Hund gehört zu den Zehengängern, das bedeutet, daß nur die Zehen auf dem Boden stehen. Die Zehen ruhen auf starken, federnden Zehenballen, die zusammen mit den Sohlenballen die Unterseite der Pfote bilden. Man macht Unterschiede zwischen folgenden Pfotenformen: 1 *Katzenpfote*. 2 *Hasenpfote*. 3 *Spreizpfote*, die ein Gebrechen ist. Die Abb. zeigen die rechte Vorderpfote; den fünften Zeh entfernt man vielfach kurz nach der Geburt.

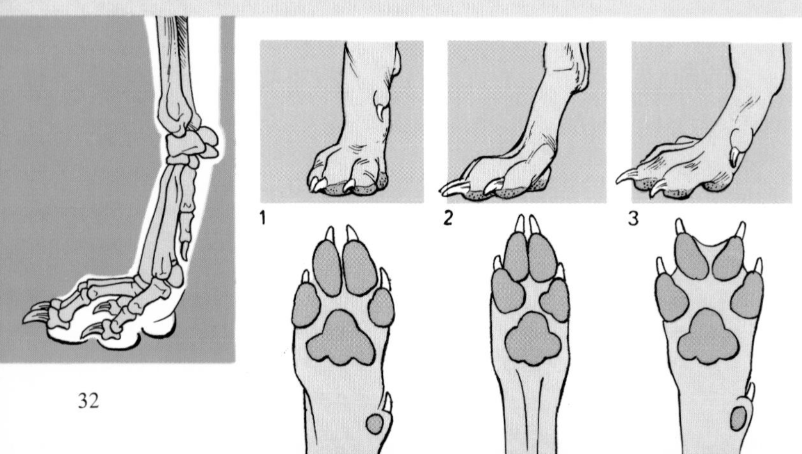

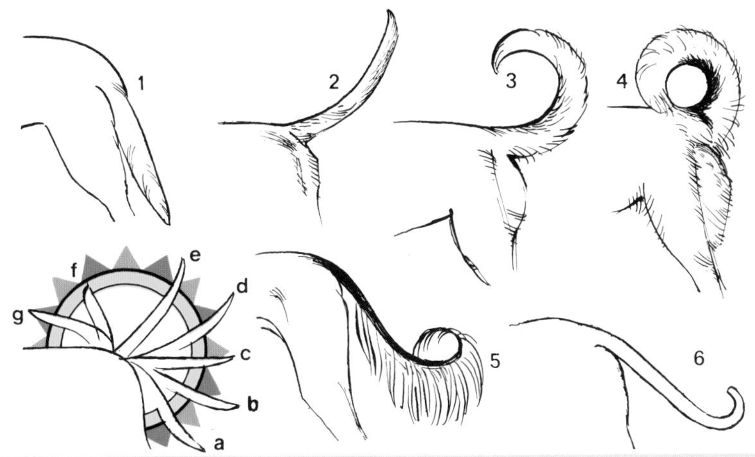

Die Rute zeigt von allen Körperteilen die meisten Unterschiede. Neben der Länge (eventuell durch Kupieren) kann die Form bestimmt werden durch die Weise, wie sie getragen wird, durch die Krümmung und durch die Behaarung. Art des Tragens: a hängend, b unter der Rückenlinie, c waagerecht, d über der Rückenlinie, e und f fröhlich, g über dem Rücken. Form der Krümmung: 1 *Schwertrute*, fast gerade, lang, hängend getragen. 2 *Säbelrute*, hoch getragen, leicht nach oben gebogen. 3 *Sichelrute*, noch stärker nach oben gebogen. 4 *Ringrute*, so stark gebogen, daß der Ring geschlossen ist. 5 *Ring an der Rutenspitze*, an der Spitze zu einem geschlossenen Ring gebogen (Afghanen). 6 *Hakenrute*, am Ende stark gebogen. 7 *Spiralrute*, ein doppelter Ring über dem Schenkel (Wetterhoun), 8 *Ringelrute*, geringelt über dem Rücken getragen. 9 *eingerollt getragen* (Mops). 10 *Korkenzieherrute* (Französische Bulldogge). Die Behaarung ist ausschlaggebend bei folgenden Formen: 11 *Fahnenrute*, eine an der Unterseite lang behaarte Rute. 12 *Otterrute*, kurze, gerade, rundum dick behaarte, völlig runde Rute (Labrador Retriever). 13 *Bürstenrute*, mittellange aber grobe Behaarung an der Unterseite.

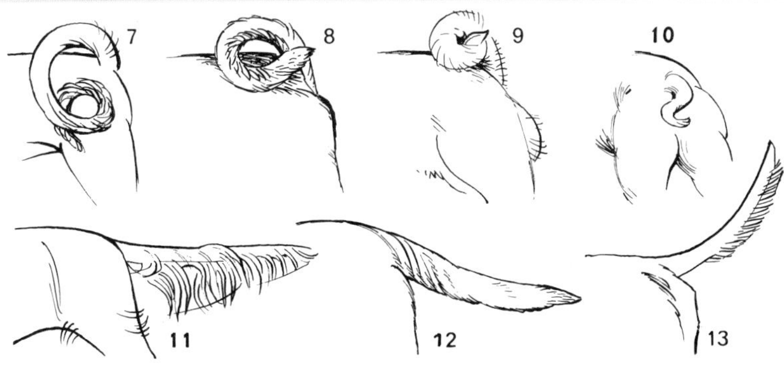

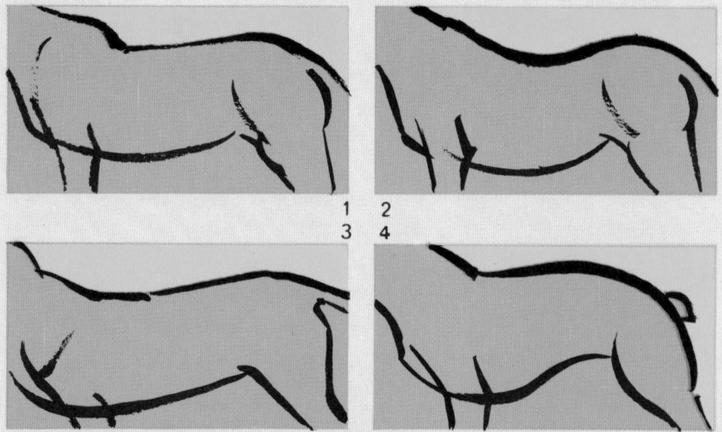

Der Rücken kann auf verschiedene Weise abweichen; zwei fehlerhafte Formen sind: 1 *Knickrücken* und 2 *Sattelrücken*. Zu den manchmal genehmigten Abweichungen zählt man 3 *überbaut* (Kreuz ist höher als Schulter). Der *Karpfenrücken* wird durch die gewölbte Lendenpartie gebildet, z. B. bei Bulldogge, Bedlington-Terrier und verschiedenen Windhunden (4).

Die Behaarung zeigt durch die Domestikation eine gewaltige Unterschiedlichkeit. Das ursprüngliche Haar ist das sogenannte *Stockhaar*, bei dem das Deckhaar mittellang und schlicht ist und die Unterwolle dicht. Danach unterscheidet man kurzes (3-4 cm) und langes (5-10 cm) Stockhaar. *Glattes Haar* ist sehr kurzes, flach anliegendes Deckhaar. *Rauhes Haar* fühlt sich rauh an und steht in verschiedenen Richtungen, oft zusammen mit borstigen Bärten und Augenbrauen. *Drahthaar* ist eine kurze, *Stichelhaar* eine mittellange Variation. Bei sehr langem, seidigem Deckhaar können die Gliedmaßen *befedert* sein (2), bei einem sehr üppigen Fell können sich ein *Kragen* und eine *Hose* bilden (3). Der südafrikanische Pronkrug besitzt auf seinem Rücken einen Haarstreifen, der gegen den Strich steht, den *Pronk* (1).

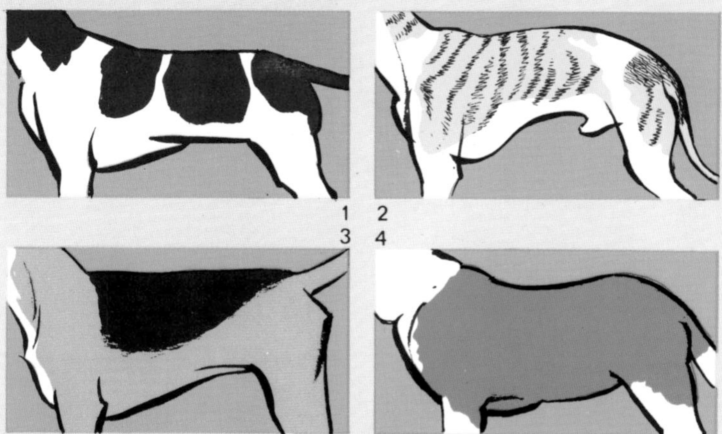

Färbungen Hierfür verwendet man eine Anzahl feststehender Begriffe. 1 *Platten* sind große, aneinander liegende Flecke auf hellerem Untergrund. 2 *Gestromt* bedeutet regelmäßige Reihen dunklerer Haare auf einfarbiger Grundfarbe. 3 *Sattel* ist eine dunkle Platte, meist schwarz, die den Rücken bedeckt. 4 *Mantel* ist eine Platte, die den Körper bis an die Beine, den Hals und die Rute umzieht.
Andere viel gebrauchte Begriffe sind: *Aalstrich*, dunkle Linie über den Rükkenfirst. *Blauschecke*, Farbmuster von grauem und blauem Untergrund – entstanden durch Mischung von weißen und schwarzen Haaren – mit schwarzen Sprenkeln und Fleckchen. *Harlekin* ist ein Farbmuster aus Weiß, Schwarz und Grau. *Isabel* gleicht etwas dem Gelb von ungebleichtem Flachs. *Lohfarbe* oder *Brand*, rostbraune Farbe. Außerdem gibt es Begriffe, wie *Dachsfarbe, Rehfarbe* und *Zobel*, die auf die betreffenden Tierarten hinweisen.

Abzeichen sind symmetrisch an Kopf, Brust und Gliedmaßen vorkommende Markierungen. 1 *Brustkreuz*. 2 *Blesse*. 3 *Maske*. 4 *Kiss Marks* (die Wangenflecken im Schwarz- und Lohfarbe-Muster). 5 *Vieräugler* oder *Quatroeil*.

Rasseneinteilung

Untersuchungen in den letzten Jahren haben ergeben, daß der Hund seit bereits 15 000 Jahren als Haustier gehalten wird. Es begann in Vorderindien mit der Domestikation der Wolfsrasse *Canis lupus pallipes*. Der primitive Mensch nahm ihn auf und schätzte ihn als Abfallvernichter und Warner vor sich nähernden Gefahren, außerdem aber auch als Nahrung.

Erst in einem späteren Stadium benutzte man die Fähigkeiten des Hundes als Jäger und als Hüter und Beschützer der Herden. Obwohl der Gebrauch von Hunden auch zu manchen Mißständen geführt hat (der in zivilisierten Ländern fast nicht mehr vorkommende Ziehhund usw.), ist der Hund bis auf den heutigen Tag ein vollwertiger Helfer des Menschen. Neben seiner alten Arbeit als Hüter der Herden verwendet der Mensch das Tier noch immer als Begleit-, Polizei- und Suchhund und in Kriegszeiten als Sanitäts- und als Kurierhund. Die Geschichte des Bernhardiners als Lawinenhund ist wohl jedem bekannt.

Diese recht unterschiedlichen Qualitäten des Hundes ließen den Menschen – schon früh nach seiner Bekanntschaft mit dem Hund – zum Züchter werden, wobei er bei den Rassen sein Hauptaugenmerk auf bestimmte Verrichtungen legte. Deshalb beachtet man beim Züchten vor allem die Art und Anlage des Tieres; das anziehende Äußere kommt erst am Schluß und zählt vor allem bei kleinen Gesellschaftshunden, wie zum Beispiel den sogenannten Salonhunden.

Das Entstehen der vielen Hunderassen im Verlauf der Jahrhunderte stellte den Menschen vor die Notwendigkeit, diese Rassen in ein logisches System einzuordnen. Wenn auch sehr viele Länder ihr eigenes, historisch gewachsenes System verwenden, ist auf dem europäischen Festland mehr Einheit zu spüren, weil sich die nationalen Organisationen aus organisatorischen Gründen zu einem größeren Verband zusammengeschlossen haben, der FCI (Fédération Cynologique Internationale), zu der bereits die meisten europäischen Länder gehören. Sie hat ihren Sitz in Thuin in Belgien. Bei dieser Organisation sind die Rassestandards der Hunde der angeschlossenen Länder deponiert. Diese Standards hat man nach festgelegten Regeln aufgestellt und nach einem eigenen System eingeteilt, das man als FCI-Klassifikation kennt. Diese Klassifikation hat natürlich den großen Vorteil, daß alle angeschlossenen Länder nach den gleichen Regeln arbeiten. Amerika und England haben ihre Regeln festgelegt im AKC (American Kennel Club) und im BKC (British Kennel Club). Deutschland ist der FCI angeschlossen. Das Ordnungsprinzip für die FCI-Klassifikation sind die besonderen Aufgaben, für die die Rassen gezüchtet werden. Die verschiedenen Rassen teilt man dabei in die folgenden Hauptgruppen ein (erst der deutsche Name, dann der französische):

1. a) Schäferhunde (Chien de Berger)
   b) Wach- und Schutzhunde
2. Terrier
3. Große französische Laufhunde (Grand chiens courants français)
4. Mittelgroße französische Laufhunde und Bassets (Chiens courants français de moyenne taille et Bassets)
5. Englische Laufhunde (Chiens courants de races anglaises)
6. Englisch-französische Laufhunde (Chiens anglo-français)
7. Kontinentale Vorstehhunde und Spaniels (Arrêt continentaux et Epagneuls)
8. Englische Vorstehhunde (Arrêt anglais)
9. Gesellschaftshunde (Compagnie)
10. Windhunde (Lévriers)
11. Teckel

Um diesen Hundeführer für den weniger versierten Hundebesitzer gut benutzbar zu machen, sind wir hier bewußt von dieser Einteilung ein wenig abgegangen. Wir wählten das alphabetische System, das das Heraussuchen eines bestimmten Hundes sehr vereinfacht. Um ein Beispiel zu nennen: Wir haben in diesem Buch Laufhunde und Windhunde in einem Kapitel, weil wir davon ausgehen, daß der Besitzer eines Laufhundes das Tier unter dieser Gliederung suchen kann, aber nicht unbedingt mit den ins einzelne gehenden Unterschieden vertraut ist, die in der FCI aufgestellt sind und die Laufhunde in die Gruppen: Große französische, Mittelgroße französische, Englische und Englisch-Französische Laufhunde einteilt.
Bei der Benennung der Rassen gingen wir von dem ursprünglichen Namen aus, unter dem jede Rasse in ihrem Herkommensland bekannt ist. Es gibt aber auch Rassen, die in der gleichen Sprache mehrere Namen haben, weil die Tiere in den verschiedenen Landesteilen nach den Gebieten benannt werden, in denen sie ursprünglich lebten. So findet man zum Beispiel unter Nr. 7 den Berger de l'Atlas – Berger d'Algérie – Chien Kabyle und Chien des Douars; demselben Hund, der diese vier Namen trägt, kann man nun noch den deutschen Namen zufügen: Algerischer Schäferhund. Der Hrvatski Ovčar (Nr. 53) hat den deutschen Namen Kroatischer Schäferhund.

Allgemeine Hinweise

In den jetzt folgenden Rassenbeschreibungen hat jede Gruppe eine Einleitung, in der etwas über die Eigenschaften gesagt wird, die für die betreffenden Rassen charakteristisch sind.
Die Beschreibung der Hunde erfolgt nach einer bestimmten Reihenfolge. So beginnt jede Beschreibung mit Einzelheiten über den Ursprung der Rasse und ihre Verwendung. Dann folgen die äußerlichen Kennzeichen, unter denen man Angaben findet über den Körperbau, den Kopf, die Augen, die Ohren, das Gebiß, die Behaarung, die Rute usw. Die Beschreibung schließt mit Einzelheiten über die Wesensart des Tieres, zum Beispiel, ob der Hund wachsam ist oder kinderfreundlich.
Im Abschnitt »Äußere Kennzeichen« findet man in den meisten Fällen Begriffe, die dem Hundebesitzer, der in der kynologischen Terminologie nicht zu Hause ist, fremd sind. So sprechen wir von Stop, Ellenbogen, Kehlhaut, Glasauge, Rosenohr, fröhlich getragener Rute usw. Bei den Illustrationen trifft man bei der Farbbeschreibung beispielsweise auf Blauschecke oder Harlekin. Diese in Fachkreisen verwendeten Begriffe haben wir für den Laien auf diesem Gebiet auf den Seiten 30 bis 37 ausführlich beschrieben, wobei Zeichnungen diese Fachbegriffe noch einmal besonders betonen. Weiterhin steht bei der Beschreibung der Ohren und der Rute das Wort »kupiert«. Der Hinweis ist ein wesentlicher Bestandteil des Äußeren dieser Rasse und ist deshalb zur genauen Beschreibung aufgenommen, ungeachtet der Tatsache, ob man das Kupieren der Hunde als grausam empfindet oder nicht.
In den Niederlanden ist das Kupieren der Ohren seit 1961 mit dem Verabschieden des Tierschutzgesetzes verboten. Bei uns und zum Beispiel in Belgien ist das Kupieren der Ohren nicht verboten, doch muß es von einem Fachmann und unter Narkose durchgeführt werden. Das Kupieren der Rute ist auch in den Niederlanden nicht verboten, doch unterzieht man die Hunde bereits außerordentlich jung dieser Prozedur.
Um die Benutzung dieses Führers möglichst einfach zu gestalten, sind alle Hunde mit einer laufenden Nummer versehen, und dadurch sind auch ihre Beschreibungen schneller zu finden. Alle Abbildungen von Hunden, die immer auf der rechten Seite stehen, tragen ebenfalls die zum betreffenden Hund gehörende Nummer, so daß man sofort er-

kennen kann, welcher Hund abgebildet ist. Bei den meisten Rassen haben wir die Schulterhöhe für Rüden und Hündinnen gesondert angegeben. In den Fällen, in denen statt dessen das Gewicht oder der Brustumfang angegeben ist, folgen wir der Beschreibung, wie sie im Standard festgelegt ist. Da alle Abbildungen maßstabgerecht vorliegen, bekommt man auch einen genauen Eindruck von den wirklichen Verhältnissen. Bei den einleitenden Beschreibungen der Rassen ist der Maßstab der betreffenden Abbildungen angegeben.
Wir wollten das Buch vervollständigen und haben am Schluß jeder Gruppe eine Anzahl Hunde aufgenommen, die weniger bekannt ist. Diese sind zwar nicht abgebildet, doch ihre Besonderheiten sind trotzdem ausführlich behandelt.

Beschreibung der Rassen

Schäferhunde

Zu Schäferhunden rechnet man Rassen, die seit alters her aus mit dem Vieh arbeitenden Hunden entstanden. Man unterteilt sie in Berghunde und Hüte- oder Schäferhunde. Die Berghunde sind die ältesten Rassen dieser Gruppe. Nomadisierende Viehzüchter brauchten einen Schutz für sich und ihr Vieh gegen Raubtiere. Dafür benötigten sie vorzugsweise große, starke, mutige und vor allem weiße Hunde, damit sie sich für die Hirten, die ihnen in der Dunkelheit zu Hilfe kamen, deutlich von den Wölfen und Bären unterschieden. Alle diese Rassen der Berghunde haben Doggenblut in sich, ganz besonders die Kampfhunde.

Als die Hirtenvölker ihr nomadisches Leben aufgaben und Ackerbau und Viehzucht betrieben, entstand der Bedarf nach einem Hund, der die Herden zusammenhielt und sie davon abbrachte, über die Felder zu laufen. Man legte sich für diese Arbeit geschicktere Hunde zu als die schweren, etwas plumpen Berghunde. Die beweglicheren, leichteren Hunde, die man herauszüchtete, sind die Vorfahren unserer heutigen Hüte- oder Schäferhunde.

In den Ländern, in denen die Hirten noch heute mit ihren Herden umherziehen, findet man stets ein oder zwei jener über alles Lob erhabenen Helfer. Der größte Teil dieser Arbeitshunde ist außerhalb ihrer Landesgrenzen oder auf Ausstellungen selten oder überhaupt nicht zu sehen.

Eine erste Voraussetzung für die Arbeit bei der Herde war, daß die Hunde – neben ihrem angeborenen Instinkt, eine große Tiergruppe beieinander zu halten – schnell von Begriff waren, damit sie die Anweisungen der Hirten sofort befolgen konnten, und intelligent genug, selbst die nötige Initiative zu ergreifen. Diese beiden Eigenschaften waren vor allem nötig, um die sich während des Grasens fortbewegenden Herden hüten zu können. Darüber hinaus mußten sie in der Lage sein, Hirten und Tiere zu bewachen und zu verteidigen. Infolge der strengen Auslese in diesen Charaktereigenschaften findet man sie auch heute noch bei Schäferhunden, und das macht sie besonders geeignet für die verschiedensten Abrichtungen. Sie sind nicht nur gute Wächter von Haus und Hof und Beschützer des Herrn und seiner Familie, sondern eignen sich auch als Polizeihunde, zum Führen von Blinden, zum Aufspüren von Menschen, die unter dem Schnee liegen, und selbst zum Aufspüren von Rauschgiften oder undichten Gasroh-

ren. Ein gewisses Maß an Schärfe (die Bereitschaft zum Angriff) ist ihnen eigen, und sie ist notwendig, will man sie zur Polizei-, Wach- und Schutzarbeit gebrauchen. Ein Hund, der sich weigert, einen Menschen anzugreifen, ist für diese Arbeit nutzlos. Die Schäferhunde sind zuverlässig, vorausgesetzt, man kann mit ihnen umgehen und weiß, wie man sie fest in der Hand behält. Bei ängstlichen Personen, die sich selbst fürchten, es aber schön finden, einen scharfen Hund zu besitzen, sind sie völlig fehl am Platze und können sogar zu einer Gefahr werden. Der Unterhalt der verschiedenen Rassen von Berg- und Schäferhunden braucht nicht besonders behandelt zu werden, mit Ausnahme einiger Rassen: des Komondor und des Puli. Diese Hunde besitzen eine besondere Struktur des Deck- und des Unterhaares, die miteinander verfilzen. Dieses Verfilzen ist etwas ganz anderes als das Verfilzen, das bei schlecht gepflegtem langen Haar möglich ist. Bei ausgewachsenen Tieren besteht das verfilzte Fell aus großen Platten oder kleineren Schnüren, die fest ineinander verflochten sind; das ist das sogenannte Zottelhaar. Bei der Arbeit gibt diese Behaarung einen sehr soliden Schutz gegen alle Wettereinflüsse und verleiht den Hunden ein eigenartiges, aber sehr typisches Aussehen. In den USA weiß man nicht immer die besonderen Eigenschaften dieses Haarkleides zu würdigen. Man verhindert das Verfilzen, indem man das Haar kämmt und bürstet und man besprüht es sogar mit Spray, dadurch entsteht ein stark abstehendes Fell, das den Hunden ein ganz anderes Aussehen verleiht, als es die mit Herden arbeitenden Rassegenossen in der Heimat haben. In Europa wird diese unnatürliche Art des Verschönerns, auch vor Ausstellungen, niemals angewendet.
Die Angst vor schmutzigen Hunden oder vor einem unangenehmen Geruch ist ohne Grund, weil man das verfilzte weiße Fell täglich bearbeiten kann, indem man die Platten mit den Fingern in lange, dünne Schnüre auseinanderzieht. Dadurch tritt Luft heran, und man beugt dem Ersticken der Haut und des Haares vor. Falls es nötig ist, kann man die Tiere waschen. In Ungarn geschieht das einmal im Jahr und nur im Sommer, weil das Trocknen des Felles ein lange dauernder Prozeß ist.

Das Größenverhältnis der zu diesem Kapitel gehörenden Abbildungen (Nr. 1 - 46) beträgt 1:15.

1. GROENENDAEL – Belgischer Schäferhund

Ursprung und Verwendung Benannt nach dem Schloß Groenendael, das im Sonienwald, südlich von Brüssel liegt. Viehhüter und Wachhund.
Äußere Kennzeichen *Kopf:* Lang, aber nicht zu lang und mittelbreit, der Fang ist länger als der Schädel, der Stop mäßig. *Augen:* Mandelförmig, am besten dunkelbraun, mit offenem, intelligentem, etwas fragendem Ausdruck. *Ohren:* Dreieckige Stehohren. *Scherengebiß. Hals:* Ziemlich lang, ohne Kehlhaut. *Körper:* Nicht zu breit, aber tief, mit geradem Rücken, kein hochgezogener Bauch. *Läufe:* Stark, mittellang. *Pfoten:* Vorderpfoten nahezu rund, Hinterpfoten mehr oval. *Rute:* Mittellang, herabhängend getragen. *Haar:* Auf dem Kopf kurz, ebenso an den Ohren und an der Vorderkante der Läufe, auf dem Körper lang und länger um den Hals, an der Hinterseite der Läufe und am Schwanz.
Charakter Robust, intelligent, lebhaft, guter Wächter; gut geeignet zur Abrichtung.

2. LAEKENOIS – Belgischer Schäferhund

Ursprung und Verwendung In der Umgebung von Boom, nicht weit von Antwerpen, wo es zahlreiche Züchtereien gab. Man brauchte sie zum Bewachen der Bleichen.
Äußere Kennzeichen Genau wie die des Groenendael (Nr. 1), mit Ausnahme der *Behaarung,* die rauh, trocken und mit Wirbeln versehen sein muß; 6 cm lang, mit Ausnahme des Kopfes, wo die Haare etwas kürzer sind.

3. MECHELAAR – Belgischer Schäferhund

Ursprung und Verwendung Die Kempen und der Norden von Brabant. Verwendet als Treiber und Hüter der Herden.
Äußere Kennzeichen Genau wie die des Groenendael (Nr. 1) mit Ausnahme der Farbe und der Behaarung, die kürzer ist, am Hals und an der Rute etwas länger.

1

Schulterhöhe
Rüde: etwa 62 cm.
Hündin: etwa
58 cm.

Farbe Schwarz.

2

Schulterhöhe
Rüde: etwa 62 cm.
Hündin: etwa
58 cm.

Farbe Fahlrot, mit schwarzem Glanz auf Nase und Rute.

3

Schulterhöhe
Rüde: etwa 62 cm.
Hündin: etwa
58 cm.

Farbe Fahlrot mit schwarzen Stellen, vorzugsweise mit schwarzer Maske.

4. TERVUEREN – Belgischer Schäferhund

Ursprung und Verwendung Tervueren bei Brüssel. Gleiche Abstammung und Verwendung wie der Groenendael (Nr. 1).
Äußere Kennzeichen Genau wie die des Groenendael (Nr. 1), mit Ausnahme der Farbe.

5. BERGER DE BEAUCE – BEAUCERON

Ursprung und Verwendung Merkwürdigerweise nicht das Gebiet von Beauce, sondern das von Brie in Frankreich. Hirten und Bauern verwenden ihn als Viehhüter und Wachhund.
Äußere Kennzeichen *Kopf:* Lang mit geringem Stop; Schädel und Fang sind gleichlang. *Augen:* Dunkel oder mit der Haarfarbe übereinstimmend. *Ohren:* Vorzugsweise kupiert. *Scherengebiß. Hals:* Mittellang. *Körper:* Breite, tiefe Brust und gerader Rücken, Bauch nicht hochgezogen. *Läufe:* Stark und mittellang; die Hinterläufe haben eine doppelte Afterklaue. *Pfoten:* Rund. *Rute:* Lang, mindestens zum Sprunggelenk reichend, herabhängend getragen. *Haare:* Nicht zu kurz, länger als 2 cm, dick und fest, glatt anliegend.
Charakter Ruhig, intelligent, gehorsam, wenn nötig scharf; ausgezeichnet zur Dressur geeignet.

6. BERGER DE BRIE – BRIARD

Ursprung und Verwendung Der Name scheint keine Beziehung zum Gebiet Brie zu haben, sondern soll eine Entstellung sein von Chien d'Aubry. Bereits 1371 soll ein Edelmann mit Namen Aubry de Montdidier einen derartigen Hund besessen haben. Dieser spürte den Mörder auf, als sein Herr umgebracht worden war. Der Briard kommt in ganz Frankreich vor, vor allem aber im Norden. Er soll vom Barbet und vom Beauceron abstammen. Geschätzter Wach- und Ausstellungshund. In Frankreich arbeitet er auch noch mit der Herde.
Äußere Kennzeichen *Kopf:* Nicht zu breit, ziemlich lang mit deutlichem Stop. *Augen:* Ziemlich groß und dunkel, mit ruhigem, klugem Ausdruck. *Ohren:* Vorzugsweise kupiert; wenn unbeschädigt, dann kurz und nicht zu flach hängend. *Scherengebiß. Hals:* Ziemlich lang. *Körper:* Breite, tiefe Brust, gerader Rücken, Bauch nicht hochgezogen. *Läufe:* Recht lang, schwere Knochen; die Hinterläufe besitzen doppelte Afterklauen. *Pfoten:* Zwischen Katzen- und Hasenpfoten. *Rute:* Mittellang, mit einem Haken am Ende. *Haare:* Lang, trocken und nicht glatt anliegend.
Charakter Lebhaft, klug, leicht gekränkt.

4

Schulterhöhe Rüde: etwa 62 cm. Hündin: etwa 58 cm.

Farbe Fahlrot mit schwarzen Stellen, vorzugsweise mit schwarzer Maske.

5

Schulterhöhe Rüde: 65–70 cm. Hündin: 61–68 cm.

Farbe Schwarz, Schwarz mit Lohfarbe, Wildfarbe, Wildfarbe mit schwarzen Stellen, Grau, Grau mit schwarzen Flecken.

6

Schulterhöhe Rüde: 58–68 cm. Hündin: 55–65 cm.

Farbe Außer Weiß alle Farben, vorausgesetzt einfarbig. Vorzugsweise dunklere Farben.

7. BERGER DE L'ATLAS – BERGER D'ALGÉRIE – CHIEN KABYLE – CHIEN DES DOUARS – Algerischer Schäferhund

Ursprung und Verwendung Kommt in Nordafrika vor, wo man ihn zum Bewachen der arabischen Zeltdörfer nimmt.
Äußere Kennzeichen *Kopf:* Ziemlich langer Schädel mit geringem Stop und langer Fang. *Augen:* Dunkel, mit lebhaftem, intelligentem Ausdruck. *Ohren:* Dreieckig und stehend. *Scherengebiß. Hals:* Ziemlich kräftig. *Körper:* Ziemlich lang, mit tiefer Brust. *Läufe:* Stark und mittellang. *Pfoten:* Oval. *Rute:* Lang und schwer behaart. *Haar:* Glatt anliegend, nicht zu kurz, grob.
Charakter Wild, wachsam, unfreundlich.

8. BERGER DE PICARDIE – Schäferhund aus der Picardie

Ursprung und Verwendung Im Norden Frankreichs. Noch immer Arbeits- und kein Ausstellungshund.
Äußere Kennzeichen *Kopf:* Ziemlich breiter, leicht gewölbter Schädel, leichter Stop und nicht zu langer Fang. *Augen:* Dunkel, mittelgroß. *Ohren:* Nicht zu groß, stehend. *Scherengebiß. Hals:* Nicht zu kurz. *Körper:* Mäßig lang, mit tiefer nicht zu breiter Brust und geradem Rücken. *Läufe:* Mittellang mit starken Knochen. *Pfoten:* Rund. *Rute:* Lang, bis zum Sprunggelenk, leicht säbelförmig getragen. *Haare:* Hart, halblang, muß sich rauh anfühlen, dichte Unterwolle.
Charakter Scharf, unermüdlich, anhänglich, kinderlieb.

9. BERGER DES PYRÉNÉES – Pyrenäenschäferhund

Ursprung und Verwendung Die gesamten Pyrenäen. In den Pyrenäen noch Hilfe für den Hirten, außerhalb kommt er wenig vor.
Äußere Kennzeichen *Kopf:* Recht flacher Schädel ohne sichtbaren Stop, nicht zu kräftiger, kurzer Fang. *Augen:* Kastanienbraun; bei weiß-schwarzen und bei grauen Hunden sind auch Glasaugen oder Augen mit blauen Flecken zugelassen. *Ohren:* Hängeohren, die in der Regel ziemlich kurz kupiert werden. *Scherengebiß. Hals:* Recht lang. *Körper:* Lang mit leicht gewölbten Rippen; der Brustkasten reicht bis zum Ellenbogen. *Läufe:* Trocken und nicht zu schwer; die Hinterläufe haben keine oder doppelte Afterklauen. *Pfoten:* Oval. *Rute:* Lang, mit einem Haken am Ende; angeborener oder kupierter kurzer Schwanz ist erlaubt. *Haar:* Lang oder halblang, flach anliegend oder leicht gewellt.
Charakter Abwartend, wachsam, mißtrauisch, sehr lebhaft und klug.

10. BERGER DES PYRÉNÉES A FACE RASE – Pyrenäenschäferhund mit kurzhaarigem Kopf

Ursprung und Verwendung Genau wie der Berger des Pyrénées (Nr. 9).
Äußere Kennzeichen Genau wie die des Berger des Pyrénées (Nr. 9), mit Ausnahme des *Kopfes,* der einen längeren und spitzeren Fang hat, und der *Haare,* die halblang sein müssen und auf dem Kopf und an der Vorderseite der Läufe kurz.
Schulterhöhe Rüde und Hündin: höchstens 55 cm.

7

Schulterhöhe Rüde und Hündin: 60 cm.

Farbe Weiß, manchmal mit wildfarbenen Flecken. Dunkle Farben sind selten.

8

Schulterhöhe Rüde: 60–65 cm. Hündin: 55–60 cm.

Farbe Grau, Grauschwarz, Graublau, Graurot, hellere und dunklere Wildfarbe ohne Weiß. Nur weiße Zehen und ein weißer Fleck auf der Brust erlaubt.

9

Schulterhöhe Rüde: 40–50 cm. Hündin: 38–50 cm.

Farbe Fuchsrot, Grau, gefleckt; Schwarz mit weißen Abzeichen auf Kopf, Brust und Pfoten.

11. BOUVIER DES ARDENNES (Bouvier) – Ardennentreibhund

Ursprung und Verwendung Stammt aus den belgischen Ardennen, wo er noch vielfach von den Hirten verwendet wird. Sieht eher wie ein Schäferhund aus als ein Treibhund. Kein Ausstellungshund.
Äußere Kennzeichen *Kopf:* Schwer und auffällig kurz mit leichtem Stop. *Augen:* Dunkel. *Ohren:* Stehend; Überfallohr und halbstehende Ohren sind erlaubt. *Scherengebiß. Hals:* Kurz und dick. *Körper:* Mittellang mit tiefer und breiter Brust. *Läufe:* Mittellang und schwere Knochen. *Pfoten:* Rund. *Rute:* Sehr kurz kupiert. *Haar:* Kraus und spröde, etwa 5 cm lang, an Kopf und Läufen kürzer; im Winter dicke Unterwolle. Auf dem Fang Schnurrbart.
Charakter Klug, folgsam beim Herrn, mürrisch bei Fremden.

12. BOUVIER DES FLANDRES (Bouvier) – Flanderntreibhund

Ursprung und Verwendung Französisch-belgisches Grenzgebiet. Entstand wahrscheinlich aus einer Kreuzung zwischen Berger de Picardie (Nr. 8) und Mâtin Belge. Wurde ursprünglich für sehr viele Aufgaben verwendet, wie zum Beispiel als Viehtreiber, Schutz-, Wach- und sogar als Ziehhund.
Äußere Kennzeichen *Kopf:* Ein ziemlich breiter und flacher Schädel, geringer Stop und kurzer, breiter Fang. *Augen:* Dunkel und oval, mit offenem Ausdruck. *Ohren:* Meist nicht zu lang kupiert. *Scherengebiß. Hals:* Nicht zu kurz und ohne Kehlhaut. *Körper:* Kurz und tief, gerader Rücken, ohne hochgezogenen Bauch. *Läufe:* Mittellang, mit starken Knochen. *Pfoten:* Rund. *Rute:* Auf etwa 10 cm Länge kupiert. *Haare:* Rauh mit Wirbeln, rund 6 cm lang.
Charakter Klug, lebhaft, energisch, mutig; zum Abrichten geeignet.

13. CANE DA PASTORE BERGAMASCO – Bergamasker Hirtenhund

Ursprung und Verwendung Das Gebiet von Bergamo in Oberitalien. Die große Ähnlichkeit mit dem Briard (Nr. 6) läßt vermuten, daß sie die gleichen Vorfahren haben. Bewacher und Hüter von Herden. Selten auf Ausstellungen zu sehen.
Äußere Kennzeichen *Kopf:* Breiter, leicht gewölbter Schädel, deutlicher Stop und vierkantiger, nicht zu langer Fang. *Augen:* Dunkel; bei den hell gefärbten Hunden sind Glasaugen zugelassen. *Ohren:* Klein und halbstehend. *Scherengebiß. Hals:* Ziemlich lang. *Körper:* Eher kurz als lang, Brust breit und tief mit gut gerundeten Rippen, gerader Rücken. *Läufe:* Stark und ziemlich lang. *Pfoten:* Rund. *Rute:* Mittellang, hängend getragen, Ende aufgebogen. *Haar:* Lang, einigermaßen wellig und wollig, auf dem Rücken härter.
Charakter Wachsam, mutig, zuverlässig.

11

Schulterhöhe Rüde und Hündin: bei mittelgroßen höchstens 60 cm, bei großen mindestens 60 cm.

Farbe Alle Farben erlaubt.

12

Schulterhöhe Rüde: 65 cm. Hündin: 62 cm.

Farbe Von Fahlgelb bis Schwarz, Grau, gestromt.

13

Schulterhöhe Rüde: durchschnittlich 60 cm. Hündin: durchschnittlich 56 cm.

Farbe Grau in allen Schattierungen mit und ohne Weiß oder schwarzen Flecken, auch gemischt mit Gelb und Braun.

14. CANE DA PASTORE MAREMMANO – ABRUZZESE
Maremmaner Hirtenhund

Ursprung und Verwendung Früher hielt man die Berghunde der Maremmen und der Abruzzen für besondere Rassen, doch wertet man sie seit 1958 als eine einzige Rasse. Bewacher von Herden. Auch außerhalb der Landesgrenzen auf Ausstellungen zu sehen.
Äußere Kennzeichen *Kopf:* Ähnelt dem eines weißen Bären; Schädel ziemlich breit und lang, Fang etwas kürzer und kräftig; unauffälliger Stop. *Augen:* Nicht groß, mandelförmig, braun. *Ohren:* Klein, hängend, V-förmig. *Scherengebiß. Hals:* Stark, ohne Kehlhaut. *Körper:* Mittellang, mit breiter, tiefer Brust, Bauch wenig hochgezogen. *Läufe:* Mittellang, schwerer Knochenbau. *Pfoten:* Katzenpfoten. *Rute:* Lang, hängend getragen, die Spitze ist hochgebogen. *Haar:* Reichlich, lang und ziemlich hart, auf Kopf und an Vorderseite der Läufe kurz.
Charakter Würdig, folgsam, leise, scharfer Wachhund.

15. CÃO DA SERRA DE AIRES – Portugiesischer Schafshund

Ursprung und Verwendung Entstand aus alten einheimischen Schäferhundrassen. Er wird bei den Schafherden gebraucht.
Äußere Kennzeichen *Kopf:* Ziemlich breit, Stop deutlich, Fang stark und nicht zu kurz. *Augen:* Braun. *Ohren:* Hängend, werden oft kupiert. *Scherengebiß. Hals:* Nicht zu kurz, ohne Kehlhaut. *Körper:* Ziemlich lang, mit tiefer Brust, leicht gewölbten Rippen und geradem, leicht abfallendem Rücken. *Läufe:* Stark und mittellang. *Pfoten:* Rund. *Rute:* Lang, hängend getragen, am Ende leicht aufgebogen. *Haare:* Sehr lang, glatt oder leicht gewellt.
Charakter Eifrig, intelligent, hart.

16. COLLIE, BEARDED – Schottischer Schäferhund

Ursprung und Verwendung Nach einem Dokument von 1514 sollen mit einem Schiff aus Polen, das Getreide gegen schottische Schafe tauschen sollte, drei Schäferhunde aus den polnischen Ebenen, zwei Hündinnen und ein Rüde, mitgekommen und im Tausch gegen einen Widder und ein Mutterschaf in Schottland geblieben sein. Sie gelten als die ersten Vorfahren des Bearded Collie. Gebrauchs- und Ausstellungshund.
Äußere Kennzeichen *Kopf:* Breiter, flacher Schädel, mäßiger Stop und ziemlich langer Fang. *Augen:* Farbe stimmt mit der des Felles überein. *Ohren:* Mittellang und hängend. *Scherengebiß. Hals:* Ziemlich lang. *Körper:* Recht lang, mit flachen Rippen, tiefer Brust und geradem Rücken. *Läufe:* Nicht zu lang, mit schweren Knochen. *Pfoten:* Oval. *Rute:* Mäßig lang, hängend getragen, mit leichter Aufwärtsbiegung. *Haare:* Lange, harte, flach anliegende Deckhaare und dichte, weiche Unterwolle.
Charakter Klug, anhänglich, unermüdlich, sehr energisch, kinderlieb.

14

Schulterhöhe
Rüde: 65–73 cm.
Hündin: 60–68 cm.

Farbe Weiß.

15

Schulterhöhe
Rüde: 42–48 cm.
Hündin: 40–46 cm.

Farbe Gelb, Rot, Kastanienbraun, Rehbraun, Grau, wolfsfarbig, Schwarz, Lohfarbene Abzeichen zugelassen.

16

Schulterhöhe
Rüde: 52,5–55 cm.
Hündin:
50–52,5 cm.

Farbe Schieferblau, rötlich kamelfarben, Schwarz, alle Schattierungen von Braun, Grau und Sandfarbe mit oder ohne Collieabzeichen.

17. COLLIE (langhaarig) – Schottischer Schäferhund

Ursprung und Verwendung Kamen bereits in der zweiten Hälfte des 19. Jahrhunderts in England zu Ausstellungen. Sehr volkstümlicher Hund auf der ganzen Welt. Im schottischen Hoch- und Tiefland und im Westen von England als Schafhüter verwendet.
Äußere Kennzeichen *Kopf:* Flacher, schmaler Schädel, sehr geringer Stop, Fang genauso lang wie der Schädel. *Augen:* Mittelgroß, mandelförmig und dunkelbraun; ist der Hund eine Blauschecke, dürfen die Augen auch blau oder blau gefleckt sein. *Ohren:* Kleine Überfallohren. *Scherengebiß. Hals:* Sehr lang. *Körper:* Ziemlich lang, mit gut gewölbten Rippen und einer tiefen, recht breiten Brust, leicht gewölbte Lenden. *Läufe:* Mittellang und mäßig schwere Knochen. *Pfoten:* Oval. *Rute:* Lang, mindestens bis zum Sprunggelenk, hängend getragen mit leicht nach oben gebogener Spitze. *Haar:* Gerade, dichte, harte und lange Deckhaare und weiche, dichte Unterwolle; Kopf kurz behaart, ebenso die Vorderseite der Läufe und der Pfoten.
Charakter Würdig, treu, ehrlich, intelligent; gegenüber Fremden reserviert.

18. COLLIE (kurzhaarig) – Schottischer Schäferhund

Genau wie beim langhaarigen Collie (Nr. 17), mit Ausnahme der *Haare,* die kurz, hart und flach anliegend sind.

19. DEUTSCHER SCHÄFERHUND

Ursprung und Verwendung Die ersten Hunde stammen von Tieren ab, die man für die Bewachung der Schafherden gegen Wolfsüberfälle verwendete. 1882 erschienen die ersten beiden Exemplare auf einer Ausstellung, und erst 1891 wurde der Standard aufgestellt. Von da an wird der Hund zu einer der beliebtesten Rassen in sehr vielen Ländern. Das imponierende und schöne Äußere zusammen mit der großen Fähigkeit zum Abrichten für die verschiedenartigsten Aufgaben verschaffte der Rasse die große Popularität.
Äußere Kennzeichen *Kopf:* Mäßig breiter Schädel, leichter Stop und langer Fang. *Augen:* Mandelförmig, vorzugsweise dunkel gefärbt mit lebhaftem und verständigem Ausdruck. *Ohren:* Große Stehohren. *Scherengebiß. Hals:* Mittellang und ohne Kehlhaut. *Körper:* Lang, tiefe, nicht zu breite Brust mit leicht gewölbten Rippen. *Läufe:* Nicht zu lang mit starken Knochen. *Pfoten:* Rund und kurz. *Rute:* Reicht bis zum Sprunggelenk. *Haar:* Dicht, gerade, stockhaarig und gut anliegend.
Charakter Intelligent, mutig, aufmerksam, wachsam, treu; wenn notwendig scharf und kampflustig.

17

Schulterhöhe
Rüde: 55–60 cm.
Hündin: 50–55 cm.

Farbe Zobel mit Weiß, dreifarbig, Blauschecke.

18

Schulterhöhe
Rüde: 55–60 cm.
Hündin: 50–55 cm.

Farbe Sandfarben mit Weiß, dreifarbig, Blauschecke.

19

Schulterhöhe
Rüde: 60–65 cm.
Hündin: 55–60 cm.

Farbe Völlig schwarz, Eisengrau oder diese Farben mit braunen bis grauweißen Abzeichen; wolfsfarbig.

20. DEUTSCHER SCHAFPUDEL

Ursprung und Verwendung Deutschland; ausschließlich für die Arbeit bei Schafherden gehalten.
Äußere Kennzeichen *Kopf:* Breiter Schädel, geringer Stop, nicht zu langer, tiefer Fang. *Augen:* Groß und dunkelbraun. *Ohren:* Ziemlich lang und hängend. *Scherengebiß. Hals:* Ohne Kehlhaut. *Körper:* Nicht zu lang, mit gut gewölbten Rippen und tiefer Brust. *Läufe:* Ziemlich lang. *Pfoten:* Stark gebaut. *Rute:* Lang, hängend getragen. *Haar:* Lang, mit Wirbeln und hart.
Charakter Klug, aufmerksam, wachsam, gutmütig, anhänglich, verträglich.

21. GOS D'ATURA – Katalonischer Hirtenhund

Ursprung und Verwendung Katalonien in Spanien. Vielleicht ist der Pyrenäen-Berghund einer seiner Vorfahren. Seine ursprüngliche Aufgabe war Treiben und Hüten; heute braucht man ihn viel als Wachhund und zum Abrichten.
Äußere Kennzeichen *Kopf:* Breiter Schädel, deutlicher Stop und kräftiger, ziemlich langer Fang. *Augen:* Groß, amberfarben. *Ohren:* Hängend. *Scherengebiß. Hals:* Kurz und massiv. *Körper:* Mittellang, mit tiefer Brust, leicht gewölbten Rippen und hochgezogenem Bauch. *Läufe:* Mittellang, mit schweren Knochen. *Pfoten:* Groß und oval. *Rute:* Lang und leicht am Ende aufgebogen, hängend getragen, oder von Natur aus kurz, höchstens 10 cm lang; Kupieren erlaubt. *Haar:* Lang, leicht gewellt und abstehend.
Charakter Wachsam, lernbegierig, zuverlässig.

22. GOS D'ATURA CERDA – Kurzhaariger Katalonischer Hirtenhund

Äußere Kennzeichen Genau wie die vom Gos d'Atura (Nr. 21) mit Ausnahme der *Rute,* die lang ist, herabhängt und leicht am Ende aufgebogen ist, und der *Haare,* die ziemlich kurz, weich und dicht sind.

23. HOLLANDSE HERDERSHOND (kurzhaarig) – Niederländischer Schäferhund

Ursprung und Verwendung Kam ursprünglich nur in den Provinzen vor, in denen viel Schafe gehalten wurden (Drenthe und Brabant). Nun verwandt mit dem Belgischen Schäferhund. Schafhüter und Wachhund.
Äußere Kennzeichen *Kopf:* Mittellang und schmal; der Schädel ist flach, Stop kaum sichtbar, Fang etwas länger als der Schädel. *Augen:* Mittelgroß, mandelförmig und dunkel. *Ohren:* Klein und aufrecht. *Scherengebiß. Hals:* Nicht zu kurz und ohne Kehlhaut. *Körper:* Ziemlich kurz mit nicht zu schmaler, tiefer Brust, leicht gewölbte Rippen und gerader Rücken. *Läufe:* Mittellang mit kräftigen Knochen. *Pfoten:* Ziemlich kurz. *Rute:* Lang, reicht bis zum Sprunggelenk. In Ruhe herabhängend, gerade oder mit leichter Biegung am Ende. In Aktion etwas höher getragen. *Haar:* Ziemlich hart und nicht zu kurz, Unterwolle.
Charakter Klug, wachsam, eifrig, treu; eignet sich zum Abrichten.

20

Schulterhöhe
Rüde: 50–60 cm.
Hündin: 50–55 cm.

Farbe Weiß, Schimmel, bunt und Weiß mit Flecken sind zugelassen.

21

Schulterhöhe
Rüde: 45–50 cm.
Hündin: 43–48 cm.

Farbe Durch Mischen von schwarzen und weißen Haaren hell- oder dunkelgrau; rötlich, dreifarbig; Schwarz, rahmfarben, Weiß. Gliedmaßen mitunter rahmfarben bis rötlich.

23

Schulterhöhe
Rüde: 57–62 cm.
Hündin: 55–60 cm.

Farbe Goldgestromt, silbergestromt. Vorzugsweise mit schwarzer Maske.

24. HOLLANDSE HERDERSHOND (langhaarig) – Niederländischer Schäferhund

Äußere Kennzeichen Genau wie die des kurzhaarigen (Nr. 23) mit Ausnahme der *Haare,* die lang, gerade und grob sind, mit Unterwolle. *Kopf* und Vorderseite der *Läufe* sind kurz behaart.

25. HOLLANDSE HERDERSHOND (rauhhaarig) – Niederländischer Schäferhund

Äußere Kennzeichen Genau wie die des kurzhaarigen (Nr. 23) mit Ausnahme der *Farbe* und der *Haare,* die dicht, hart und mit Wirbeln sind, gut abstehen und eine dichte Unterwolle besitzen.

26. KOMONDOR

Ursprung und Verwendung Man nimmt an, daß die Magyaren diese Hunde mitbrachten, als sie sich im 9. Jahrhundert nach ihrem Zug durch die russischen Steppen in Ungarn niederließen. Der Komondor, ein Berghund, soll mit dem russischen Oftscharka verwandt sein. Man verwendet ihn zum Bewachen und Verteidigen der Herden.
Äußere Kennzeichen *Kopf:* Breiter, gewölbter Schädel, der länger ist als der Fang, leichter Stop und recht kurzer, breiter und tiefer Fang. *Augen:* Oval und dunkelbraun. *Ohren:* U-förmig, herabhängend und unbeweglich. *Scherengebiß. Hals:* Ziemlich kurz und ohne Kehlhaut. *Körper:* Recht kurz, mit mitteltiefer, tonnenförmiger Brust. *Läufe:* Nicht zu schwer und lang. *Pfoten:* Groß, die Vorderpfoten sind kleiner als die Hinterpfoten. *Rute:* Lang, hängt nach unten, an der Spitze etwas umgebogen. *Haar:* Lang und dicht, mit feinen Wollhaaren und groben Deckhaaren; Fähigkeit zum starken Verfilzen wird gefordert.
Charakter Furchtlos, eigensinnig, mißtrauisch, kein Jedermannsfreund, Hausgenossen gegenüber sehr anhänglich; vorzüglicher Bewacher und Verteidiger.

24

Schulterhöhe
Rüde: 57–62 cm.
Hündin: 55–60 cm.

Farbe Goldgestromt, silbergestromt. Vorzugsweise mit schwarzer Maske.

25

Schulterhöhe
Rüde: 57–62 cm.
Hündin: 55–60 cm.

Farbe Blaugrau, Pfeffer und Salz, silber- und goldgestromt.

26

Schulterhöhe
Rüde: durchschnittlich 80 cm, mindestens 65 cm.
Hündin: durchschnittlich 70 cm, mindestens 55 cm.

Farbe Weiß.

27. KUVASZ

Ursprung und Verwendung Mit dem Komondor (Nr. 26) und dem Puli (Nr. 37) eine der drei sehr alten ungarischen Rassen. Entweder wie der Komondor mit den Magyaren mitgekommen oder später, um 1200, mit den Kumanen. Der Kuvasz ist ein Berghund, dessen Aufgabe das Bewachen und Beschützen ist, obwohl er früher auch zur Jagd auf Wölfe und Wildschweine verwendet wurde.
Äußere Kennzeichen *Kopf:* Ziemlich langer, leicht gewölbter Schädel, mäßiger Stop und breiter, langer Fang. *Augen:* Mandelförmig und dunkelbraun. *Ohren:* V-förmige Hängeohren. *Scherengebiß. Hals:* Mittellang, ohne Kehlhaut. *Körper:* Mäßig lang, mit tiefer Brust und wenig gewölbten Rippen, hochgezogener Bauch. *Läufe:* Nicht zu stark und lang. *Pfoten:* Hinten länger und schmaler als vorn. *Rute:* Lang, bis zum Sprunggelenk; hängend getragen, am Ende etwas umgebogen. *Haar:* 4-12 cm lang, mit harten und gewellten Deckhaaren und kurzer, feiner, dichter Unterwolle. Der Kopf und die Vorderseite der *Läufe* sind kurz behaart.
Charakter Wachsam mutig, ruhig, guter Beschützer, kinderlieb.

28. LAPPHUND – Lappländischer Schäferhund

Ursprung und Verwendung Lappland. Schweden stellte einen Standard für die Rasse auf und erreichte die Anerkennung bei der FCI. Verwendet zum Hüten von Schafen und als Hof- und Wachhund.
Äußere Kennzeichen *Kopf:* Leicht gewölbter, mäßig breiter Schädel, guter Stop und nicht zu langer, keilförmiger Fang. *Augen:* Groß und dunkelbraun, voller Ausdruck. *Ohren:* Mittelgroß, stehend und spitz. *Scherengebiß. Hals:* Mäßig lang. *Körper:* Ziemlich lang, mit gut gewölbten Rippen, Bauch leicht hochgezogen. *Läufe:* Stark und nicht zu lang. *Pfoten:* Oval. *Rute:* Geringelt und etwas kürzer als mittellang. *Haar:* Lang, glänzend und glatt anliegend; die Unterwolle ist dicht und weich. Auf dem Kopf und an der Unterseite der Läufe ist die Behaarung kurz.
Charakter Tapfer, intelligent, treu, wachsam, der geborene Hüter, keine Jagdleidenschaft.

29. MUDI – Ungarischer Schäferhund

Ursprung und Verwendung Dieser Schäferhund entstand zu Ende des 19. oder zu Beginn des 20. Jahrhunderts in Ungarn. Eignet sich zum Hüten von Rindern, Schafen und Ziegen.
Äußere Kennzeichen *Kopf:* Lang und ziemlich schmal, mit geringem Stop und einem zugespitzten, schmalen Fang. *Augen:* Dunkelbraun. *Ohren:* Stehend. *Scherengebiß. Hals:* Stark. *Körper:* Ziemlich kurz, ausreichend tiefe Brust und leicht gewölbte Rippen. *Läufe:* Mäßig lang. *Pfoten:* Klein und kurz. *Rute:* Kurz, oder auf 5-7,5 cm Länge kupiert. *Haar:* Geringelt, auf Kopf und Läufen kurz.
Charakter Lebhaft, energisch, intelligent, wachsam, große Ausdauer, scharf auf Raubwild.

27

Schulterhöhe
Rüde: 71–75 cm.
Hündin: 66–70 cm.

Farbe Weiß.

28

Schulterhöhe
Rüde: 45–50 cm.
Hündin: 40–45 cm.

Farbe Schwarz, Braun wie ein Bär, Weiß.

29

Schulterhöhe
Rüde und Hündin: 30–50 cm.

Farbe Schwarz, Weiß, Weiß und Schwarz oder Grau, Hell- bis Dunkelgrau mit schwarzen Flecken.

30. NORSK BUHUND – Norwegischer Buhund

Ursprung und Verwendung Norwegen. Wird beim Vieh gebraucht.
Äußere Kennzeichen *Kopf:* Keilförmig; ziemlich breiter und flacher Schädel, deutlicher Stop, recht kurzer Fang. *Augen:* Dunkelbraun mit energischem, mutigem Ausdruck. *Ohren:* Spitz und stehend. *Scherengebiß. Hals:* Mittellang, ohne Kehlhaut. *Körper:* Kurz mit tiefer Brust und gut gewölbten Rippen, gerader Rücken, etwas hochgezogener Bauch. *Läufe:* Ziemlich kurz und kräftig. *Pfoten:* Klein und oval. *Rute:* Steif, geringelt. *Haar:* Nicht zu kurz, dick, rauh und glatt anliegend, mit weicher dichter Unterwolle.
Charakter Laut, wachsam, streitbar, selbständig, mutig.

OFTSCHARKI – Russische Hirtenhunde

Von den sehr vielen Berghundschlägen, die im asiatischen und europäischen Rußland vorkamen, erkannte man auf einem kynologischen Kongreß in Moskau 1952 vier offiziell an.

31. OFTSCHARKA – MITTELASIATISCHER OFTSCHARKA

Ursprung und Verwendung Zentralasiatisches Rußland. Vielseitiger Gebrauchshund.
Äußere Kennzeichen *Kopf:* Lose Haut, breiter Schädel, sehr geringer Stop. *Augen:* Tiefliegend, klein und rund. *Ohren:* Kurz, dreieckig und hängend, manchmal kupiert. *Scherengebiß. Hals:* Kurz, mit Kehlhaut. *Körper:* Nicht zu lang, mit tiefer, breiter Brust, stark gewölbten Rippen und breitem, geradem Rücken. *Läufe:* Ziemlich lang, mit schweren Knochen. *Pfoten:* Oval. *Rute:* Lang, sichelförmig, meistens kupiert. *Haar:* 7-8 cm lang, hart und gerade, mit dichter und weicher Unterwolle.
Charakter Scharf, wachsam.

32. OFTSCHARKA – TRANSKAUKASISCHER OFTSCHARKA

Ursprung und Verwendung Im Kaukasus vielseitiger Gebrauchshund.
Äußere Kennzeichen *Kopf:* Breiter Schädel, sehr geringer Stop. *Augen:* Klein und oval. *Ohren:* Klein und hängend. *Scherengebiß. Hals:* Kurz und stark. *Körper:* Schwer und ziemlich kurz, mit breiter und tiefer Brust und geradem, breitem Rücken und leicht hochgezogenem Bauch. *Läufe:* Ziemlich lang mit schweren Knochen. *Pfoten:* Groß und oval. *Rute:* Lang, sichelförmig, reicht bis zum Sprunggelenk, meist kupiert. *Haar:* Ziemlich lang, dicht, grob und gerade, Unterwolle. Kürzer auf Kopf und Vorderseite der Läufe.
Charakter Wachsam, energisch, scharf, unbestechlich.

33. OFTSCHARKA – NORDKAUKASISCHER OFTSCHARKA

Ursprung und Verwendung Kaukasus. Vielseitiger Gebrauchshund.
Äußere Kennzeichen Im Vergleich mit dem Transkaukasischen Oftscharka (Nr. 32). *Kopf:* Länger. *Körper:* Kürzer und leichter. *Haar:* Kürzer. *Farbe:* Grau, einfarbig, getigert oder gefleckt. *Schulterhöhe:* Rüde: 63 cm, Hündin: 60 cm.

30

Schulterhöhe
Rüde: 45 cm.
Hündin: 43 cm.

Farbe Fahl Braunrot oder Schwarz. Nicht zu dunkelrot. Weiße Abzeichen zugelassen.

31

Schulterhöhe
Rüde: 63–65 cm.
Hündin: 60–62 cm.

Farbe Schwarz, Weiß, Grau, Fahlgelb, Rot, Graurot; gestromt oder gefleckt.

32

Schulterhöhe
Rüde: 65 cm.
Hündin: 62 cm.

Farbe Grau, Rotgrau, Weiß; einfarbig oder gefleckt.

34. OFTSCHARKA – SÜDRUSSISCHER OFTSCHARKA

Ursprung und Verwendung Der heute auf der Krim und in der südlichen Ukraine gezüchtete Stamm ist asturischer Herkunft. Die mit den großen Merinoschafen aus Spanien mitgekommenen Schäferhunde kreuzte man mit tartarischen Berghunden und Steppen-Barsois. Vielseitiger Gebrauchshund.
Äußere Kennzeichen *Kopf:* Mittelbreiter Schädel und langer, zugespitzter Fang. *Ohren:* Mittelgroß, dreieckig und hängend. *Scherengebiß. Hals:* Keine Kehlhaut. *Körper:* Ziemlich kurz mit mittelbreiter, tiefer Brust und geradem, breitem Rücken. *Läufe:* Schwer. *Pfoten:* Stark. *Rute:* Lang, bis zum Sprunggelenk reichend, aufgebogen getragen. *Haar:* Sehr lang und dicht.
Charakter Lernfreudig und einfach abzurichten.

35. OWCZAREK NIZINNY (Berger de Vallée) – Polnischer Niederungshütehund

Ursprung und Verwendung Die polnischen Niederungen. Wahrscheinlich mit den Hunnen nach Polen gekommen. Vielseitiger Helfer bei der Herde.
Äußere Kennzeichen *Kopf:* Leicht gewölbter Schädel, genauso lang wie der Fang, deutlicher Stop. *Augen:* Mäßig groß, oval, haselnußfarben, mit lebhaftem Ausdruck. *Ohren:* Hängend und mäßig lang. *Scherengebiß. Hals:* Mäßig lang, ohne Kehlhaut. *Körper:* Mäßig lang mit tiefer Brust und gut gewölbten Rippen. *Läufe:* Leicht gebaut, nicht zu kurz und stark. *Pfoten:* Oval. *Rute:* Kupiert, oder der Hund ist schwanzlos geboren. *Haar:* Lang, dicht und grob, mit dichter Unterwolle.
Charakter Lebhaft, intelligent.

36. OWCZAREK PODHALANSKI (Berger du Tatra) – Tatrahund

Ursprung und Verwendung Polen. Man betrachtet den tibetanischen Mastiff als seinen vermutlichen Vorfahren. Berghund zum Verteidigen und Bewachen der Herden.
Äußere Kennzeichen *Kopf:* Breiter und flacher Schädel, deutlicher Stop und recht kurzer Fang. *Augen:* Mittelgroß, braun und voller Ausdruck. *Ohren:* Hängend und V-förmig. *Scherengebiß. Hals:* Ziemlich lang, ohne Kehlhaut. *Körper:* Ziemlich lang, mit tiefer und breiter Brust, ziemlich flache Rippen und gerader, breiter Rücken. *Läufe:* Mit schweren Knochen. *Rute:* Nicht zu lang, reicht bis zum Sprunggelenk, wird auch kupiert; manchmal angeboren schwanzlos. *Haar:* Ziemlich lang, dick, hart, gerade oder gewellt, auf dem Kopf und an der Vorderseite der Läufe kurz.
Charakter Gutmütig, willig, guter Wächter.

34

Schulterhöhe Rüde und Hündin: 50 cm.

Farbe Weiß, Weiß mit gelben Flecken, Aschgrau, Grau mit weißen Flecken und Platten, Weiß mit grauer Unterwolle, wodurch ein bläulicher Eindruck entsteht.

35

Schulterhöhe Rüde: 43–52 cm. Hündin: 40–46 cm.

Farbe Alle Farben und Abzeichen erlaubt.

36

Schulterhöhe Rüde und Hündin: 60–85 cm.

Farbe Weiß, manchmal mit cremefarbenen Zeichnungen.

37. PULI

Ursprung und Verwendung Man nimmt an, daß der Puli mit den Magyaren aus Asien mitgekommen ist. Hervorragend zum Hüten von Rindern und Schafen.
Äußere Kennzeichen *Kopf:* Kleiner, runder Schädel, deutlicher Stop und kurzer Fang. *Augen:* Rund, kaffeebraun, mit lebhaftem, intelligentem Ausdruck. *Ohren:* V-förmige Hängeohren, unten abgerundet. *Scherengebiß. Hals:* Mittellang. *Körper:* Mittellang mit mittelbreitem, tiefem und langem Brustkorb, leicht hochgezogener Bauch. *Läufe:* Kräftig und nicht zu kurz. *Pfoten:* Kurz und rund. *Rute:* Lang, und wenn der Hund in Bewegung oder aufgeregt ist, geringelt. *Haar:* Grobe Deckhaare und feine Unterwolle; beim richtigen Verhältnis beider Haarsorten kommt es zu der erwünschten Verfilzung.
Charakter Intelligent, wachsam, aufgeweckt, anhänglich.

38. PUMI

Ursprung und Verwendung Entstand aus dem Puli und Viehtreiberrassen. Zum Hüten eingesetzt.
Äußere Kennzeichen *Kopf:* Ziemlich schmaler, gewölbter Schädel, kaum bemerkbarer Stop und spitzer, ziemlich langer Fang. *Augen:* Dunkelbraun. *Ohren:* Mittelgroße und sehr bewegliche Überfallohren. *Scherengebiß. Hals:* Mittellang. *Körper:* Kurzer, nach hinten abfallender Rücken und tiefe, lange Brust mit ziemlich flachen Rippen, hochgezogener Bauch. *Läufe:* Ziemlich lang und keine schweren Knochen. *Pfoten:* Kräftig gebaut. *Rute:* Geringelt, kurz erlaubt, ob angeboren oder kupiert. *Haar:* Rauh, mittellang, büschelförmig vom Körper abstehend, keine Neigung zum Verfilzen.
Charakter Ruhelos, lebhaft, aggressiv, Kläffer, guter Wachhund.

39. ŠAR PLANINA – Jugoslawischer Hirtenhund

Ursprung und Verwendung Jugoslawien – kam viel im Karst und Istrien vor –, wo er bei den Herden verwendet wird; heute sehr verbreitet.
Äußere Kennzeichen *Kopf:* Breiter, leicht gewölbter Schädel, leichter Stop und breiter, tiefer Fang. *Augen:* Mandelförmig und dunkel. *Ohren:* Ziemlich lang und hängend. *Scherengebiß. Hals:* Kräftig. *Körper:* Mittellang mit geradem, breitem Rücken, breiter, tiefer Brust, gut gewölbten Rippen und wenig hochgezogenem Bauch. *Läufe:* Mittellang. *Pfoten:* Rund. *Rute:* Nicht zu lang, leicht aufgebogen, hängend getragen; Kupieren erlaubt. *Haar:* 10 cm lang und dicht, mit weicher Unterwolle, auf dem Kopf und an der Vorderseite der Läufe kurz.
Charakter Verständig, mutig, zuverlässig.

40. ŠAR TIP

Ursprung und Verwendung Jugoslawien. Wird heute als Lawinenhund verwendet und bei der Grenzbewachung eingesetzt.
Äußere Kennzeichen Genau wie beim Šar Planina (Nr. 39), doch muß die Schulterhöhe über 65 cm sein.
Charakter Mißtrauisch gegen Fremde, mutig, sehr treu und anhänglich.

37

Schulterhöhe
Rüde: möglichst 40–44 cm.
Hündin: möglichst 37–41 cm.

Farbe Rötlich-schwarz und alle Schattierungen von Grau und Weiß.

38

Schulterhöhe
Rüde und Hündin: ungefähr 35 bis 44 cm.

Farbe Grau oder schieferfarben, Schwarz, Weiß und rötlich.

39

Schulterhöhe
Rüde und Hündin: 55–60 cm.

Farbe Eisengrau. Ein wenig Weiß auf Brust und Läufen.

41. SCHAPENDOES

Ursprung und Verwendung Niederlande. Eine alte Rasse, verwandt mit den kraus-langhaarigen Hunden anderer Länder, zum Beispiel dem Schafpudel, dem Puli, dem Briard und dem Bearded Collie. Wenn er auch heute noch manchmal als Hütehund gehalten wird, ist er doch mehr ein Haushund und Bewacher von Haus und Hof.
Äußere Kennzeichen *Kopf:* Schädel muß breiter sein als lang und platt; deutlicher Stop; Fang kurz und breit. *Augen:* Rund, groß und braun. *Ohren:* Nicht groß und hängend. *Scherengebiß. Hals:* Nicht zu kurz. *Körper:* Mäßig lang mit tiefer Brust und leicht gewölbten Rippen; kein stark hochgezogener Bauch. *Läufe:* Mäßig lang, leichte Knochen. *Pfoten:* Groß, mit breitovaler Form. *Rute:* Lang, mit einem Haken am Ende, in Ruhestellung; in Aktion hoch getragen, doch nicht an den Rücken gedrückt. *Haar:* Lang, dicht, dünn und trocken, etwas gewellt und vor allem nicht seidig.
Charakter Lebhaft, aufmerksam, mutig, klug, treu, wachsam.

42. OLD ENGLISH SHEEPDOG – BOBTAIL

Ursprung und Verwendung Eine der ältesten Schäferhundrassen Englands, doch ist ihre Abstammung unklar. Man verwendete sie anfänglich als Beschützer der Herden, später als Viehtreiber und als Schafhüter. Auch außerhalb ihres Ursprungslandes Haus- und Ausstellungshund.
Äußere Kennzeichen *Kopf:* Recht vierkantiger Schädel, ziemlich langer, vierkantiger Fang und ein deutlicher Stop. *Augen:* Dunkel oder Glasaugen. *Ohren:* Klein und hängend. *Scherengebiß. Hals:* Muß ziemlich lang sein. *Körper:* Kurz, gedrungen und überbaut, mit gut gewölbten Rippen und tiefem, mächtigem Brustkorb. *Läufe:* Mittellang und schwere Knochen. *Pfoten:* Klein und rund. *Rute:* Ganz kupiert. *Haar:* Überreichlich, lang, zottig und hart, mit dichter Unterwolle.
Charakter Klug, mutig, ausgeglichen, nicht kampflustig, guter Wächter und Kinderfreund.

43. SHETLAND SHEEPDOG – SHELTIE

Ursprung und Verwendung Die schottischen Inseln. Zu ihrem Entstehen trugen wahrscheinlich die arbeitenden Collies des Festlandes bei und die Yakki oder Islandhunde, die mit den Walfängern mitkamen, die auf die Inseln fuhren. Sie sind für einen Schäferhund kleingebaut, aber das sind die Schafe und Ponys auf Shetland auch. Sie bewachen das Haus, hüten die Schafe und sorgen dafür, daß das Vieh nicht über die Felder läuft, die auf den Inseln nicht umzäunt sind.
Äußere Kennzeichen *Kopf:* Flacher, mäßig breiter Schädel, leichter Stop; Fang und Schädel sind etwa gleichlang. *Augen:* Mittelgroß, mandelförmig und dunkel, bei den Blauschecken ist Blau erlaubt. *Ohren:* Kleine Überfallohren. *Scherengebiß. Hals:* Recht lang. *Körper:* Nicht kurz; Brust tief; mit gut gewölbten Rippen, gerader Rücken und leicht gewölbte Lenden. *Läufe:* Mäßig lang mit starken Knochen. *Pfoten:* Oval. *Rute:* Lang, mindestens bis an das Sprunggelenk, hängend getragen. *Haar:* Lang, hart und gerade mit kurzer, dichter und weicher Unterwolle.
Charakter Intelligent, wachsam, leise, anhänglich, kein Jedermannsfreund.

41

Schulterhöhe Rüde: 43–50 cm. Hündin: 40–47 cm.

Farbe Alle Farben gestattet. Vorzugsweise Trübgrau bis Schwarz.

42

Schulterhöhe Rüde: 56 cm und höher. Hündin: kleiner.

Farbe Jeder Grauton, Blau, Grau oder Blauschecke mit oder ohne weiße Abzeichen.

43

Schulterhöhe Rüde: 36,5 cm. Hündin: 35,5 cm.

Farbe Dreifarbig, orangefarben oder jeder Ton von Gold bis dunkel Mahagoni und Blauschecke; bei all diesen Farben sind weiße Abzeichen als Blesse, Kragen, Brustfleck, Schwanzspitze und auf den Läufen erwünscht. Weiterhin Schwarz und Weiß, Schwarz und Braun.

44. VÄSTGÖTASPETS – Schwedischer Schäferspitz

Ursprung und Verwendung Schweden. Zweifellos verwandt mit dem Pembrokeshire Welsh Corgi (Nr. 46). Die Hunde sollen, entweder von Wales nach Schweden oder umgekehrt, mit Pferdetransporten mitgekommen sein. Ob der Corgi der Vorfahre des Västgötaspets ist oder dieser des Corgi, ist niemals geklärt worden. Verwendet auf den Bauernhöfen für viele Arbeiten, wie Viehtreiben, Bewachen und zum Vernichten von Raubwild.
Äußere Kennzeichen *Kopf:* Mäßig breiter, flacher Schädel, nicht zu tiefer Stop und nicht zu langer Fang. *Augen:* Oval und dunkelbraun. *Ohren:* Mittelgroß und stehend. *Scherengebiß. Hals:* Ziemlich lang. *Körper:* Nicht zu lang, mit gut gewölbten Rippen, tiefer Brust, geradem Rücken und hervortretendem Brustbein. *Läufe:* Nicht zu kurz. *Pfoten:* Oval. *Rute:* Unkupiert bis höchstens 10 cm lang. *Haar:* Nicht zu kurz, hart, und glatt anùiegend; die Unterwolle sehr dicht und weich.
Charakter Wachsam, lebhaft, scharf, treu.

45. WELSH CORGI CARDIGAN

Ursprung und Verwendung Sehr alte Rasse aus Südwales, verwendet zum Treiben und Hüten von Rindern und Ponys. Auch außerhalb des Ursprungslandes Haus- und Ausstellungshund.
Äußere Kennzeichen *Kopf:* Fuchsartig mit ziemlich breitem und flachem Schädel, leichter Stop und nicht zu langer Fang. *Augen:* Mittelgroß und dunkel mit scharfem und wachsamem Ausdruck. *Ohren:* Recht groß und stehend. *Scherengebiß. Hals:* Kräftig und ziemlich lang. *Körper:* Recht lang mit tiefem Brustkorb und gut gewölbten Rippen. *Läufe:* Kurz, mit schweren Knochen, Vorderläufe leicht gebogen. *Pfoten:* Recht groß und rund. *Rute:* Mittellang und gerade getragen. *Haar:* Kurz oder mittellang mit hartem Haar.
Charakter Ruhig, klug, zuverlässig, kinderlieb.

46. WELSH CORGI PEMBROKE

Ursprung und Verwendung Gleich denen des Cardigan Corgi (Nr. 45).
Äußere Kennzeichen *Kopf:* Fuchsartig mit ziemlich breitem, flachem Schädel, mäßigem Stop und nicht zu langem Fang. *Augen:* Rund, mittelgroß und haselnußfarben. *Ohren:* Mittelgroß und stehend. *Scherengebiß. Hals:* Ziemlich lang. *Körper:* Mittellang, mit gut gerundeten Rippen, breiter, tiefer Brust und geradem Rücken. *Läufe:* Kurz, gerade und schwere Knochen. *Pfoten:* Oval. *Rute:* Kurz kupiert oder fehlt bereits bei der Geburt. *Haar:* Mittellang und dicht.
Charakter Starke Persönlichkeit, intelligent, frech, anhänglich, kinderlieb.

44

Schulterhöhe
Rüde und Hündin: 33–40 cm.

Farbe Grau mit dunklen Spitzen, Rotgelb, Graubraun, Braungelb, gestromt oder blau und grau gefleckt. Weiße Abzeichen in begrenztem Maße gestattet.

45

Schulterhöhe
Rüde und Hündin: ungefähr 30 cm.

Farbe Alle Farben, ausgenommen Reinweiß.

46

Schulterhöhe
Rüde und Hündin: 25–30,5 cm.

Farbe Einfarbig rot, zobel-, rehfarben, Schwarz und Braun. Weiße Abzeichen auf Läufen, Hals und Brust erlaubt.

47. ARMENT – ERMENTI – Ägyptischer Schäferhund

Ursprung und Verwendung Ägypten. Bewacher bei den Herden.
Äußere Kennzeichen *Kopf:* Nicht zu lang, leichter Stop. *Augen:* Braun. *Ohren:* Klein, hängend oder stehend. *Rute:* Lang. *Haar:* Lang, rauh. *Schulterhöhe:* Rüde und Hündin: 55 cm. *Farbe:* Schwarz, Schwarz mit Weiß, Braun mit Weiß, Grau mit Weiß.
Charakter Wachsam und mutig.

48. HEELER – Australischer Schäferhund

Ursprung und Verwendung Australien, hält störrisches Vieh im Zaum.
Äußere Kennzeichen *Kopf:* Kräftig. *Ohren:* Stehend. *Körper:* Mäßig lang. *Rute:* Lang. *Haar:* Kurz, hart, dichte Unterwolle. *Schulterhöhe:* Rüde: 56 cm, Hündin: 48 cm. *Farbe:* Blau oder rot gesprenkelt.
Charakter Unternehmungslustig.

49. BARB

Genau wie der Kelpie (Nr. 53), doch immer schwarz.

50. BERGER DU LANGUEDOC – FAROU

Ursprung und Verwendung Südfrankreich; hilft bei den Herden.
Äußere Kennzeichen *Kopf:* Ziemlich lang, geringer Stop. *Augen:* Dunkelgelb, lebhaft. *Ohren:* Kupiert. *Körper:* Tiefe Brust. *Läufe:* Mindestens eine Afterkralle. *Pfoten:* Ziemlich lang. *Rute:* Meist kupiert. *Haar:* Meist kurz. *Schulterhöhe:* Rüde: 40–50 cm, Hündin: 38–50 cm. *Farbe:* Schwarz mit Gelb, rötlich oder rötlich mit Schwarz.
Charakter Stimmt mit dem Labrit (Nr. 54) überein.

51. HRVATSKI OVČAR – Kroatischer Schäferhund

Ursprung und Verwendung Jugoslawien; Viehtreiber.
Äußere Kennzeichen *Kopf:* Ziemlich langer, mäßig breiter Schädel. *Augen:* Dunkel. *Ohren:* Mäßig groß. *Hals:* Mäßig lang, ohne Kehlhaut. *Körper:* Breite, tiefe Brust. *Läufe:* Nicht zu lang. *Pfoten:* Katzenpfoten. *Rute:* Lang, auch kurz. *Haar:* 7–14 cm lang, weich, gewellt oder geringelt. *Schulterhöhe:* Leichter Schlag, Rüde und Hündin: 37–44 cm; schwerer Schlag, Rüde und Hündin: bis 50 cm. *Farbe:* Schwarz, manchmal grauweiß.
Charakter Mutig, wachsam und lebhaft.

52. HÜTESPITZ

Ursprung und Verwendung Deutschland; arbeitet mit der Herde.
Äußere Kennzeichen *Kopf:* Langer, runder Schädel, kein Stop. *Ohren:* Stehend. *Hals:* Kurz und stark. *Körper:* Ziemlich kurz, breiter Rücken. *Läufe:* Ziemlich lang. *Pfoten:* Lang. *Rute:* Lang. *Haar:* Hart mit guter Unterwolle. *Schulterhöhe:* Rüde: 50–60 cm, Hündin: 50–55 cm. *Farbe:* Weiß, Gelb.
Charakter Klug, wachsam.

53. KELPIE

Ursprung und Verwendung Australien; hütet Herden.
Äußere Kennzeichen *Kopf:* Typischer Schäferhundkopf. *Ohren:* Stehend. *Pfoten:* Katzenpfoten. *Rute:* Lang. *Haar:* Kurz und glatt. *Schulterhöhe:* Rüde: 46–51 cm, Hündin: 43,5–48,5 cm. *Farbe:* Meistens schwarz; andere Farben ebenfalls gestattet.
Charakter Selbständig.

54. LABRIT

Ursprung und Verwendung Südwestfrankreich; Viehhüter.
Äußere Kennzeichen Gleicht dem Pyrenäenschäferhund (Nr. 9). *Haar:* Lang, matt und trocken (Ziegenhaar). *Schulterhöhe:* Rüde und Hündin: 47–55 cm. *Farbe:* Fahlrot, doch dann nicht mit schwarzen Haaren.
Charakter Lebhaft, wachsam, treu.

55. LAPIN POROKOIRA – Lappländischer Hirtenhund

Ursprung und Verwendung Südfinnland; hütet die Rentierherden.
Äußere Kennzeichen *Kopf:* Mittellang und breit. *Augen:* Braun. *Ohren:* Stehohr. *Hals:* Recht lang. *Körper:* Ziemlich lang, gut gewölbte Rippen, tiefe Brust. *Läufe:* Mittellang und stark. *Pfoten:* Oval. *Rute:* Lang. *Haar:* Dicht und lang mit schwerer Unterwolle. *Schulterhöhe:* Rüde: 49–55 cm, Hündin: 43–49 cm. *Farbe:* Schwarz oder Schwarz und Braun, das Braun oft vermischt mit Grau.
Charakter Stark, wenig Jagdleidenschaft.

56. POMMERSCHER HÜTEHUND

Ursprung und Verwendung Deutschland; arbeitet mit der Herde.
Äußere Kennzeichen *Kopf:* Langer, schmaler Schädel, geringer Stop. *Augen:* Dunkelbraun. *Ohren:* Klein, hängend. *Hals:* Mäßig lang. *Körper:* Tiefe Brust. *Läufe:* Ziemlich lang. *Pfoten:* Oval. *Rute:* Lang. *Haar:* Mittellang, weich, mit dichter Unterwolle. *Schulterhöhe:* Rüde: 50–60 cm, Hündin: 50–56 cm. *Farbe:* Weiß, mit oder ohne gelbliche Abzeichen.
Charakter Wie der des Hütespitz (Nr. 52).

57. RUMÄNISCHER HIRTENHUND

Ursprung und Verwendung Alte rumänische Rasse, Hilft bei der Herde.
Äußere Kennzeichen *Kopf:* Breiter, flacher Schädel. *Augen:* Oval. *Ohren:* Klein und hängend. *Hals:* Kurz und kräftig. *Körper:* Ziemlich lang, breiter Rücken und tiefe Brust. *Läufe:* Ziemlich lang und schwer. *Pfoten:* Oval. *Rute:* Mittellang. *Haar:* Mittellang und schlicht, mit viel Unterwolle. *Schulterhöhe:* Rüde und Hündin: ungefähr 60 cm. *Farbe:* Rot- oder braunbunt, sandfarben, Grau oder Braun.
Charakter Scharf, wachsam, mißtrauisch gegen Fremde.

Wach- und Schutzhunde

In dieser Gruppe befinden sich Rassen ganz unterschiedlicher Abstammung. Gemeinsam sind ihnen die erblichen Anlagen des Wachens und Verteidigens. Diese Eigenschaften hat der Mensch bereits seit alters her bei der Zucht der Urahnen dieser Hunde ganz besonders beachtet.

Die größten Hunde dieser Gruppe sind die Doggen, die im Altertum mit den Legionären zogen und als sehr geschätzte Hilfstruppen am Kampf teilnahmen. Auch die römischen Kampfhunde, die Molosser, waren Doggen. Man setzte sie gegen große Raubtiere und Artgenossen ein.

Als sich die Kriegsführung änderte und später auch Tierkämpfe verboten wurden, entwickelten sich aus diesen ursprünglichen Hunden verschiedene Rassen ruhiger, selbstsicherer Haushunde, bei denen man in den meisten Fällen von Aggressivität nicht mehr sprechen kann.

Die Doggen sind durch die Jahrhunderte dem Menschen ergeben, bereit, ihn, seine Familie und seinen Besitz bis zum Äußersten zu verteidigen. Diese Eigenschaft blieb stets erhalten und macht diese Rassen besonders geeignet als Wachhunde auf abgelegenen Plätzen.

Äußerlich haben die Doggen miteinander gemein den großen, kurzen und breiten Kopf mit hängenden Ohren und kräftige Beine. All diese Rassen imponieren durch ihren mächtigen Körperbau. Sie wirken als Bewacher von Haus und Hof schon durch den Anblick. Das gilt auch für die nicht annähernd so großen Englischen Bulldogs.

Doggen sind allerdings keine Hunde für kleine Wohnungen oder Etagenwohnungen, dafür eignen sich die folgenden in dieser Gruppe zusammengefaßten Rassen schon eher.

Von den Spitzen und den Polarhunden nahm man mitunter zu Unrecht an, daß sie die gleiche Abstammung haben, obwohl sie sich oberflächlich betrachtet tatsächlich ähneln und noch kein eindeutiges Unterscheidungsmerkmal festgestellt wurde.

Spitze und Polarhunde, von denen die zuletzt genannten mehr Wolfsblut führen sollen als die Spitze, sind durch die Jahrhunderte echte »Mädchen für alles« gewesen. Man brauchte sie, und bei den Polarhunden ist das noch heute der Fall, sowohl als Wächter, zum Hüten des Viehs und bei der Jagd als auch zum Lastentragen und Schlittenziehen. Darüber hinaus hielten sie in den Nomadenzelten nachts die Kinder warm, die sich an ihr dickes Fell schmiegten.

Da bereits die Vorfahren der heutigen Rassen aus dieser Gruppe in engem Kontakt mit den Menschen lebten, sind auch die heutigen Vertreter sich leicht den Umständen anpassende und sehr reinliche Tiere. Es sind angenehme Hausgenossen mit lebhafter Anteilnahme an allem Geschehen in der und um die Wohnung.
Die Spitze sind sehr wachsam und schlagen beim geringsten vermeintlichen Unheil sofort an und schrecken damit augenblicklich den Böses im Schilde Führenden ab. Auf diese Weise arbeiten sie genau wie die Doggen vorsorgend, und sie sind nicht weniger als diese bereit, wenn nötig, auch tatkräftig einzuschreiten. Sie sind keine Kampfhähne, aber Fremden gegenüber benehmen sie sich reserviert.

Das Größenverhältnis der zu diesem Kapitel gehörenden Abbildungen (Nr. 58–100) beträgt 1:15.

58. AINU – HOKKAIDO KEN

Ursprung und Verwendung Gehört zu den ältesten Rassen in Japan. Von den Ainus, den ursprünglichen Bewohnern der Insel Hokkaido, für die Jagd und als Wachhund gezüchtet.
Äußere Kennzeichen *Kopf:* Ziemlich breiter Schädel, einigermaßen kurzer, stumpfer Fang und geringer Stop. *Augen:* Dunkle Schlitzaugen. *Ohren:* Stehohren. *Scherengebiß. Hals:* Stark und nicht zu lang. *Körper:* Nicht zu kurz, mit tiefer Brust und gut gewölbten Rippen. *Läufe:* Mäßig lang und stark. *Pfoten:* Oval. *Rute:* Geringelt. *Haar:* Dick, ziemlich kurz und gerade, mit dichter Unterwolle.
Charakter Mutig, gehorsam, intelligent, energisch.

59. AKITA INU

Ursprung und Verwendung Gehört zu den sehr alten japanischen Rassen. Abbildungen solcher Hunde findet man schon auf Reliefs aus dem Jahre 2000 v. Chr. Die Geschichte dieser Rasse reicht mehr als 300 Jahre zurück. Man brauchte sie zur Jagd auf Großwild. Heute hält man sie als Wachhunde.
Äußere Kennzeichen *Kopf:* Ziemlich breiter Schädel, mittellanger, starker Fang und geringer Stop. *Augen:* Klein, tiefliegend und dunkelbraun. *Ohren:* Klein, dreieckig, stehend. *Scherengebiß. Hals:* Stark und nicht zu lang. *Körper:* Nicht zu kurz, mit tiefer, ziemlich breiter Brust, mäßig gewölbten Rippen und geradem Rücken. *Läufe:* Mittellang und starke Knochen. *Pfoten:* Kurz. *Rute:* Mäßig lang und in einem leichten Bogen oder geringelt über dem Rücken getragen. *Haar:* Mittellang, gerade und gut abstehend, mit dichter, weicher Unterwolle.
Charakter Zuverlässig, aktiv, guter Wachhund.

60. ALASKA MALAMUTE

Ursprung und Verwendung Alaska. Dieser einheimische Schlittenhund ist nach einem Eskimostamm benannt und wird seit langer Zeit von Kaufleuten und Missionaren zu allen in diesen Gebieten anfallenden Arbeiten gebraucht. 1926 stellte man die Rasse erstmals außerhalb ihrer Grenzen aus. Sie eignet sich zum Abrichten.
Äußere Kennzeichen *Kopf:* Schädel ist zwischen den Ohren breit und wird zum Fang schmaler; Fang zur Nasenspitze hin immer schmaler. *Augen:* Mandelförmig und dunkel. *Ohren:* Mittelgroß, dreieckig und stehend. *Scherengebiß. Hals:* Stark und mittellang. *Körper:* Kurz, mit gewölbten Rippen und tiefer Brust, geradem Rücken und leicht hochgezogenem Bauch. *Läufe:* Mäßig lang, stark mit gutem Knochenbau. *Pfoten:* Groß und stark. *Rute:* Lang, nicht zu stark geringelt und hoch getragen. *Haar:* Nicht lang, aber dicht, dick, grob mit dichter, öliger Unterwolle.
Charakter Anhänglich, freundlich. intelligent, gehorsam, kinderlieb.

58

Schulterhöhe
Rüde und Hündin: Zwei Schläge, ungefähr 50 cm und ungefähr 41 cm.

Farbe Rot, Weiß, Schwarz, Pfeffer und Salz, Schwarz mit braunen Abzeichen.

59

Schulterhöhe
Rüde und Hündin: 58–69 cm.

Farbe Rehbraun, Weizenblond, Grau, Weiß, gestromt, Schwarz, Schwarz mit Rostbraun.

60

Schulterhöhe
Rüde: 55–63 cm.
Hündin: 50–58 cm.

Farbe Wolfsgrau oder Schwarz und Weiß

61. BOXER

Ursprung und Verwendung Die ersten Boxer nahm man in Bayern in das Stammbuch auf. Sie waren gezüchtet aus Abkömmlingen des großen Danziger Bullenbeißers, des kleinen Brabanter Bullenbeißers und der Englischen Bulldogge. Als Polizeihunde sehr geeignet, bekannte Haus- und Ausstellungshunde.
Äußere Kennzeichen *Kopf:* Leicht gerundeter Schädel mit tiefem Stop und kurzer, breiter, leicht aufgebogener Schnauze. *Augen:* Groß, ziemlich rund und dunkel. *Ohren:* Hoch auf dem Kopf angesetzt; werden manchmal noch kupiert, z. B. in Deutschland. *Gebiß:* Vorbeißer. *Hals:* Lang, trocken, muskulös. *Körper:* Tiefe Brust, gut gewölbte Rippen und kurzer, breiter Rücken. *Beine:* Ziemlich lang und mit schweren Knochen. *Pfoten:* Katzenpfoten. *Rute:* Sehr kurz kupiert. *Haar:* Kurz und hart.
Charakter Lebhaft, mutig, kampflustig, anhänglich, kinderlieb.

62. BULLDOGGE

Ursprung und Verwendung Bereits im 13. Jahrhundert ließ man in England Doggen gegen Stiere kämpfen. Dieser Sport, später bull-baiting genannt, wurde immer populärer, so daß man begann, hierfür besondere Hunde zu züchten. 1835 verbot man bull-baiting gesetzlich. So wird die Rasse seit Jahrhunderten rein gezüchtet, mit Ausnahme einer kurzen Periode im vorigen Jahrhundert. Danach wurde die Rasse mit dem Mops, der Spanischen Dogge und dem Mastiff gekreuzt. Heute beliebter Haus- und Ausstellungshund.
Äußere Kennzeichen *Kopf:* Sehr groß und tief mit breitem, vierkantigem Schädel, sehr breiter, kurzer Schnauze mit aufwärts gebogenem Unterkiefer und schweren Hautfalten zwischen der Nase und dem tiefen Stop. *Augen:* Rund und sehr dunkel. *Ohren:* Kleine, dünne Rosenohren. *Gebiß:* Vorbeißer. *Hals:* Eher kurz als lang, dick, deutliche Wamme. *Rumpf:* Kurz, breit von vorn und schmal von hinten, mit sehr tiefer, breiter, runder Brust durch stark gewölbte Rippen und mit einem Karpfenrücken. *Beine:* Von vorn weit auseinanderstehend und ziemlich kurz mit sehr schweren Knochen; die Hinterläufe sind im Verhältnis etwas länger als die Vorderläufe. *Pfoten:* Fast rund. *Rute:* Hängend, sehr kurz, am Beginn dick, in eine Spitze endend. *Haare:* Fein, kurz, dicht und weich.
Charakter Mutig, gutmütig, allen Hausgenossen sehr zugetan.

63. BULLMASTIFF

Ursprung und Verwendung Entstand in England durch Kreuzung von Bulldogge mit Mastiff; wird von Jagdaufsehern bei ihrem Nachtdienst gebraucht.
Äußere Kennzeichen *Kopf:* Großer, vierkantiger Schädel, kurze, breite und tiefe Schnauze und deutlicher Stop. *Augen:* Dunkel oder haselnußbraun. *Ohren:* Hängend und V-förmig. *Scherengebiß,* leichter Unterbiß möglich, aber nicht erwünscht. *Hals:* Mäßig lang, sehr muskulös. *Rumpf:* Kurz mit breiter, tiefer Brust und leicht gewölbten Rippen, gerader Rücken. *Beine:* Mittellang mit schweren Knochen. *Pfoten:* Nicht zu große, runde Pfoten. *Rute:* Lang, bis zum Sprunggelenk reichend. *Haare:* Kurz und hart.
Charakter Aufgeweckt, zuverlässig, aufmerksam, anhänglich, kinderlieb, guter Wächter.

61

Schulterhöhe Rüde: etwa 55–60 cm. Hündin: etwa 53–58 cm.

Farbe Gelb oder gestromt, mit oder ohne Weiß. Das Weiß darf nicht mehr als ein Drittel der Grundfarbe betragen. Dunkle Maske und dunkel gesäumte Augen.

62

Gewicht Rüde: fast 25 kg gefordert. Hündin: fast 22,5 kg gewünscht.

Farbe Einfarbig mit oder ohne schwarzer Maske, gestromt. Bunt, Rot in verschiedenen Tönungen. Rehfarben, Fahlrot, Weiß.

63

Schulterhöhe Rüde: 62,5–67,5 cm. Hündin: 60–65 cm.

Farbe Jeder Ton gestromt, rehfarben oder Rot. Dunkle Maske.

64. CANAAN DOG

Ursprung und Verwendung Diese israelische Rasse wurde aus Pariahunden gezüchtet, das sind halbwilde oder verwilderte Hunde, die in allen Ländern Nordafrikas und des Nahen Ostens verbreitet sind. Man wollte einen Hund erhalten, der besser als die importierten Rassen gegen das Klima und die einheimischen Krankheiten geschützt ist.
Äußere Kennzeichen *Kopf:* Ziemlich breiter Schädel, nicht zu langer und mäßig breiter Fang mit geringem Stop. *Augen:* Dunkel. *Ohren:* Kurz, breit und stehend; Überfall-, Kipp- und Hängeohr sind zugelassen. *Scherengebiß. Hals:* Mittellang. *Körper:* Kurz mit tiefer, nicht zu schmaler Brust. *Läufe:* Ziemlich lang. *Pfoten:* Rund. *Rute:* Über dem Rücken geringelt. *Haar:* Stockhaar; langes Haar ist zwar zugelassen aber nicht erwünscht. Läufe befedert, Rute buschig behaart.
Charakter Klug, wachsam, eignet sich zum Abrichten.

65. CÃO DA SERRA DA ESTRELA – Portugiesischer Schäferhund

Ursprung und Verwendung Berghund aus der portugiesischen Serra da Estrela, eine bereits seit Jahrhunderten bekannte Rasse. Es sind sehr starke Hunde, die man im eigenen Land zum Bewachen und Verteidigen verwendet.
Äußere Kennzeichen *Kopf:* Groß mit breitem, mäßig langem Schädel, genauso langer, kräftiger Fang und geringer Stop. *Augen:* Oval und dunkel bernsteinfarben. *Ohren:* Klein, dreieckig und hängend; Kupieren erlaubt. *Scherengebiß. Hals:* Kurz und schwer, mit wenig Kehllaut. *Körper:* Nicht zu kurz, mit tiefer, breiter Brust, leicht gewölbten Rippen, geradem Rücken und leicht hochgezogenem Bauch. *Läufe:* Ziemlich lang mit schweren Knochen. *Pfoten:* Eher rund als lang. *Rute:* Lang, reicht bis zum Sprunggelenk, säbelförmig, nicht über der Rückenlinie getragen. *Haar:* Ähnelt Ziegenhaar und ist entweder mäßig lang, rauh und glatt anliegend oder besteht aus einem langen, dichten Deckhaar mit voller, weicher Unterwolle.
Charakter Zuverlässig.

66. CÃO DE AGUA – Portugiesischer Wasserhund

Ursprung und Verwendung Sein Ursprung ist nicht bekannt. Es ist ein leidenschaftlicher Wasserhund, den man ursprünglich als Jagdhund verwendete, und heute ist er der unersetzliche Helfer der Fischer entlang der ganzen portugiesischen Küste. Er hilft beim Einholen der Netze, apportiert wegtreibendes Gerät und bewacht die auf den Strand gezogenen Boote.
Äußere Kennzeichen *Kopf:* Langer, nicht zu breiter Schädel, kräftiger Fang, der etwas kürzer als der Schädel ist, und deutlicher Stop. *Augen:* Rund, schwarz bis braun. *Ohren:* Herzförmig und hängend. *Scherengebiß. Hals:* Kurz, rund und stark. *Körper:* Kurz, mit tiefer, breiter Brust, gut gewölbten Rippen, geradem Rücken und leicht hochgezogenem Bauch. *Läufe:* Ziemlich lang mit gutem Knochenbau. *Pfoten:* Rund und etwas flach; die Schwimmhaut reicht bis zum Zehenende. *Rute:* Lang und stark gebogen getragen. *Haar:* Lang, dicht gewellt, nicht zu dicht, glänzend, mit einem tüchtigen Schopf auf dem Kopf, kürzer mit Locken, sehr dicht und stumpf.
Charakter Kampflustig, gehorsam, temperamentvoll, Einmannhund.

64

Schulterhöhe
Rüde und Hündin: 50–60 cm.

Farbe Sandfarbe bis Rotbraun, Weiß, Schwarz. Große weiße Abzeichen, weiße oder schwarze Maske; alle Arten Fleckenzeichnungen erlaubt.

65

Schulterhöhe
Rüde: 68–70 cm.
Hündin: 62–68 cm.

Farbe Rehbraun mit schwarzer Maske, Grau, gefleckt in Weiß und vielen anderen Farben. Einfarbig Weiß oder Schwarz kommen selten vor.

66

Schulterhöhe
Rüde: 50–57 cm.
Hündin: 43–52 cm.

Farbe Schwarz oder Schwarz mit Weiß, Braun oder Braun mit Weiß, Hellgrau, Dunkelgrau, Weiß.

67. CÃO DE CASTRO LABOREIRO – Portugiesischer Treibhund

Ursprung und Verwendung Portugal. Ist in den Bergen von Peneda und Suajo zu Hause, zwischen den Flüssen Minho und Lima, wo man ihn zum Treiben und Bewachen der Herden verwendet. Er scheint sich besonders zum Abrichten als Polizeihund zu eignen.
Äußere Kennzeichen *Kopf:* Ziemlich langer, mittelbreiter Schädel, langer, starker, etwas spitz zulaufender Fang und geringer Stop. *Augen:* Mandelförmig und dunkel. *Ohren:* Hängend. *Scherengebiß. Hals:* Recht kurz und breit. *Körper:* Nicht zu kurz, mit tiefer Brust und gut gewölbten Rippen. *Läufe:* Ziemlich lang mit starken Knochen. *Pfoten:* Oval. *Rute:* Lang. *Haar:* Stockhaarig.
Charakter Anhänglich, beherzt, wachsam.

68. CÃO RAFEIRO DO ALENTEJO

Ursprung und Verwendung Die Provinz Alentejo in Portugal, südlich von Lissabon. Ein imponierender, doggenartiger Hund, den man zum Bewachen der Herden einsetzt.
Äußere Kennzeichen *Kopf:* Bärenartig mit breitem Schädel, der Fang nicht sehr breit und kürzer als der Schädel, geringer Stop. *Augen:* Klein, oval, dunkel. *Ohren:* Klein, dreieckig und hängend. *Scherengebiß. Hals:* Stark und kurz, mit Kehlhaut. *Körper:* Ziemlich lang, mit breiter, tiefer Brust, leicht gewölbten Rippen, langem geradem Rücken und ohne hochgezogenen Bauch. *Läufe:* Ziemlich lang, mit schweren Knochen. *Pfoten:* Kurz und stark. *Rute:* Lang. *Haar:* Kurz oder halblang, grob, glatt und dicht.
Charakter Selbstbewußt, vor allem nachts wachsam und aggressiv.

69. CHIEN DES PYRÉNÉES – Pyrenäenberghund

Ursprung und Verwendung Mit dem spanischen Mastins und dem italienischen Mastino ist er ein Abkömmling der uralten Tibetdogge. Im 17. Jahrhundert Modehund, geriet er danach in Vergessenheit. Heute ist er auch außerhalb der Landesgrenzen wieder der am meisten verbreitete dieser drei sehr alten Rassen. Ursprünglich brauchte man ihn als Bewacher der Herden gegen Wölfe und Bären in den Bergen von Ariège.
Äußere Kennzeichen *Kopf:* Breiter, leicht gewölbter Schädel, ziemlich langer, breiter Fang und leichter Stop. *Augen:* Ziemlich klein, amberfarben, mit verständigem, träumerischem Ausdruck. *Ohren:* Klein, dreieckig und hängend. *Scherengebiß. Hals:* Ziemlich kurz, mit wenig Kehlhaut. *Körper:* Lang, Brust breit und tief, mit leicht gewölbten Rippen. *Läufe:* Ziemlich lang, mit schweren Knochen und einer Afterkralle. *Pfoten:* Nicht zu lang. *Rute:* Recht lang, hängend getragen, am Ende leicht hochgebogen; bei Aufregung über dem Rücken geringelt. *Haar:* Voll, sehr lang und weich.
Charakter Nicht kampflustig, arbeitsfreudig, intelligent, kinderlieb.

67

Schulterhöhe
Rüde: 56–60 cm.
Hündin: 52–58 cm.

Farbe Alle Schattierungen des einfarbigen Grau, mit und ohne schwarze Maske, gestromt.

68

Schulterhöhe
Rüde: 64–72 cm.
Hündin: 62–68 cm.

Farbe Schwarz, Wolfsgrau, Rehbraun, Gelb; mit Weiß gemischt oder gefleckt.

69

Schulterhöhe
Rüde: 70–80 cm.
Hündin: 65–72 cm.

Farbe Reinweiß oder Weiß mit auf dem Kopf, auf den Ohren und am Schwanzbeginn grauen, dachsfarbenen (vorzugsweise), hellgelben oder wolfsfarbenen Flecken. Ein oder zwei Flecken auf dem Rumpf erlaubt.

70. DEUTSCHE DOGGE

Ursprung und Verwendung In vielen Ländern gab es leichte Doggen, die man bei der Jagd verwendete. Überall nannte man sie Dänische Doggen. In Deutschland kreuzte man sie mit Windhunden und gab ihnen den Namen Deutsche Dogge. Im Ausland nennt man sie noch Dänische Dogge.
Äußere Kennzeichen *Kopf:* Langer, ziemlich schmaler Schädel, deutlicher Stop, langer, breiter Fang. *Augen:* Mittelgroß, rund und dunkel mit lebhaftem, verstehendem Ausdruck. *Ohren:* Hängend; müssen in Deutschland kupiert werden. *Scherengebiß. Hals:* Lang und stark, ohne Kehlhaut. *Körper:* Kurz, mit breiter, tiefer Brust und gut gewölbten Rippen. *Läufe:* Lang mit schweren Knochen. *Pfoten:* Rund. *Rute:* Lang. *Haar:* Kurz und glänzend.
Charakter Lebhaft, freundlich, klug, zurückhaltend gegenüber Fremden.

71. DOBERMANN-PINSCHER

Ursprung und Verwendung Karl Fr. L. Dobermann züchtete um 1860 in Apolda in Thüringen sehr scharfe Pinscher. Nach ihm verbesserte Otto Göllner die Rasse, die sehr gemischtes Blut führt: deutsches Blut vom Pinscher, des Thüringer Schäferhundes, des Jagdhundes, des Rottweilers und englisches Blut vom Greyhound und Manchester Terrier. Nach der Jahrhundertwende ist aber kein fremdes Blut mehr hinzugekommen. Eignet sich gut zum Abrichten. In vielen Ländern bekannter Haus- und Ausstellungshund.
Äußere Kennzeichen *Kopf:* Ziemlich schmaler und flacher Schädel, ziemlich langer und tiefer Fang und geringer Stop. *Augen:* Rund, mittelgroß und dunkelbraun, mit verstehendem und energischem Ausdruck. *Ohren:* Klein, hängend und zum Teil kupiert, z. B. in Deutschland. *Scherengebiß. Hals:* Lang und trocken. *Körper:* Kurz, mittelbreite und tiefe Brust, leicht gewölbte Rippen, leicht hochgezogener Bauch. *Läufe:* Ziemlich lang, starke Knochen. *Pfoten:* Kurz. *Rute:* Kupiert. *Haar:* Kurz, dicht und hart.
Charakter Treu, furchtlos, mutig, wachsam, scharf, klug.

72. DOGUE DE BORDEAUX – Bordeaux-Dogge

Ursprung und Verwendung Sehr alte französische Rasse, die in direkter Linie von den Doggen des Altertums abstammen soll, den Molossern. Sie waren die Fleischerhunde von Bordeaux und Umgebung. Im südlichen Frankreich verwendete man sie zum Kampf mit Bären, Wölfen und Wildeseln. Gegen Ende des 19. Jahrhunderts kreuzte man sie zur Blutauffrischung und, um eine größere Schulterhöhe zu erhalten, mit dem Mastiff.
Äußere Kennzeichen *Kopf:* Sehr groß und schwer, der Schädelumfang genauso groß oder größer als die Schulterhöhe, der Fang kurz und vierkantig mit leichten Hautfalten, der Unterkiefer mindestens einen Zentimeter länger als der Oberkiefer; tiefer Stop. *Augen:* Oval und groß. *Ohren:* Klein und hängend; kupieren erlaubt. *Gebiß:* Vorbeißer. *Hals:* Von großem Umfang; sehr stark. *Körper:* Schwer, mäßig lang, mit sehr tiefer und breiter Brust, stark gewölbten Rippen, runden, hervorragenden Schultern und breitem, starkem Rücken. *Läufe:* Verhältnismäßig kurz und sehr schwere Knochen. *Pfoten:* Groß und kurz. *Rute:* Lang, reicht bis zum Sprunggelenk. *Haar:* Fein, kurz und seidig.
Charakter Ruhig, anhänglich, kinderlieb, ausgezeichneter Wachhund.

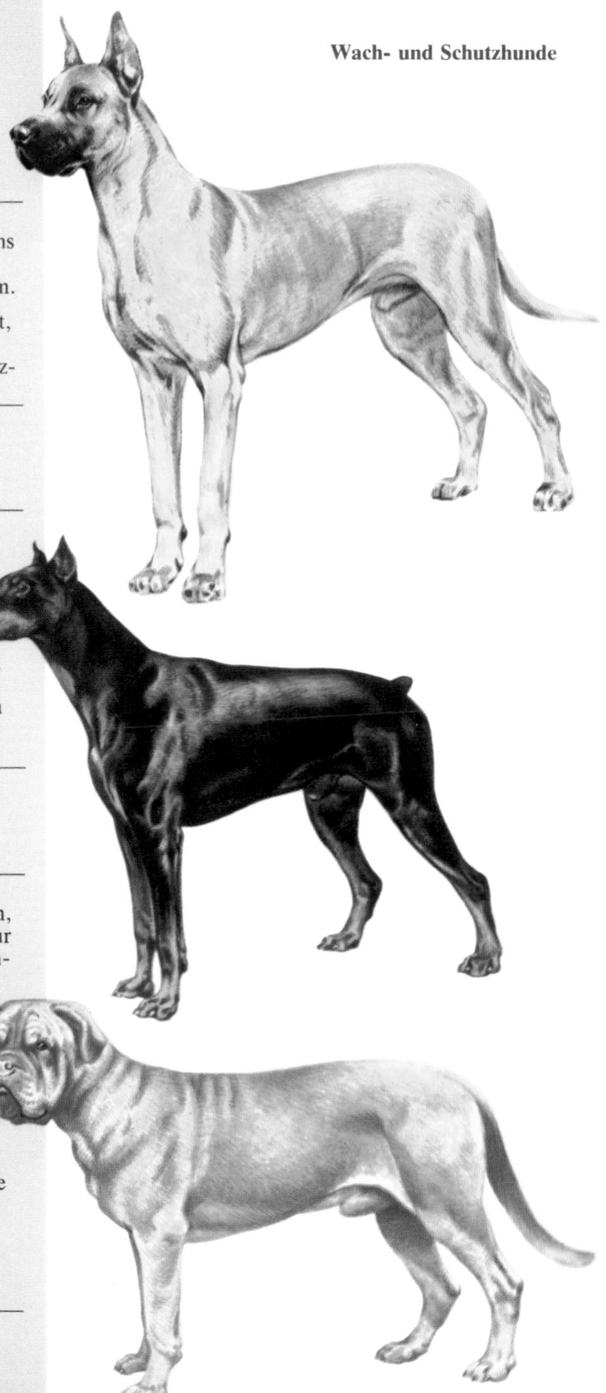

70

Schulterhöhe Rüde: mindestens 80 cm. Hündin: mindestens 72 cm.

Farbe Gestromt, Gelb, Blau, Schwarz, schwarzweiß gefleckt.

71

Schulterhöhe Rüde: ungefähr 68 cm. Hündin: 65 cm.

Farbe Schwarz, Schokoladenbraun oder Blau mit bräunlichen Abzeichen.

72

Schulterhöhe Rüde: 58–66 cm, im Verhältnis zur Kopfgröße. Hündin: kleiner.

Farbe Mahagonifarben, reine Wildfarbe, warmes Goldgelb, gestromt. Nicht zu große weiße Flecke erlaubt.

73. ESKIMOHUND

Ursprung und Verwendung Stammt wahrscheinlich aus Ostsibirien. Verschiedene Typen dieser Schlittenhunde kommen vor in Grönland, Labrador, Alaska und Nordkanada. Der Eskimohund wurde als kanadische Rasse durch die FCI anerkannt. Vielseitiger Gebrauchshund.
Äußere Kennzeichen *Kopf:* Keilförmig, mit breitem Schädel, starkem, mittellangem Fang und geringem Stop. *Augen:* Klein und tiefliegend. *Ohren:* Kurz und stehend. *Scherengebiß. Hals:* Kurz, schwer und stark. *Körper:* Nicht zu kurz, mit tiefer und breiter Brust und gut gewölbten Rippen. *Läufe:* Ziemlich lang mit starken Knochen. *Rute:* Lang, wird gerade nach oben getragen oder über den Rücken geringelt. *Pfoten:* Groß. *Haar:* 8–15 cm lang, mit dicker Unterwolle.
Charakter Mißtrauisch gegenüber Fremden, wachsam.

74. FILA BRASILEIRO

Ursprung und Verwendung Als die Spanier und Portugiesen Mittelamerika eroberten, nahmen sie Kampfhunde, Führhunde und Bluthunde mit in den Kampf. Vor allem in Brasilien hielt man Nachkommen dieser Hunde, kreuzte sie mit einheimischen Hunden, die dann die Vorfahren vom Fila Brasileiro wurden. Auf den großen Grundbesitzen verwendete man sie als Wachhunde und Viehtreiber, bei der Jagd auf Großwild als Suchhunde.
Äußere Kennzeichen *Kopf:* Groß und schwer, mit breitem Schädel, kurzem und tiefem und breitem Fang und geringem Stop. *Augen:* Tiefliegend, mandelförmig und dunkel. *Ohren:* Große Hänge- oder Rosenohren. *Scherengebiß. Hals:* Nicht lang, stark mit viel Kehlhaut. *Körper:* Mittellang, mit breiter und tiefer Brust und stark gebogenen Rippen, überbaut und wenig hochgezogener Bauch. *Läufe:* Lang, mit schweren Knochen. *Pfoten:* Kurz und stark. *Rute:* Lang, reicht bis zum Sprunggelenk und ist am Ende leicht aufgebogen. *Haar:* Kurz, weich und dicht.
Charakter Mutig, freundlich, leise, gehorsam beim eigenen Herren, unfreundlich gegenüber Fremden.

75. HOVAWART

Ursprung und Verwendung In Dokumenten und auf Abbildungen um das Jahr 1473 werden Hunde genannt und abgebildet, die man »Hofwarth« nannte. Vor einem halben Jahrhundert kreuzten deutsche Züchter diesen Hund wieder zurück aus Bauernhunden des Harzes, des Schwarzwaldes und anderer Mittelgebirge. 1936 erkannte man die Rasse unter dem Namen Hovawart an. Eignet sich gut zum Abrichten, guter Wachhund.
Äußere Kennzeichen *Kopf:* Ziemlich lang, mit breitem Schädel, der genauso lang ist wie der starke, nicht spitze Fang, flacher Stop. *Augen:* Mandelförmig und vorzugsweise dunkel. *Ohren:* Dreieckig und hängend. *Scherengebiß. Hals:* Mittellang, ohne Kehlhaut. *Körper:* Mäßig lang, mit breiter, tiefer Brust. *Läufe:* Mittellang mit starken Knochen. *Pfoten:* Mittelgroß. *Rute:* Lang, bis übers Sprunggelenk hinaus, hängend getragen. *Haar:* Lang, auf dem Kopf und an der Vorderseite der Läufe kurz.
Charakter Intelligent und zuverlässig.

73

Schulterhöhe
Rüde: 57–64 cm.
Hündin: 51–57 cm.

Farbe Nicht wichtig. Viel kommt vor: Grau, Weiß, Schwarz, Schwarzweiß, mit bräunlichen Abzeichen über den Ohren.

74

Schulterhöhe
Rüde und Hündin: 68 cm.

Farbe Außer völlig weiß alle Farben und Kombinationen bei ihnen erlaubt.

75

Schulterhöhe
Rüde: 60–70 cm.
Hündin: 55–65 cm.

Farbe Schwarz, schwarzgelbes Muster, dunkelgelbes-hellgelbes Muster, blond.

76. KARABASH

Ursprung und Verwendung Stammt von den Doggen ab, die vor 3000 Jahren im mittleren Osten vorkamen. Es sind die Wachhunde der anatolischen Hirten, aber auch in den Provinzen Konya und Sivas trifft man viele gute Exemplare an. 1965 kamen die ersten Vertreter der Rasse nach England.
Äußere Kennzeichen *Kopf:* Breiter Schädel und kurzer, kräftiger Fang. *Augen:* Goldbraun. *Ohren:* V-förmig und hängend. *Körper:* Ziemlich lang, mit breiter, tiefer Brust. *Läufe:* Ziemlich lang, die Hinterhand ist leichter als die Vorderhand. *Rute:* Lang. *Haar:* Kurz und dick.
Charakter Unerschrocken, treu, aufmerksam, guter Wachhund.

77. LANDSEER (Kontinental-europäischer Typ)

Ursprung und Verwendung Es ist immer eine Streitfrage gewesen, ob der einfarbige und der schwarzweiße Neufundländer zu einer Rasse gehören oder zu zwei getrennten. In England entschloß man sich 1886 zu einer Rasse; auf dem Festland dauerte der Streit länger. Schließlich erkannte man 1960 den höher auf den Läufen stehenden und weniger schweren Landseer, kontinentaleuropäischer Typ, durch die FCI als selbständige Rasse an. Wach- und Haushund.
Äußere Kennzeichen *Kopf:* Breiter Schädel, deutlicher Stop und ein genauso langer wie breiter Fang. *Augen:* Mandelförmig, ziemlich tiefliegend und braun bis dunkelbraun, mit freundlichem Ausdruck. *Ohren:* Dreieckig und hängend. *Scherengebiß. Hals:* Schwer und stark, ohne betonte Kehlhaut. *Körper:* Nicht zu kurz, breite und tiefe Brust mit kräftig gewölbten Rippen, breiter, gerader Rücken, wenig hochgezogener Bauch. *Läufe:* Mittellang mit kräftigen Knochen. *Pfoten:* Große Katzenpfoten. *Rute:* Lang. *Haar:* Lang, dicht und gerade, mit weicher Unterwolle, kurz auf dem Kopf und an der Vorderseite der Läufe. Hals, Vorderbrust, Bauch, Läufe und Rute müssen weiß sein. Schwarze Fleckchen im Weiß sind unerwünscht.
Charakter Anhänglich, intelligent, guter Wächter.

78. LEONBERGER

Ursprung und Verwendung Nach der Stadt Leonberg in Württemberg genannt. Um 1860 gezüchtet aus Kreuzungen von Landseer, Neufundländer, Bernhardiner und Pyrenäenberghund. Es war nicht die Absicht, eine Rasse für einen bestimmten Zweck zu züchten. Wach- und Haushund; man sieht sie immer häufiger auf Ausstellungen.
Äußere Kennzeichen *Kopf:* Ziemlich breiter Schädel, breiter, nicht zu kurzer Fang und mäßiger Stop. *Augen:* Hellbraun bis braun; mit verstehendem, gutmütigem Ausdruck. *Ohren:* Hängend. *Scherengebiß. Hals:* Mäßig lang, wenig hervortretende Kehlhaut. *Körper:* Mittellang, mit tiefer Brust, nicht zu runden Rippen und starkem, geradem Rücken. *Läufe:* Lang mit starken Knochen. *Pfoten:* Recht rund. *Rute:* Lang. *Haar:* Mäßig weich bis hart, reichlich lang, glatt anliegend, auf dem Kopf und an der Vorderseite der Läufe kurz.
Charakter Treu, verständig, lernfreudig, wachsam.

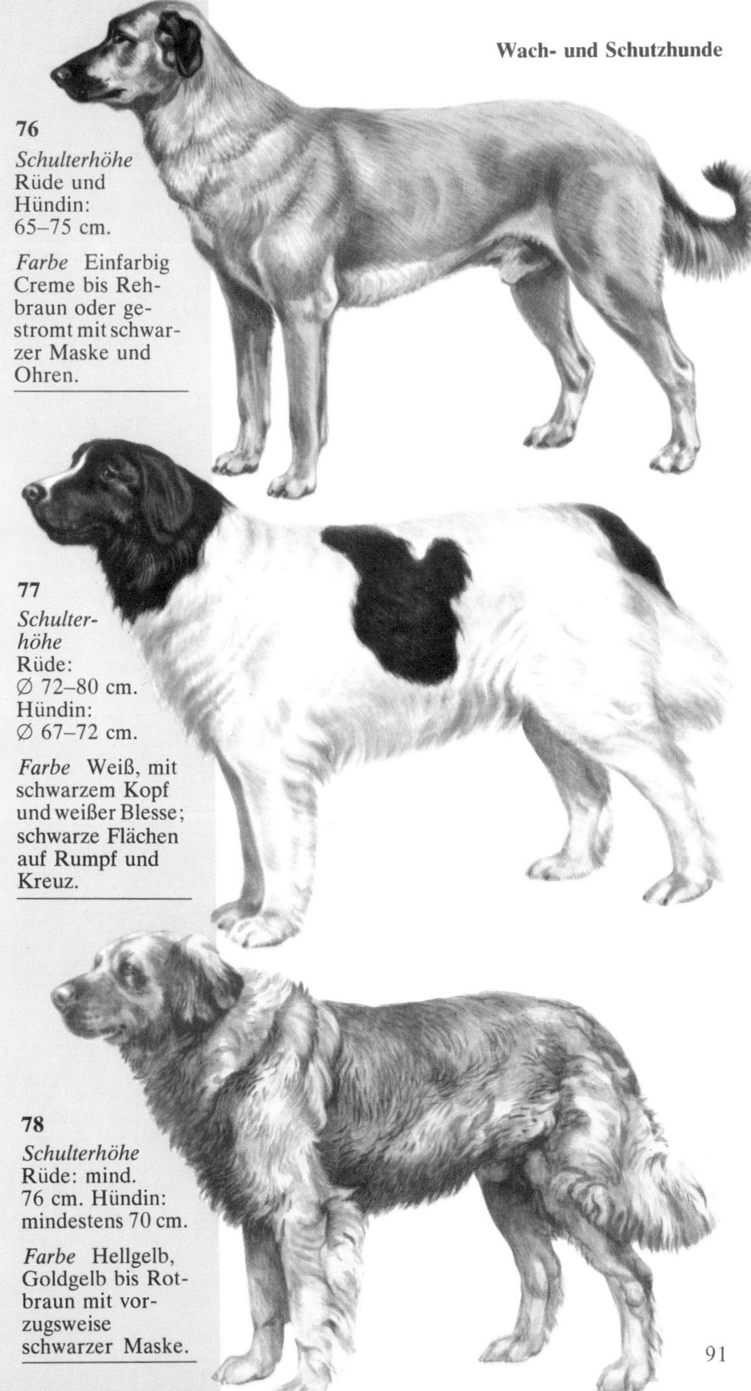

76
Schulterhöhe Rüde und Hündin: 65–75 cm.

Farbe Einfarbig Creme bis Rehbraun oder gestromt mit schwarzer Maske und Ohren.

77
Schulterhöhe Rüde: Ø 72–80 cm. Hündin: Ø 67–72 cm.

Farbe Weiß, mit schwarzem Kopf und weißer Blesse; schwarze Flächen auf Rumpf und Kreuz.

78
Schulterhöhe Rüde: mind. 76 cm. Hündin: mindestens 70 cm.

Farbe Hellgelb, Goldgelb bis Rotbraun mit vorzugsweise schwarzer Maske.

79. MASTIFF

Ursprung und Verwendung Die älteste Hunderasse Englands und auch eine der ältesten der ganzen Welt. Vor allem im eigenen Land als Wach- und Haushund gehalten.
Äußere Kennzeichen *Kopf:* Breiter, vierkantiger Schädel, breiter, tiefer, kurzer Fang und deutlicher Stop. *Augen:* Klein und dunkel haselnußfarben *Ohren:* Hängend, klein und dünn. *Gebiß:* Scherengebiß oder ganz leichter Vorbiß. *Hals:* Ziemlich lang und schwer. *Körper:* Lang, mit breiter, tiefer Brust, tüchtig gewölbten Rippen und breitem, geradem Rücken. *Läufe:* Lang mit schweren Knochen. *Pfoten:* Groß und rund. *Rute:* Lang, reicht bis zum Sprunggelenk oder ist etwas länger, hängt in Ruhe gerade nach unten, angespannt zeigt die Spitze nach oben. *Haar:* Kurz.
Charakter Gutartig, mutig, gefügig, intelligent, guter Bewacher.

80. MASTIN DE LOS PIRINEOS – Pyrenäenhund

Ursprung und Verwendung Nahe verwandt mit dem französischen Pyrenäenberghund, mit dem er höchstwahrscheinlich eine Rasse bildete, die sich unterschiedlich entwickelte. Ursprünglich Hüter und Verteidiger der Herde, heute wird er im eigenen Land für viele Arbeiten abgerichtet, zum Beispiel als Wachhund.
Äußere Kennzeichen *Kopf:* Groß mit breitem Schädel, großer, breiter Fang und deutlicher Stop. *Augen:* Klein und dunkel, mit hellem Triefauge. *Ohren:* Klein und hängend, manchmal kupiert. *Scherengebiß. Hals:* Schwer, mit Kehlhaut. *Körper:* Lang, mit breiter, tiefer Brust, leicht gewölbten Rippen und langem, geradem Rücken. *Läufe:* Ziemlich lang, mit schweren Knochen. *Pfoten:* Stark. *Rute:* Lang, an der Spitze umgebogen. *Haar:* Mäßig lang, dick und kraus.
Charakter Intelligent, wachsam.

81. MASTIN ESPAÑOL – Spanischer Mastiff

Ursprung und Verwendung Stammt von den Doggen des Mittelalters ab. Anfänglich Wachhund, später geeignet für die Jagd auf großes Wild. Wird heute auch für militärische Zwecke abgerichtet.
Äußere Kennzeichen *Kopf:* Breiter Schädel, nicht zu kurzer, schwerer Fang und tiefer Stop. *Augen:* Klein mit Triefauge. *Ohren:* Klein und hängend, teilweise kurz kupiert. *Scherengebiß. Hals:* Schwer, mit zwei gleichgroßen Wammen. *Körper:* Ziemlich lang, mit breiter, tiefer Brust und gewölbten Rippen. *Läufe:* Mittellang, mit schweren Knochen. *Pfoten:* Stark. *Rute:* Mäßig lang, mit leichter Biegung am Ende, manchmal kupiert. *Haar:* Nicht zu dicht und kurz.
Charakter Mutig.

79

Schulterhöhe Rüde: ungefähr 75 cm. Hündin: ungefähr 68 cm.

Farbe Aprikosenfarben, silberrehfarben, rehfarben, gestromt. Schwarze Maske.

80

Schulterhöhe Rüde: 70–80 cm. Hündin: 65–72 cm.

Farbe Weiß oder Weiß mit Dachsfarbe, fahlgelbe oder wolfsgraue Flecken auf dem Kopf. Einige Flecke auf dem Körper erlaubt.

81

Schulterhöhe Rüde: 65–70 cm. Hündin: kleiner.

Farbe Schwarz mit Weiß, Weiß mit Goldgelb, rötlich, gefleckt, Reinweiß und Weiß mit schwarzen Flächen.

82. MASTINO NAPOLITANO – Italienische Dogge

Ursprung und Verwendung Süditalien. Stammt vom altrömischen Molosser ab. Guter Beschützer des Menschen und Bewacher von Haus und Hof.
Äußere Kennzeichen *Kopf:* Groß und schwer, mit breitem Schädel, kurzem, vierkantigem Fang und deutlichem Stop. *Augen:* Ziemlich groß, kastanienbraun mit lebhaftem Ausdruck. *Ohren:* Kurze, dreieckige Überfallohren; werden mitunter kupiert. *Scherengebiß. Hals:* Mittellang und schwer, mit viel loser Haut und Kehlhaut. *Körper:* Ziemlich kurz, mit tiefer, runder Brust, geradem, breitem Rücken und leicht hochgezogenem Bauch. *Läufe:* Ziemlich lang mit schweren Knochen. *Pfoten:* Kompakt. *Rute:* Lang, reicht bis zum Sprunggelenk; ist sie länger, wird sie hier kupiert. *Haar:* Kurz und glänzend.
Charakter Treu, anhänglich, energisch, ruhig, gehorsam, guter Wachhund, fällt nur auf Befehl an.

83. NEUFUNDLÄNDER

Ursprung und Verwendung Man nimmt an, daß Seeleute die Rasse auf die Insel brachten. Um 1732 traf man auf Neufundland große, bärenartige Hunde an, die den Fischern halfen beim Schleppen der Netze und beim Ziehen von Wagen und Schlitten. Es sind Hunde, die sich auch im Wasser zu Hause fühlen. Sie haben manchen Menschen vor dem Ertrinken gerettet.
Äußere Kennzeichen *Kopf:* Breit und schwer, mit ziemlich vierkantigem, kurzem Fang, deutlicher Stop. *Augen:* Klein, liegen ziemlich tief und sind dunkelbraun. *Ohren:* Klein und hängend. *Scherengebiß. Hals:* Stark und nicht zu lang. *Körper:* nicht zu kurz, mit tiefer und breiter Brust und gut gewölbten Rippen. *Läufe:* Mäßig lang und sehr schwere Knochen. *Pfoten:* Groß und stark. *Rute:* Mäßig lang. *Haar:* Lang, grob, fühlt sich fettig an und liegt flach an.
Charakter Ruhig, zuverlässig, selbstbewußt, leise, mutig.

84. NEUFUNDLÄNDER, LANDSEER

Genau wie der Neufundländer (Nr. 83). Die Farbe ist jedoch weiß, mit vorzugsweise symmetrischen schwarzen Flecken.

85. NORRBOTTENSPETS

Ursprung und Verwendung Der Norden von Schweden. 1948 war die Rasse fast ausgestorben, doch um 1960 hatte man ausreichende Vertreter hervorgebracht, um sie anzuerkennen. Heute liebt man ihn in seinem Ursprungsland als Wach- und Haushund.
Äußere Kennzeichen *Kopf:* mäßig breiter Schädel, ziemlich kurzer, spitzer Fang mit geringem Stop. *Augen:* Dunkel. *Ohren:* Groß und aufrecht stehend. *Scherengebiß. Hals:* Mittellang. *Körper:* Ziemlich kurz, mit tiefer Brust und gut gewölbten Rippen. *Läufe:* Mittellang. *Pfoten:* Oval. *Rute:* Lang und geringelt. *Haar:* Dicht und hart, mit weicher Unterwolle.
Charakter Lebhaft, fröhlich, wachsam.

82

Schulterhöhe
Rüde: 65–75 cm.
Hündin: 60–70 cm.

Farbe Schwarz, Bleigrau, Grau, gestromt, getigert. Weiße Flecken auf Brust und Zehen dürfen vorkommen.

83

Schulterhöhe
Rüde: 71 cm.
Hündin: 66 cm.

Farbe: Schwarz, bronzefarben, weiße Zehen und Brustfleck gestattet.

85

Schulterhöhe
Rüde und Hündin: nicht höher als 39 cm.

Farbe Weiß mit schwarzen, cremefarbenen oder roten Flecken.

86. ÖSTERREICHISCHER KURZHAARPINSCHER

Ursprung und Verwendung In Österreich alte einheimische Rasse, die man außerhalb der Landesgrenzen nicht auf Ausstellungen sieht. Man hält ihn als Wach- und Haushund.
Äußere Kennzeichen *Kopf:* Breiter Schädel, starker, kurzer Fang und deutlicher Stop. *Augen:* Rund und dunkel. *Ohren:* Vorzugsweise Knopfohr; hängend, Stehohr und Rosenohr auch erlaubt. *Scherengebiß. Hals:* Stark und ziemlich kurz. *Körper:* Kurz mit sehr tiefer und breiter Brust und runden Rippen. *Läufe:* Mittellang mit schweren Knochen. *Pfoten:* Kurz und stark. *Rute:* Kurz, schwer und geringelt, darf kupiert werden. *Haar:* Kurze Stockhaare oder kurz.
Charakter Mutig, lebhaft, wachsam.

87. PINSCHER

Ursprung und Verwendung Der Pinscher ist eine der ältesten deutschen Landrassen, von der der Ursprung noch nicht genau festgestellt werden konnte. 1890 waren die Pinscher noch ein Sammelsurium von Typen, Farbe, Behaarung und Größen. Jetzt sind die kurz- und rauhhaarigen (die Schnauzer) Varietäten anerkannte Rassen. Vorzüglicher Raubzeugvertilger und Wachhund.
Äußere Kennzeichen *Kopf:* Mittelbreiter Schädel, nicht zu langer Fang und leichter Stop. *Augen:* Dunkel und rund, mit klugem und lebhaftem Ausdruck. *Ohren:* Hängend, in Deutschland stets kupiert. *Scherengebiß. Hals:* Mäßig lang und schlank, ohne Kehlhaut. *Körper:* Kurz, mit tiefer Brust, geradem Rücken und leicht hochgezogenem Bauch. *Läufe:* mittellang, mit gutem Knochenbau. *Pfoten:* Klein und rund. *Rute:* Sehr kurz kupiert. *Haar:* Kurz, dicht und glänzend.
Charakter Fröhlich, beweglich, aufmerksam, zuverlässig, unermüdlich.

88. RIESENSCHNAUZER

Ursprung und Verwendung In den bayerischen Bergen von Bauern und Viehhändlern gezüchtet. Einfach abzurichten zum guten Dienst-, Wach- und Schutzhund.
Äußere Kennzeichen *Kopf:* Langer, nicht zu breiter Schädel, langer Fang und mäßiger Stop. *Augen:* Oval und dunkel. *Ohren:* Kupiert. *Scherengebiß. Hals:* Ziemlich lang und ohne Kehlhaut. *Körper:* Kurz, mit sehr tiefer, breiter Brust, mit sehr geringer Rippenwölbung, geradem Rücken und leicht hochgezogenem Bauch. *Läufe:* Lang mit starken Knochen. *Pfoten:* Katzenpfoten. *Rute:* Kupiert. *Haar:* Drahthaarig, mit Bart und stacheligen Augenbrauen.
Charakter Ruhig, treu, unerschrockener Verteidiger, Einmannhund.

86

Schulterhöhe Rüde und Hündin: 35–50 cm.

Farbe Gelb in verschiedenen Tönungen, Hirschrot, Schwarz und Braun.

87

Schulterhöhe: Rüde und Hündin: ungefähr 45 cm.

Farbe Schwarz mit rostbraunen bis gelben Abzeichen, Dunkelbraun mit Gelb, einfarbig Gelb oder Rotgelb, Pfeffer und Salz.

88

Schulterhöhe Rüde und Hündin: 70 cm.

Farbe Schwarz, Pfeffer und Salz.

89. ROTTWEILER

Ursprung und Verwendung Die Rasse soll Blut von römischen Treibhunden führen, von molosserartigen Kampfhunden, von Brabanter Bullenbeißern und einheimischen Hirtenhunden. Läßt sich gut als Diensthund abrichten.
Äußere Kennzeichen *Kopf:* Breiter, mittellanger Schädel; der breite Fang ist genauso lang wie der Schädel, mit deutlichem Stop. *Augen:* Dunkel mit gutmütigem, selbstsicherem Ausdruck. *Ohren:* Klein, dreieckig und hängend. *Scherengebiß. Hals:* Stark, rund und breit, ohne Kehlhaut. *Körper:* Ziemlich kurz, mit breiter, tiefer Brust und gut gewölbten Rippen und geradem Rücken. *Läufe:* Mäßig lang und schwere Knochen. *Pfoten:* Rund, die der Hinterläufe etwas länglicher. *Rute:* Kupiert. *Haar:* Stockhaarig.
Charakter Klug, anhänglich, arbeitsfreudig, folgsam, große Ausdauer.

90. BERNHARDINER

Ursprung und Verwendung Alter Schweizer Wachhund, stammt vom römischen Molosser ab. Ursprünglich kurzhaarig, dann kreuzte man die Hunde zur Blutauffrischung mit den langhaarigen Neufundländern, und dadurch entstand der langhaarige Bernhardiner. Berühmt geworden als Lawinenhund.
Äußere Kennzeichen *Kopf:* Breiter Schädel, starker Stop und kurzer Fang, der tiefer als lang sein muß. *Augen:* Mittelgroß, braun oder haselnußfarben; das untere Augenlid hat leichte Aussetzung, der Ausdruck ist verstehend und freundlich. *Ohren:* Hängend, dreieckig, mittelgroß. *Scherengebiß. Hals:* Kräftig und einigermaßen gewölbt, mit leichter Wamme. *Körper:* Brust reicht bis zu den Ellenbogen, Rippen gut gewölbt, Rücken breit und gerade und wenig hochgezogener Bauch. *Läufe:* Gerade, stark und muskulös. *Pfoten:* Breit, mit stark gebogenen Zehen. *Rute:* Lang und schwer, hängend getragen, am Ende leicht hochgebogen. *Haar:* Sehr dicht, kurz und hart, und bei der langhaarigen Varietät mittellang und glatt bis leicht gewellt.
Charakter Ruhig, freundlich und zuverlässig.

91. SAMOJEDSKAJA – Samojede

Ursprung und Verwendung Tundragebiet in Nordrußland. Genannt nach den dort lebenden Nomadenstämmen. Man verwendet das Tier als Hüter der Rentierherden, zum Schlittenziehen, Lastentragen und als Helfer bei der Jagd. Obwohl es um eine russische Rasse ging, erkannte die FCI den durch England aufgestellten Rassenstandard an.
Äußere Kennzeichen *Kopf:* Keilförmig mit breitem Schädel, mittellanger Fang und leichter Stop. *Augen:* Tiefliegend und dunkel, mit einem lebhaften und klugen Ausdruck. *Ohren:* Stehend, nicht zu lang, mit abgerundeten Spitzen. *Scherengebiß. Hals:* Mittellang und stark. *Körper:* Mittellang, mit tiefer, breiter Brust, gut gewölbten Rippen und breitem, geradem Rücken. *Läufe:* Mäßig lang, mit gutem Knochenbau. *Pfoten:* Lang und einigermaßen flach. *Rute:* Lang und über dem Rücken geringelt. *Haar:* Hart, lang und gerade, steht gut vom Körper ab durch eine dichte, weiche kurze Unterwolle.
Charakter Lebhaft, zuverlässig und intelligent.

89

Schulterhöhe Rüde: 60–68 cm. Hündin: 55–63 cm.

Farbe Schwarz mit mahagoni- bis hellbraunen Abzeichen.

90

Schulterhöhe Rüde: mindestens 70 cm. Hündin: mindestens 65 cm.

Farbe Weiß mit Rot oder Rot mit Weiß, gestromte Platten mit weißen Abzeichen. Die Zeichnung muß sein: Weiße Brust, Pfoten, Rutenspitze, Nasenstrich und Halskragen. Maske und dunkle Ohren erwünscht.

91

Schulterhöhe Rüde: von 52,5 cm an. Hündin: von 45,5 cm an.

Farbe Weiß, Creme, bisquitfarben. Einfarbig oder bunt, wobei sowohl das Weiß als auch die Farbe und die Flecken rein sein müssen.

92. SANSHU

Ursprung und Verwendung Entstand aus einer Kreuzung des Chow-Chow mit dem in ganz Japan vorkommenden, ursprünglich aus dem Aichi-Gebiet stammenden einheimischen Hund. Haushund und scharfer Wachhund.
Äußere Kennzeichen *Kopf:* Sehr breiter Schädel, starker, kurzer Fang und wenig Stop. *Augen:* Mandelförmig und dunkel. *Ohren:* Klein, dreieckig und stehend. *Scherengebiß. Hals:* Ziemlich kurz. *Körper:* Nicht zu kurz, mit tiefer Brust, gut gewölbten Rippen und geradem Rücken. *Läufe:* Mäßig lang mit starken Knochen. *Pfoten:* Oval. *Rute:* Geringelt. *Haar:* Mäßig lang, hart und grob, mit dichter Unterwolle.
Charakter Intelligent, lebhaft.

93. SCHNAUZER

Ursprung und Verwendung Wurde in Württemberg hervorgebracht. Soll entstanden sein aus dem mittelalterlichen Biberhund und zwei alten, weit verbreiteten einheimischen Schlägen von Hunden, nämlich dem rauhhaarigen Begleiter der Fuhrleute und dem in Haus und Hof sehr geschätzten Ungeziefervernichter.
Äußere Kennzeichen *Kopf:* Ziemlich lang, nicht zu breiter Schädel, langer, starker Fang und deutlicher Stop. *Augen:* Oval und dunkel. *Ohren:* Kupiert. *Scherengebiß. Hals:* Ziemlich lang, ohne Kehlhaut. *Körper:* Kurz mit mäßig breiter, tiefer Brust und flachen Rippen. *Läufe:* Mäßig lang mit starken Knochen. *Pfoten:* Kurz und rund. *Rute:* Bis auf drei Wirbel kupiert. *Haar:* Drahthaarig; hat Bart und stachelige Augenbrauen.
Charakter Lebhaft, anhänglich, klug, unermüdlich, mißtrauisch gegen Fremde, kinderlieb, leicht abzurichten.

94. SENNENHUND, APPENZELLER

Ursprung und Verwendung Nicht nur im Schweizer Appenzell, sondern auch im Toggenburgtal und in St. Gallen blieb diese Varietät der Sennenhunde erhalten, obwohl er erst 1898 beschrieben wurde. Er ist eine sehr geschätzte Hilfe der Bauern bei der Arbeit und als Bewacher von Haus und Hof.
Äußere Kennzeichen *Kopf:* Ziemlich breiter Schädel, nicht zu langer, sich zur Nase verschmälernder Fang ohne deutlichen Stop. *Augen:* Ziemlich klein und braun, mit lebhaftem Ausdruck. *Ohren:* Klein, dreieckig und hängend. *Scherengebiß. Hals:* Kurz und gedrungen. *Körper:* Mit breiter, tiefer Brust, runden, gut gewölbten Rippen und geradem Rücken. *Läufe:* Mäßig lang, mit tüchtigen Knochen. *Pfoten:* Kurz und rund. *Rute:* Mittellang; wird geringelt getragen. *Haar:* Kurz, hart, dicht und glänzend.
Charakter Lebhaft, arbeitslustig, wachsam, treu, eignet sich zum Abrichten.

92

Schulterhöhe Zwei Schläge, Rüde: 50–55 cm oder 40–45 cm. Hündin: 45–50 cm oder 37–42 cm.

Farbe Rostrot, Schwarz mit Rostbraun, Rot, Schwarz, Hellbraun, Pfeffer und Salz, Weiß, gefleckt.

93

Schulterhöhe Rüde: ungefähr 50 cm. Hündin: ungefähr 45 cm.

Farbe Schwarz, Pfeffer und Salz.

94

Schulterhöhe Rüde: ungefähr 55 cm. Hündin: ungefähr 50 cm.

Farbe Schwarz mit roten Abzeichen an den Wangen, über den Augen und an den vier Läufen. Weiße Blesse, Pfoten und Rutenspitze und weißes Brustkreuz.

95. SENNENHUND, BERNER

Ursprung und Verwendung Anfänglich der häufigste Hund in der Mittelschweiz; wurde durch importierte Rassen verdrängt, vor allem durch den Deutschen Schäferhund; nach 1900 wiederentdeckt. Die Rasse genießt nun eine große Popularität, auch außerhalb der Schweiz. Genau wie die übrigen Sennenhunde ein treuer Helfer auf dem Bauernhof. Angenehmer Haushund, eignet sich zum Abrichten.
Äußere Kennzeichen *Kopf:* Breiter Schädel, kräftiger, mäßig langer Fang und leichter Stop. *Augen:* Dunkelbraun, mit freundlichem Ausdruck. *Ohren:* Kurz, dreieckig und hängend. *Scherengebiß. Hals:* Ziemlich kurz. *Körper:* Eher kurz als lang, mit tiefer, breiter Brust und gut gewölbten Rippen. *Läufe:* Mittellang, mit schweren Knochen. *Pfoten:* Rund. *Rute:* Lang. *Haar:* Lang, weich und gerade oder leicht gewellt.
Charakter Würdig, anhänglich, wachsam.

96. SENNENHUND, ENTLEBUCHER

Ursprung und Verwendung In den Emme- und Entletälern der Kantone Luzern und Bern. Der letzte der vier Schweizer Sennenhunde, die wieder Interesse fanden. Hüter der Herden und Bewacher von Haus und Hof.
Äußere Kennzeichen *Kopf:* Ziemlich breiter Schädel, mittellanger, kräftiger Fang und geringer Stop. *Augen:* Ziemlich klein, braun, mit lebhaftem und freundlichem Ausdruck. *Ohren:* Hängend. *Scherengebiß. Hals:* Kurz und gedrungen. *Körper:* Recht lang, mit tiefer, breiter Brust und geradem, starkem Rücken. *Läufe:* Ziemlich kurz und stark. *Pfoten:* Rund. *Rute:* Angeboren kurz, lang oder halbkurz; die beiden zuletzt genannten werden kupiert. *Haar:* Kurz, hart und glänzend.
Charakter Ruhig, klug, freundlich, zuverlässig, wachsam, lernfreudig.

97. SENNENHUND, GROSSER SCHWEIZER

Ursprung und Verwendung Obwohl diese Rasse ursprünglich in der ganzen Schweiz vorkam, war sie doch vom Aussterben bedroht. Man konnte sie Anfang des 20. Jahrhunderts davor bewahren. Ursprünglich Viehtreiber und Bewacher, empfiehlt man ihn heute neben Wachhund als Schutz- und Ziehhund. Beim Ziehen verwendet man ihn genau wie den Berner Sennenhund (Nr. 95) zum Transport der Milcheimer. Auch als Lawinenhund soll man ihn gut abrichten können.
Äußere Kennzeichen *Kopf:* Breiter Schädel und Fang, die gleichlang sind, geringer Stop. *Augen:* Mittelgroß, haselnuß- bis kastanienbraun, mit wachem und intelligentem Ausdruck. *Ohren:* Mittelgroß, dreieckig und hängend. *Scherengebiß. Hals:* Mittellang, stark und ohne Kehlhaut. *Körper:* Mäßig lang, mit tiefer, breiter Brust und gut gewölbten Rippen. *Läufe:* Ziemlich lang, mit schweren Knochen. *Pfoten:* Rund und kurz; die Afterkralle muß entfernt werden. *Rute:* Lang. *Haar:* 3–5 cm lang, hart, mit Unterwolle.
Charakter Wachsam, treu, kinderlieb.

95

Schulterhöhe
Rüde: ungefähr 65 cm. Hündin: ungefähr 60 cm.

Farbe Genau wie die vom Appenzeller Sennenhund (Nr. 94).

96

Schulterhöhe:
Rüde ungefähr 48 cm. Hündin: ungefähr 44 cm.

Farbe Genau wie die vom Appenzeller Sennenhund (Nr. 94).

97

Schulterhöhe
Rüde: 65–70 cm. Hündin: 60–65 cm.

Farbe Genau wie die vom Appenzeller Sennenhund (Nr. 94).

98. SIBERIAN HUSKY – Sibirischer Husky

Ursprung und Verwendung Bei den Chucis, einem den Eskimos verwandten Stamm aus dem Kolyma-Becken und vom Fuße des Cherskigebirges, arbeiten seit alters her die Hunde, die wir jetzt Huskys nennen. Es handelt sich um eine sehr alte Rasse, die außerhalb ihrer Landesgrenzen immer mehr in Mode kommt als Haus- und Ausstellungshund und besonders immer mehr zu den in Schwang kommenden Kämpfen für Schlittenhunde.
Äußere Kennzeichen *Kopf:* Zwischen den Ohren ziemlich schmal, der mittellange Fang ist genauso lang wie der Schädel. Leichter Stop. *Augen:* Braun oder blau, ein braunes und ein blaues Auge erlaubt, doch nicht gern gesehen. *Ohren:* Mittelgroß und stehend. *Scherengebiß. Hals:* Ziemlich kurz. *Körper:* nicht zu kurz, nicht zu breite, tiefe Brust, gut gewölbte Rippen, gerader Rükken. *Läufe:* Mittellang mit gutem Knochenbau. *Pfoten:* Oval. *Rute:* Lang, wird über dem Rücken getragen. *Haar:* Mittellang, weich und dick mit dichter, sehr weicher, flaumiger Unterwolle, die nicht zu kurz ist.
Charakter Fügsam, anhänglich, lieb.

99. TIBETANISCHER MASTIFF – Tibetdogge

Ursprung und Verwendung Steppen Mittelasiens und Ausläufer des Himalaya. Man verwendet ihn zum Hüten der Yaks und zum Bewachen von Häusern und Zelten.
Äußere Kennzeichen *Kopf:* Groß, mit breitem Schädel, kurzer, breiter Fang und deutlicher Stop. *Augen:* Braun und tiefliegend. *Ohren:* herzförmig und hängend. *Scherengebiß. Hals:* Gedrungen mit Kehlhaut. *Körper:* Kurz, ziemlich tiefe, breite Brust, breiter, gerader Rücken und leicht hochgezogener Bauch. *Läufe:* Ziemlich lang, mit schweren Knochen. *Pfoten:* Groß und kurz. *Rute:* Lang und von der Seite geringelt. *Haar:* Lang und gerade, mit dicker, schwerer Unterwolle.
Charakter Gefügig, ruhig, anhänglich zum Herrn, ablehnend gegenüber Fremden, guter Wächter.

100. TOSA – Japanischer Kampfhund

Ursprung und Verwendung In der Meiji-Zeit (1868–1912) speziell für Hundekämpfe gezüchtet, die damals sehr populär waren. Man kreuzte die ursprünglichen Kampfhunde, die man im Kochibezirk züchtete, mit dem Mastiff, dem Bulldog, dem Bullterrier, der Deutschen Dogge und dem Bernhardiner.
Äußere Kennzeichen *Kopf:* Breiter Schädel, mittellanger, breiter Fang und deutlicher Stop. *Augen:* Ziemlich klein, rotbraun mit aufmerksamem Ausdruck. *Ohren:* klein und hängend. *Scherengebiß. Hals:* Ziemlich lang und stark, mit viel Kehlhaut. *Körper:* Tiefe, breite Brust mit gut gewölbten Rippen. *Läufe:* Ziemlich lang mit schweren Knochen. *Pfoten:* Stark. *Rute:* Lang. *Haar:* Kurz, hart, grob und dicht.
Charakter Mutig, geduldig, leise, wachsam.

98

Schulterhöhe Rüde: 53–59 cm. Hündin: 51–56 cm.

Farbe Alle Farben und Weiß; alle Abzeichen gestattet. Verschiedene Nuancen von Grau und Braun und Schwarz mit weißen Abzeichen kommen am meisten vor; die kappenförmige und brillenförmige Maske ist typisch.

99

Schulterhöhe Rüde: 63,5–68,5 cm. Hündin: 56–61,5 cm.

Farbe Schwarz, Schwarz mit braunroten Abzeichen, goldfarben.

100

Schulterhöhe Rüde: über 60 cm. Hündin: über 54 cm.

Farbe Einfarbig Rot, Weiß mit roten Flecken, rote Flecken auf andersfarbigem Grund.

101. GRÖNLANDSHUND

Ursprung und Verwendung Verwandt mit dem Eskimohund, dem Alaska Malamute, dem Husky und dem Samojeden. Diese Schlittenhunde, die wahrscheinlich aus Ostsibirien stammen, trifft man in Grönland, Alaska, Labrador und Nordkanada an. Die verschiedenen Typen wurden erst vor kurzer Zeit als besondere Rassen anerkannt. Man bezeichnet die Grönländer als die reinsten der Huskyrassen. Die dänische Regierung verbot nämlich vor langer Zeit den Import weißer Schlittenhunde. Diese Maßnahme ergriff man, um den Degenerationserscheinungen vorzubeugen, die nach Kreuzungen mit anderen weißen Rassen bei den nordamerikanischen Rassen vorgekommen sein sollten. Man braucht den Grönlandshund für viele Arbeiten, wie zum Beispiel zum Ziehen, Jagen und Wachen.
Äußere Kennzeichen Stimmen mit denen der Eskimohunde (Nr. 73) überein. *Schulterhöhe:* Rüde: 56–63 cm, Hündin: 50–56 cm. *Farbe:* Niemals ganz weiß.
Charakter Lebhaft, wachsam und zuverlässig.

Die russischen **Laiki,** die man zu dieser Gruppe rechnen kann, weil sie alle, neben anderen Arbeiten, zum Bewachen gebraucht werden, kommen in sehr vielen Variationen vor. In unserer Einteilung erkennen wir sieben Rassen an. Neben dem bekannten Samojeden (Nr. 91) sind es folgende:
Nordöstlicher Laika. *Schulterhöhe:* Rüde und Hündin: 52–60 cm. *Farbe:* Schwarz bis Rötlichgrau, Gelb.
Nordrussischer Laika. Nahe verwandt mit dem Samojeden. Eine kurzhaarige und eine langhaarige Varietät. *Schulterhöhe:* Rüde und Hündin: 40–55 cm. *Farbe:* Viele Farben und Farbkombinationen erlaubt.
Westsibirischer Laika *Schulterhöhe:* Rüde und Hündin: 52–60 cm. *Farbe:* Schwarz bis Rötlichgrau, Gelb.
Ostsibirischer Laika *Schulterhöhe:* Rüde und Hündin: 53–65 cm. *Farbe:* Viele.
Russisch-Finnischer Laika Nahe verwandt mit dem Finnenspitz (Nr. 176). *Schulterhöhe:* Rüde und Hündin: 40–48 cm. *Farbe:* Alle Schattierungen von Gelb.
Russisch-Europäischer Laika Obwohl größer, gleicht er sehr der vorgenannten Form. *Schulterhöhe:* Rüde und Hündin: 48–58 cm. *Farbe:* Schwarz bis Rötlichgrau, Gelb, gefleckt.

102. PERRO DE PRESA MALLORQUIN

Ursprung und Verwendung Mallorca. Verwendet als Wach- und Schutzhund.
Äußere Kennzeichen *Kopf:* Groß, Schädel breit und vierkantig, Fang kurz und breit mit tiefem Stop. *Augen:* Oval und dunkel. *Ohren:* Rosenohren. *Hals:* Lang und schwer. *Körper:* Mittellang, mit tiefer, runder Brust. *Läufe:* Mäßig lang mit schweren Knochen. *Pfoten:* Rund, Afterkrallen. *Rute:* Lang. *Haar:* Kurz und glatt. *Schulterhöhe:* Rüde und Hündin: 58 cm. *Farbe:* Gestromt, vorzugsweise mit wenig Weiß.
Charakter Unerschrocken.

103. SHIKA INU

Ursprung und Verwendung In früheren Zeiten brauchte man ihn in den japanischen Gebirgen für die Hirschjagd, heute ist er Wach- und Gesellschaftshund.
Äußere Kennzeichen Gleicht dem Akita Inu (Nr. 59), hat aber eine geringere *Schulterhöhe:* Rüde und Hündin: 45–55 cm. *Farbe:* Pfeffer und Salz, Rotgrau, Schwarzgrau, Schwarz, Weiß.
Charakter Anhänglich, lebhaft, intelligent.

Terrier

Der Name Terrier leitet sich vom lateinischen Wort terra = Erde ab. Das deutet darauf hin, daß man die Hunde ursprünglich zur Arbeit unter der Erdoberfläche verwendete, um Dachse und Füchse aus Höhlen und Röhren zu treiben, in denen sie während der Jagd Schutz gesucht hatten. Hatten die Terrier damit keinen Erfolg, mußten sie laut bellend vor dem Wild liegen bleiben. Die Jäger lauschten mit dem Ohr am Boden, wo sich die Tiere befanden, und konnten sie dann ausgraben. Das war mitunter alles andere als einfach. Auch bei der Jagd auf Otter gebrauchte man Terrier. Selbstverständlich waren für diese Arbeit scharfe, mutige und nicht zu große Hunde nötig. Später arbeiteten sie häufig bei der Nagetierbekämpfung; die meisten Terrier sind heute auch noch ausgezeichnete Ratten- und Mäusefänger.
Man nimmt allgemein an, daß der Old English Broken Haired Black and Tan Terrier der Vorfahre aller Terrier ist. Diese Hunde brauchte man vor mehr als 200 Jahren bei der Jagd auf Füchse und Otter. Bald stellte man je nach Bodenbeschaffenheit, Landschaft und Wild, das sie jagen mußten, an die Hunde unterschiedliche Forderungen. Um die erwünschten Eigenschaften zu erhalten, kreuzte man mit Hound-Rassen. Für eine ganz andere Arbeit, das Bullenbeißen und das Kämpfen mit Tieren, kreuzte man mit Doggen. Der Name des Ortes oder des Gebietes, an dem die Rasse entstand, ist in vielen Rassennamen noch heute zu finden.
Im Laufe der zweiten Hälfte des 19. Jahrhunderts, als die ersten Hundeausstellungen veranstaltet wurden, rückten die Terrier in das Interesse, und als Folge davon stellte man Standards auf. Anfänglich legte man bei der Zucht fast ausschließlich Wert auf Arbeitsqualitäten; später änderte sich das, und man richtete seine volle Aufmerksamkeit auf die äußere Erscheinung. Die Popularität der Terrier nahm seit ihrem ersten Erscheinen auf den Ausstellungen immer weiter zu, und nach dem Ersten Weltkrieg breiteten sie sich weit außerhalb Englands Küsten aus. Auf der ganzen Welt traf man nun Terrier an. Terrier sind temperamentvolle und bewegliche Hunde, die am besten zu einer lebhaften Familie oder zu jungen Leuten passen. Da es starke und sportliche Hunde sind, eignen sie sich als Kamerad für ältere Kinder. Bei ihnen finden sie dann sehr wohl die Gelegenheit, ihre große Energie abzureagieren. Man darf keineswegs annehmen, daß die Vertreter der zu dieser Gruppe gehörenden kleinen Rassen Schoßhunde sind.

31 der anerkannten Rassen stammen aus England; 7 Rassen entstanden mit Hilfe englischer Rassen; 1 in Deutschland, 1 in der Tschechoslowakei, 2 in Australien, 1 in Japan und 2 in den Vereinigten Staaten. Eine der zwei australischen Rassen und der englische Toy-Terrier gehören zu der Gruppe der Kleinen Gesellschaftshunde; den Boston-Terrier rechnet man zu der Gruppe der Großen Gesellschaftshunde, genau wie den Tibetterrier, der aber im ganzen kein Terrier ist, sondern höchstwahrscheinlich mehr mit den Schäferhunden verwandt ist. Es gibt sowohl kurz- als auch langbeinige Terrierrassen. Bei den zuerst Genannten kommen keine Kurzhaarigen vor. Die Ruten kupiert man bei den meisten Rassen, die Ohren nicht. Rauh- und weichhaarige Rassen machen bei ihrer Versorgung sehr viel mehr Arbeit als die kurzhaarigen. Während es beim Haushund genügt, wenn man neben den täglichen Dingen zweimal im Jahr den Trimmer aufsucht, stellt die Verschönerung eines Ausstellungshundes viel höhere Anforderungen. Ein schlecht oder nicht verschönerter Hund hat zur Zeit keine Chance auf eine Plazierung bei einer Prämierung, wie gut er auch sonst sein mag. Nicht allein schon einige Zeit vor der Schau ist man ständig bei Verschönerungsarbeiten, sondern bis zu dem Augenblick, wo er in den Ring geht und geprüft wird. Selbstverständlich braucht man für das erfolgreiche Zurechtmachen zu einer Schau von nicht kurzhaarigen Terriern viel Geschick und eine gediegene Kenntnis der Rasse. Sie haben aber gegenüber den Kurzhaarigen den Vorteil, daß man Mängel kaschieren kann und gute Punkte besonders betont. Ein Terrier sieht in seinem getrimmten Fell stets ganz anders aus als in seinem normalen vollen Fell: Das Verschönern verleiht ihm einen straffen Umriß und ein markantes Äußeres.
Die Vertreter einer dritten zu dieser Gruppe gehörenden Kategorie, die Pinscher und die Schnauzer, entstammen alten deutschen Dorfhundstämmen, die sich mit vielen anderen Rassen mischten, wodurch diese glatt- und rauhhaarigen Hunde zustande kamen. Man nennt sie auch die deutschen Terrier. Sie kläffen weniger, sind aber schärfer als die Spitze.
Eine konsequente und strenge Erziehung ist nötig, um die guten Eigenschaften ihres starken Charakters voll zur Entwicklung zu bringen. Geschieht das nicht in der richtigen Weise, werden sie zum Chef und machen was sie wollen. Obwohl sie von Natur aus gegenüber anderen Hunden nicht gerade freundlich sind, bereitet das bei guter Führung keine Schwierigkeiten.

> Die zu diesem Kapitel gehörenden Abbildungen erscheinen im Größenverhältnis 1:10 (Nr. 104–129).

104. AIREDALE-TERRIER

Ursprung und Verwendung Das Tal des Aire in Yorkshire. Anfangs nannte man ihn Bingley- oder Watertide-Terrier. Man züchtete ihn für die Otterjagd aus Kreuzungen des Old English Terrier mit dem Otterhound und dem Welsh Harrier. Eignet sich gut zum Abrichten als Polizeihund. Angenehmer Haushund.
Äußere Kennzeichen *Kopf:* Lang, nicht zu breit, mit flachen Wangen und geringem Stop. *Augen:* Dunkel, mit scharfem, klugem Ausdruck. *Ohren:* Knopfohren, klein und V-förmig. *Scherengebiß. Hals:* Trocken, mittellang und dick, ohne Kehlhaut. *Körper:* kurz, muskulös, mit tiefer, nicht zu breiter Brust, gut gerundeten Rippen und kurzem, geradem Rücken. *Läufe:* Lang mit schweren Knochen. *Pfoten:* Klein und rund. *Rute:* Nicht zu kurz kupiert. *Haar:* Hart, dicht, drahtig mit kurzer, weicher Unterwolle. Der Airedale Terrier ist der größte aller Terrier.
Charakter Aktiv, anhänglich, wachsam, fröhlich, freundlich.

105. AUSTRALISCHER TERRIER

Ursprung und Verwendung Entstand aus verschiedenen englischen Terriern, unter anderem dem Cairn Terrier und dem Dandie Dinmont Terrier, und wiederholt mit dem australischen Silky Terrier gekreuzt. Eignet sich zur Kaninchenjagd und ist ein angenehmer Haushund.
Äußere Kennzeichen *Kopf:* Lang, mit mittelbreitem Schädel und leichtem Stop. *Augen:* Dunkel und klein, mit durchdringendem Blick. *Ohren:* Klein, stehend und kurz behaart. *Scherengebiß. Hals:* Ziemlich lang. *Körper:* Recht lang im Verhältnis zur Höhe. *Läufe:* Ziemlich kurz. *Pfoten:* Klein. *Rute:* Kupiert. *Haar:* Hart, gerade und etwa 5 cm lang; der Schopf ist weich.
Charakter Gescheit, anhänglich, bereitwillig.

106. BEDLINGTON-TERRIER

Ursprung und Verwendung Rothbury Forest in Northumberland. Nach dem dortigen Dorf Bedlington benannt. Stammt, wie man annimmt, von denselben Vorfahren ab wie der Dandie Dinmont Terrier (Nr. 112). Führt Houndblut, möglicherweise vom Otterhound, aber wahrscheinlich noch vom Greyhound oder vom Whippet.
Äußere Kennzeichen *Kopf:* Birnenförmig, mit schmalem, rundem Schädel ohne Stop. Die Schädellinie vom Hinterhauptbeinstachel bis zur Nasenspitze ist gerade. *Augen:* Klein, tiefliegend, sehen dreieckig aus. *Ohren:* Tief angesetzt, hängend, mäßig groß und haselnußförmig. *Scherengebiß. Hals:* Lang, breit an der Basis und ohne die geringste Kehlhaut. *Körper:* Muskulös mit flachen Rippen, tiefe, breite Brust und Karpfenrücken mit deutlich gewölbten Lenden. *Läufe:* Mittellang. *Pfoten:* Lange Hasenpfoten. *Rute:* Mittellang, leicht gebogen und hängend getragen. *Haar:* Dick, wirbelig, wollig, steht gut von der Haut ab. Auf dem Kopf und an den Ohrspitzen ist das Haar reichlich, weiß und seidig.
Charakter Mutig, guter Kämpfer, gehorsam.

104

Schulterhöhe
Rüde: ungefähr 58–60 cm.
Hündin: ungefähr 56–58 cm.

Farbe Kopf, Vorder- und Hinterseite: lohfarben. Körper: Schwarz oder Dunkelgrau.

105

Schulterhöhe
Rüde und Hündin: im Durchschnitt 25 cm.

Farbe Blauer Rumpf mit bräunlichen Läufen und Gesicht, der Schopf blau oder silbern. In zweiter Linie sandfarben oder rot.

106

Schulterhöhe
Rüde: 40 cm.
Hündin: kann etwas kleiner sein.

Farbe Blau, Blau und bräunlich, leberfarben oder sandfarben.

107. BORDER-TERRIER

Ursprung und Verwendung Grenzgebiet zwischen England und Schottland, wo auch der Bedlington und der Dandie Dinmont Terrier entstanden, und für diese beiden Rassen ist er wohl der Vorfahre. Er ist ein echter Arbeitshund gewesen und geblieben und wie kein anderer Terrier im Stande, den Fuchs aus seinem Bau zu treiben.
Äußere Kennzeichen *Kopf:* Muß dem eines Otter gleichen, mit ziemlich breitem Schädel und kurzem Vorderfang. *Augen:* Dunkel, mit durchdringendem Ausdruck. *Ohren:* Knopfohren, klein und V-förmig. *Scherengebiß. Hals:* Kräftig und nicht zu lang. *Körper:* Tief, schmal und mäßig lang. *Läufe:* Mittellang, mit nicht zu schweren Knochen. *Pfoten:* Klein. *Rute:* Nicht zu lang. *Haar:* Hart, dicht, mit dichter Unterwolle.
Charakter Mutig, sich einfach anpassend, guter Kamerad für Kinder.

108. BULLTERRIER

Ursprung und Verwendung Entstand in Birmingham aus Kreuzungen alter Kampfhunde, die Bulldog- und Terrierblut führten, mit dem alten Weißen Englischen Terrier und dem Dalmatiner. Ursprünglich Kampfhund; heute wird er für ganz unterschiedliche Zwecke verwendet, unter anderem für Schutz, Polizeiarbeit; in Afrika auch zur Jagd auf Großwild. Guter Nagetiervernichter.
Äußere Kennzeichen *Kopf:* Lang, stark und tief, gewölbt. *Augen:* Dunkel, schmal, dreieckig und tiefliegend; durchdringender Blick. *Ohren:* Senkrechtstehend, klein und dünn. *Scherengebiß. Hals:* Lang, sehr muskulös, frei von Kehlhaut. *Körper:* Sehr tief, mit stark gewölbten Rippen, breite Brust, und kurzer, starker Rücken. *Läufe:* Mäßig lang, mit starken, runden Knochen. *Pfoten:* Rund. *Rute:* Ziemlich kurz. *Haar:* Kurz, hart und glänzend.
Charakter Intelligent, lebhaft, ausgeglichen, gehorsam, kampflustig, wachsam.

109. BULLTERRIER, ZWERG-

Genau wie der Bullterrier (Nr. 108), doch merklich kleiner.
Schulterhöhe: Rüde und Hündin: höchstens 35 cm.

110. CAIRN-TERRIER

Ursprung und Verwendung Die schottischen Hochländer. Gezüchtet für die Jagd auf Otter, Fuchs und Dachs. »Cairns« sind Steinhaufen zwischen den Felsen, in denen die Terrier das flüchtende Wild verfolgen mußten. Für diese besondere Aufgabe waren kleine, scharfe Hunde nötig.
Äußere Kennzeichen *Kopf:* Breit im Verhältnis zur Größe, deutlicher Stop und starker, nicht zu langer Fang. *Augen:* Tiefliegend, mäßig groß und dunkel haselnußfarben. *Ohren:* Stehohr, klein und spitz. *Scherengebiß. Hals:* Nicht zu kurz. *Körper:* Kompakt, mit starkem, mittellangem Rücken und tiefer Brust. *Läufe:* Ziemlich kurz, mit schweren Knochen. *Pfoten:* Vorn etwas größer als hinten, etwas nach außen gedreht. *Rute:* Kurz, gut behaart; wird senkrecht nach oben getragen. *Haar:* Sehr reichlich, hartes Deckhaar, weiche Unterwolle.
Charakter Aktiv, mutig, gutmütig.

107

Gewicht Rüde: 6–7 kg. Hündin: 5–6 kg.

Farbe Rot, Weizenblond, Grau mit Bräunlich, Blau mit Bräunlich.

108

Schulterhöhe Nicht festgelegt.

Farbe Reinweiß, mit oder ohne Abzeichen auf dem Kopf, oder auch farbig, vorzugsweise gestromt.

110

Schulterhöhe Rüde und Hündin: 23–25 cm oder etwas größer.

Farbe Rot, sandfarben, grau gestromt. Dunkle Ohren und Fang sind Kennzeichen.

111. TSCHECHISCHER TERRIER

Ursprung und Verwendung In Böhmen aus Kreuzungen von schottischen und Sealyham-Terriern als Gebrauchshund gezüchtet, vor allem zur Arbeit unter der Erde.
Äußere Kennzeichen *Kopf:* Mittelbreit und ziemlich lang. *Augen:* Braun. *Ohren:* Mittelgroße Knopfohren. *Scherengebiß. Hals:* Lang. *Körper:* Nicht zu lang, mit gut gewölbten Rippen. *Läufe:* Kurz. *Pfoten:* Rund. *Rute:* 17,5–20 cm. *Haar:* Wellig, mit seidigem Glanz.
Charakter Nicht angriffslustig ohne Grund, unternehmend.

112. DANDIE DINMONT TERRIER

Ursprung und Verwendung Arbeitshunde, die aus dem Grenzgebiet zwischen England und Schottland stammen. Verwandt mit dem Bedlington (Nr. 106) und Border-Terrier (Nr. 107); führt genau wie diese Houndblut. Ursprünglich für die Jagd unter der Erde gehalten, jetzt auch Haus- und Ausstellungshund.
Äußere Kennzeichen *Kopf:* Groß, Schädel fast viereckig, Fang tief und ungefähr 7,5 cm lang. *Augen:* Groß, rund, dunkelbraun, lebhafter, entschlossener und verständiger Ausdruck. *Ohren:* Hängend. *Scherengebiß. Hals:* Stark. *Körper:* Lang und tief, mit gut geformten Rippen, Rücken flach an der Schulter, mit einem deutlichen Bogen über den Lenden. *Läufe:* Kurz, mit schweren Knochen, die Hinterläufe sind etwas länger als die Vorderläufe. *Pfoten:* Vorn größer als hinten. *Rute:* Ziemlich kurz, oben mit hartem Haar bedeckt, das dunkler ist als der Körper, von unten dünneres und weicheres Haar. *Haar:* Weiches und hartes Haar gemischt, ungefähr 5 cm lang, an der Körperunterseite weicher und dünner. Der gesamte Kopf ist bedeckt mit dünnem, weichem, seidigem Haar, das einen großen Schopf bildet.
Charakter Ruhig, mutig, anhänglich.

113. DEUTSCHER JAGDTERRIER

Ursprung und Verwendung In Bayern von Jägern gezüchtet aus kurz- und drahthaarigen Foxterriern, einer Welsh-Terrier-Hündin, und einem Rüden, der in gerader Linie vom Old English Broken Haird Terrier abstammte. Sehr harter und scharfer Gebrauchshund; wird heute ausschließlich von Jägern verwendet.
Äußere Kennzeichen *Kopf:* Flacher, nicht zu schmaler Schädel, geringer Stop und kräftiger, langer Fang, etwas kürzer als der Schädel. *Augen:* Dunkel, klein, tiefliegend, mit entschlossenem Ausdruck. *Ohren:* Knopfohren, V-förmig und nicht zu klein. *Scherengebiß. Hals:* Recht lang. *Körper:* Nicht zu kurzer Rücken und stark gewölbte Rippen. *Läufe:* Mittellang, schwer gebaut. *Pfoten:* Oval, die Vorderpfoten breiter als die Hinterpfoten. *Rute:* Kupiert. *Haar:* Vorzugsweise glatt anliegend, dicht, hart, rauhhaarig oder hart, nicht zu kurzes glattes Haar.
Charakter Scharf, aufmerksam, mißtrauisch gegenüber Fremden.

111

Schulterhöhe Rüde und Hündin: 27,5–35 cm.

Farbe Grundfarbe: Graublau oder hell Kaffeebraun; gelbe, graue und weiße Abzeichen erlaubt auf den Wangen, der Unterseite des Fanges, an Hals, Brust und Bauch und außerdem an den untersten Stellen der Läufe und der Rute. Weißer Kragen und Rutenspitze ebenfalls gestattet, aber die Grundfarbe muß überwiegen.

112

Schulterhöhe Rüde und Hündin: 20–28 cm.

Farbe Dunkel Bläulichschwarz bis hell Silbergrau oder Rötlichbraun bis völlig Beige.

113

Schulterhöhe Rüde und Hündin: nicht über 40 cm.

Farbe Schwarz, Schwarzgrau oder Dunkelbraun, helle bräunliche Abzeichen über den Augen, auf dem Fang, der Brust, den Läufen und unter der Rute.

114. FOXTERRIER (glatthaarig)

Ursprung und Verwendung Alte Rasse, deren Ursprung unklar ist. Wird bei der Jagd mit der Meute verwendet, um den Fuchs aus dem Bau oder aus dem Unterholz zu treiben, die unzugänglich für die großen Meutehunde sind. Heute findet man ihn auf der ganzen Welt als Haus- und Ausstellungshund. Ausgezeichneter Raubwildvertilger.
Äußere Kennzeichen *Kopf:* Flacher, ziemlich schmaler Schädel, sehr geringer Stop und langer, kräftiger Fang. *Augen:* Dunkel, klein, tiefliegend und rund, mit feurigem, klugem Ausdruck. *Ohren:* Kippohren, klein und mäßig dick. *Scherengebiß. Hals:* Trocken, lang und ohne Kehlhaut. *Körper:* Nicht zu breite, tiefe Brust und sehr kurzer Rücken. *Läufe:* Nicht zu lang, jedoch stark. *Pfoten:* Klein und rund. *Rute:* Wird bis auf drei Viertel kupiert. *Haar:* Flach, kurz, hart und dicht.
Charakter Fröhlich, lebhaft, anhänglich, treu und klug.

115. FOXTERRIER (drahthaarig)

Erfreut sich noch größerer Popularität als der Kurzhaarige. Sieht genau wie der Kurzhaarige aus, zeigt aber einen ganz anderen Umriß, vor allem die Läufe und der Fang, durch die harte, längere, abstehende Behaarung.

116. GLEN OF IMAAL TERRIER

Ursprung und Verwendung Diese irische Rasse stammt aus der Grafschaft Wicklow in den Glen of Imaal, nach denen er benannt ist. Eine Rasse von harten Arbeitern, die man zur Jagd auf den Fuchs und zum Kampf mit anderen Hunden verwendet. Nicht für Ausstellungen bestimmt.
Äußere Kennzeichen *Kopf:* Lang, außerordentlich breit mit kräftigem Fang und deutlichem Stop. *Augen:* Braun, mit intelligentem Ausdruck. *Ohren:* Dünne Knopfohren. *Scherengebiß. Hals:* Mittellang. *Körper:* Lang, mit breiter Brust und gut gewölbten Rippen. *Läufe:* Ziemlich kurz mit schweren Knochen, die Vorderläufe leicht gebogen. *Pfoten:* Beinahe rund und etwas nach außen gedreht. *Rute:* Kupiert. *Haar:* Mittellang, grob aber nicht drahthaarig, eher weich.
Charakter Sehr mutig und dreist, gehorsam, hängt sehr an seinem Herrn.

114

Gewicht Rüde und Hündin: ungefähr 7–8 kg.

Farbe Weiß muß vorherrschen. Gestromte, rote und leberfarbene Flecke sind Fehler!

115

Schulterhöhe Rüde: nicht höher als 39 cm. Hündin: im Verhältnis kleiner.

Farbe Weiß muß vorherrschen. Gestromte, rote und leberfarbene und schieferblaue Flecken sind Fehler!

116

Schulterhöhe Rüde und Hündin: Nicht mehr als 35 cm.

Farbe Blau, Blau mit Lohfarbe oder Weizenblond.

117. IRISCHER TERRIER

Ursprung und Verwendung In Cork und Ballymena in Irland gab es einen Stamm großer, weizenfarbiger Terrier, die mit dem Old Wire Haired Black and Tan Terrier zusammenhingen beim Entstehen des Irish-Terriers. Guter Jagdhund, ruhiger Haushund, Bewacher und Verteidiger seines Herrn und dessen Familie und Besitzes.

Äußere Kennzeichen *Kopf:* Lang, mit flachem, recht schmalem Schädel, kaum sichtbarem Stop und langem, starkem Fang. *Augen:* Klein, dunkel, haselnußfarben mit lebhaftem, verständigem Ausdruck. *Ohren:* Knopfohren, klein und nicht zu dick. *Scherengebiß. Hals:* Recht lang und trocken. *Körper:* Mäßig lang, tief, mit gut gewölbten Rippen. *Läufe:* Mäßig lang mit schlanken Knochen. *Pfoten:* Ziemlich rund und mittelklein. *Rute:* Im allgemeinen bis auf drei Viertel kupiert. *Haar:* Nicht zu lang, hart und drahtig, die Unterwolle besteht aus feinem, weichem Haar.

Charakter Sehr humorvoll, aktiv, anhänglich, eignet sich zum Abrichten und Bewachen.

118. KERRY-BLUE-TERRIER

Ursprung und Verwendung Im Süden und Westen von Irland. Wird verwendet zur Jagd auf Otter, Dachs und Fuchs. Regelmäßig auf Ausstellungen zu sehen.

Äußere Kennzeichen *Kopf:* Stark mit ziemlich langem Fang und leichtem Stop. *Augen:* Dunkel oder haselnußfarben und mittelgroß. *Ohren:* Knopfohren, dünn und nicht zu groß. *Scherengebiß. Hals:* Mäßig lang. *Körper:* Nicht zu lang, mit tiefer Brust und gut gewölbten Rippen. *Läufe:* Mittellang mit schlanken Knochen. *Pfoten:* Rund und klein. *Haar:* Weich und seidig, sehr reichlich und gewellt.

Charakter Anhänglich, kampflustig, eignet sich zum Abrichten.

119. LAKELAND-TERRIER

Ursprung und Verwendung Englisches Seengebiet. Gezüchtet für die Jagd auf den Fuchs und anderes Kleingetier. Man verwendet ihn bei der Jagd zu Fuß mit der Meute.

Äußere Kennzeichen *Kopf:* Flacher Schädel und nicht zu langer breiter Fang. *Augen:* Dunkel oder haselnußfarben. *Ohren:* Knopfohren, mäßig klein und V-förmig. *Scherengebiß. Hals:* Gestreckt. *Körper:* Ziemlich schmale Brust und mäßig kurzer Rücken. *Läufe:* Gehörig lang. *Pfoten:* Klein und rund. *Rute:* Mäßig lang. *Haar:* Dick und hart mit guter Unterwolle.

Charakter Mutig, freundlich, guter Bewacher.

117

Schulterhöhe Rüde und Hündin: 45 cm.

Farbe Hellrot, weizenfarben oder Gelbrot.

118

Schulterhöhe Rüde: 45–47,5 cm. Hündin: etwas kleiner.

Farbe: Blau in allen Tönen oder Blau mit Lohfarbe.

119

Schulterhöhe Rüde und Hündin: nicht höher als 37 cm.

Farbe Schwarz und Lohfarbe, Blau und Lohfarbe, Rot, weizenfarben, Rötlichgrau, leberfarben, Blau oder Schwarz.

120. MANCHESTER-TERRIER (früher: Black and Tan Terrier)

Ursprung und Verwendung Ist höchstwahrscheinlich entstanden aus dem Old English Broken Haired Black and Tan Terrier und dem ebenfalls ausgestorbenen White English Terrier, mit denen er, abgesehen von der Farbe, sehr stark übereinstimmt. Um 1870 brauchte man ihn bei Kämpfen, in denen Ratten getötet wurden und bei denen man viel wettete. Scharfer Vernichter von schädlichen Tieren.
Äußere Kennzeichen *Kopf:* Lang und schmal, mit flachem Schädel. *Augen:* Dunkel, klein und oval, mit feurigem Ausdruck. *Ohren:* Knopfohren, klein, V-förmig. *Körper:* Kurz, mit schmaler, tiefer Brust und gut gewölbten Rippen. *Läufe:* Ziemlich lang. *Pfoten:* Klein, zwischen Hasen- und Katzenpfoten. *Rute:* Nicht zu lang und nicht zu dick. *Haar:* Dicht, sehr kurz und glänzend.
Charakter Lebhaft, freundlich, manchmal etwas starrsinnig.

121. NORFOLK-TERRIER

Ursprung und Verwendung Gleicher Ursprung wie der Norwich-Terrier (Nr. 122). 1964 beschloß der englische Kennelclub, die Variation des Norwich-Terriers mit Hängeohren als eigene Rasse anzuerkennen unter dem Namen Norfolk-Terrier.
Äußere Kennzeichen Genau wie beim Norwich-Terrier, mit Ausnahme der Knopfohren.
Charakter Wie der Norwich-Terrier.

122. NORWICH-TERRIER

Ursprung und Verwendung Entstand in Norwich aus kleinen, roten Terriern, Abkömmlingen aus East Anglia, und gekreuzt mit anderen Terrierrassen. Gebraucht für die Jagd über und unter der Erde.
Äußere Kennzeichen *Kopf:* Breiter, leicht gewölbter Schädel, deutlicher Stop und kräftiger, fuchsartiger Fang. *Augen:* Dunkel, durchdringender Blick, voller Ausdruck. *Ohren:* Stehohren. *Scherengebiß. Hals:* Kurz und stark. *Körper:* Kurz und kompakt mit gut gewölbten Rippen. *Läufe:* Kurz und stark. *Pfoten:* Rund. *Rute:* Auf halbe Länge gekürzt. *Haar:* Flach liegend, hart und drahtig, auf dem Kopf kurz und glatt.
Charakter Unermüdlich, energisch, fröhlich.

120

Schulterhöhe Rüde: 37,5–40 cm. Hündin: 35–37,5 cm.

Farbe Schwarz mit lohfarbenen Abzeichen.

121

Schulterhöhe Rüde und Hündin: 25 cm.

Farbe Rot, Schwarz und Lohfarbe oder Grau.

122

Schulterhöhe Rüde und Hündin: 25 cm.

Farbe Rot, Schwarz und Lohfarbe, Grau.

123. SCHOTTEN-TERRIER

Ursprung und Verwendung Schottland, sowohl im äußersten Norden als auch in der Umgebung von Aberdeen. Wird eingesetzt z. B. beim Bekämpfen von Füchsen.
Äußere Kennzeichen *Kopf:* Lang, mit flachem Schädel und geringem Stop. *Augen:* Dunkel und mandelförmig. *Ohren:* Stehohren, zugespitzt und dünn. *Scherengebiß. Hals:* Mittellang. *Körper:* Recht breite, tiefe Brust, gut gewölbte Rippen und im Verhältnis kurzer Rücken. *Läufe:* Kurz und schwer. *Pfoten:* Von guter Größe. *Rute:* Mittellang. *Haar:* Hart, dicht und drahtig; die Unterwolle ist kurz, dicht und weich.
Charakter Unabhängig, wachsam, verständig.

124. SEALYHAM-TERRIER

Ursprung und Verwendung Sealyham House bei Haverfordwest in Pembrokeshire. Um weiße Hunde zu erhalten, die durch ihre Farbe gut zu unterscheiden waren vom Fuchs und vom Dachs, kreuzte der Besitzer des Landgutes, Captain Edwards, einheimische kurzbeinige weiße Terrier mit anderen Rassen, darunter dem Dandie Dinmont und dem Bullterrier.
Äußere Kennzeichen *Kopf:* Breiter, leicht gewölbter Schädel mit langem, vierkantigem Fang. *Augen:* Dunkel, mittelgroß und rund. *Ohren:* Knopfohren, mittelgroß mit runden Außenseiten. *Scherengebiß. Hals:* Lang und dick. *Körper:* Mittellang mit gut gewölbten Rippen und breiter, tiefer Brust. *Läufe:* Kurz und stark. *Pfoten:* Katzenpfoten. *Rute:* Nicht zu kurz. *Haar:* Lang, hart und drahtig.
Charakter Lieb, treu, intelligent, fröhlich.

125. SKYE-TERRIER

Ursprung und Verwendung Die Skye-Inseln und Nordwestschottland. Es ist eine sehr alte Rasse, deren Abstammung unklar ist. Wird gezüchtet, um das Land von überzähligen Füchsen, Iltissen, Mardern, Otter und Dachsen zu befreien.
Äußere Kennzeichen *Kopf:* Lang und nicht zu breit, mit kräftigem Fang und geringem Stop. *Augen:* Dunkelbraun oder haselnußfarben und mittelgroß. *Ohren:* Steh- oder Knopfohren; die zuerst genannten dürfen nicht zu groß sein; die zuletzt genannten sind etwas größer. *Scherengebiß. Hals:* Lang. *Körper:* Lang, gut gewölbte Rippen und tiefe Brust. *Läufe:* Kurz und muskulös. *Pfoten:* Lang und zugespitzt. *Rute:* Lang. *Haar:* Lang, hart und gerade, die Unterwolle kurz, dicht, weich.
Charakter Einmannhund, mißtrauisch gegenüber Fremden, treu, klug.

123

Schulterhöhe Rüde und Hündin: 25–27,5 cm.

Farbe Schwarz, weizenfarben oder gestromt.

124

Schulterhöhe Rüde und Hündin: nicht über 30 cm.

Farbe Weiß, mit oder ohne zitronengelben, braunen oder dachsfarbenen Abzeichen auf Kopf und Ohren.

125

Schulterhöhe Rüde und Hündin: 25 cm.

Farbe Dunkel- oder Hellblau, Grau, rehfarben oder rahmfarben.

126. SOFT COATED WHEATEN-TERRIER – Irischer Weizenfarbener Terrier

Ursprung und Verwendung Die südwestlichen Grafschaften von Munster, verbreitet auch in ganz Irland. Die älteste der irischen Terrierrassen. Vorfahre verschiedener besser bekannter Rassen. Vielseitiger Jagdhund und guter Wachhund und Viehhüter.
Äußere Kennzeichen *Kopf:* Mäßig lang mit nicht zu breitem, flachem Schädel, deutlichem Stop und nicht zu langem Fang. *Augen:* Nicht zu groß und dunkel haselnußfarben. *Ohren:* Knopfohren, klein und dünn. *Scherengebiß. Hals:* Mittellang, ohne Kehlhaut. *Körper:* Nicht zu lang, mit tiefer Brust und gut gewölbten Rippen. *Läufe:* Mäßig lang mit kräftigen Knochen. *Pfoten:* Klein. *Rute:* Recht kurz und nicht zu dick. *Haar:* Reichlich und weich, wellig oder kraus.
Charakter Energisch, kameradschaftlich, wachsam.

127. STAFFORDSHIRE-BULLTERRIER

Ursprung und Verwendung Kreuzung von Bulldog und Terrier; der Vorfahre des weißen und des farbigen Bullterriers. Wurde anfänglich als Kämpfer gegen Stier und Bär verwendet. Als das verboten wurde, ließ man noch einige Zeit im Geheimen nur die Hunde gegeneinander kämpfen.
Äußere Kennzeichen *Kopf:* Kurz und tief, mit breitem Schädel, schweren Wangen, deutlichem Stop und kurzem Fang. *Augen:* Vorzugsweise dunkel, rund und mittelgroß. *Ohren:* Nicht zu groß, Rosenohren oder halbstehende. *Scherengebiß. Hals:* Ziemlich kurz. *Körper:* Kurz, mit tiefer Brust und gut gewölbten Rippen und geradem Rücken. *Läufe:* Nicht zu lang mit schlanken Knochen; weit auseinanderstehend. *Pfoten:* Mittelgroß. *Rute:* Von mittlerer Länge. *Haar:* Weich, kurz und dicht.
Charakter Mutig, intelligent, zäh, anhänglich, ruhig, kinderlieb.

128. WELSH-TERRIER

Ursprung und Verwendung Wales. Alte Rasse. Wurde anfänglich zusammen mit Otterhunden in der Meute bei der Jagd auf Füchse und Otter verwendet. In vielen Ländern gibt es ihn als Haus- und Ausstellungshund.
Äußere Kennzeichen *Kopf:* Flacher, recht schmaler Schädel, geringer Stop und ziemlich langer Fang. *Augen:* Klein, dunkel haselnußfarben, mit einem mutigen Ausdruck. *Ohren:* Kleine, nicht zu dünne Knopfohren. *Scherengebiß. Hals:* Trocken und lang. *Körper:* Kurz und mit einer mäßig breiten, tiefen Brust und geradem Rücken. *Läufe:* Mäßig lang, mit schlanken Knochen. *Pfoten:* Katzenpfoten. *Rute:* Nicht zu kurz. *Haar:* Reichlich, dicht, hart und drahtig.
Charakter Ruhig, fröhlich, schlau.

126

Schulterhöhe Rüde und Hündin: bis 45 cm.

Farbe Weizenfarbig.

127

Schulterhöhe Rüde und Hündin: 35–40 cm.

Farbe Rot, Fuchsrot, Weiß, Schwarz oder Blau oder eine von diesen Farben mit Weiß. Gestromt oder gestromt mit Weiß.

128

Schulterhöhe Rüde und Hündin: Nicht über 39,5 cm.

Farbe Schwarz mit Lohfarbe oder Schwarzgrau mit Lohfarbe.

129. WEST HIGHLAND-TERRIER – WEST HIGHLAND WHITE TERRIER

Ursprung und Verwendung Stammt vom Cairn-Terrier ab. Wurde aus den bei dieser Rasse nicht gewünschten weißen Exemplaren gezüchtet. Ausgezeichneter Jagdhund, heute hauptsächlich Haus- und Ausstellungshund.
Äußere Kennzeichen *Kopf:* Leicht gewölbter Schädel, deutlicher Stop und nicht zu langer Fang. *Augen:* Dunkel, mittelgroß, mit einem durchdringenden Ausdruck. *Ohren:* Stehohren, klein und spitz. *Scherengebiß. Hals:* Ziemlich lang. *Körper:* Kompakt, mit tiefer Brust und gut gewölbten Rippen. *Läufe:* Kurz und stark. *Pfoten:* Rund; Vorderpfoten größer als die hinteren. *Rute:* 12,5 bis 15 cm lang. *Haar:* Lang und hart; Unterwolle kurz, weich und dicht.
Charakter Fröhlich, lernfreudig, anhänglich, verträglich.

130. AMERTOY-TERRIER

Ursprung und Verwendung Amerikanisches Kreuzungsprodukt aus dem glatthaarigen Foxterrier mit dem Black and Tan Terrier und dem Chihuahua. Die Rasse ist noch nicht vom American Kennel Club anerkannt. Haushund.
Äußere Kennzeichen Gleicht dem glatthaarigen Foxterrier im Kleinen, doch mit gewölbterem Schädel, stehenden Ohren, runden Augen mit einem weichen Ausdruck. Die Brust ist breiter und runder. Pfoten oval statt rund.
Gewicht: Rund 2,25–3,5 kg. *Farbe:* Alle Farben zugelassen, ausgenommen ganz Weiß und ganz Schwarz; meist Weiß mit Schwarz, Rot oder Orange.

131. JACK RUSSELL-TERRIER

Ursprung und Verwendung Großbritannien. In Devonshire züchtete Dr. Jack Russell einen Stamm Jagdterrier aus einer Kreuzung von kurzbeinigen weißen Terriern mit Old Jack, dem Vorfahren des Foxterriers. Für die Rasse wurde noch keine Anerkennung beantragt. Ziel der Zucht ist ein Hund für die Jagd unter der Erde auf Fuchs und anderes Raubwild.
Äußere Kennzeichen Gleicht einem großen Foxterrier mit kürzeren Beinen. *Schulterhöhe:* Rüde und Hündin: ungefähr 35 cm. *Farbe:* Wie der Foxterrier.

132. JAPANISCHER TERRIER

Ursprung und Verwendung Kobe und Yokohama. Gezüchtet aus einer Kreuzung von einheimischen Hunden mit kurzhaarigen Foxterriern. Arbeits- und Haushund.
Äußere Kennzeichen Überfallohren, viereckiger Körper mit leichtem Knochenbau, kupierte Rute und kurzhaarig. *Schulterhöhe:* Rüde und Hündin: 30–37,5 cm. *Farbe:* Weiß mit schwarzen und braunen Abzeichen.

129

Schulterhöhe Rüde und Hündin: ungefähr 28 cm.

Farbe Reinweiß

133. STAFFORDSHIRE-TERRIER (YANKEE-TERRIER, PIT BULLTERRIER) – AMERIKANISCHER BULLTERRIER

Ursprung und Verwendung Vereinigte Staaten. Hier erkannte der American Kennel Club schließlich die Rasse 1936 unter dem Namen Staffordshire-Terrier an, wobei man das Kreuzen mit dem Staffordshire Bullterrier weiterhin zuließ. Wach- und Schutzhund.

Äußere Kennzeichen Größer und schwerer als der Staffordshire Bullterrier. Sowohl kupierte als auch unkupierte Ohren sind zugelassen. *Schulterhöhe:* Rüde: 45–47,5 cm, Hündin: etwas weniger. *Farbe:* Alle Farben erlaubt, doch Reinweiß, mehr als 80 % Weiß, Schwarz, Lohfarbe und Leberfarben sind nicht erwünscht.

Charakter Außerordentlich mutig.

Laufhunde (Bracken) und Windhunde

Alle in dieser Gruppe untergebrachten Rassen haben gemeinsam, daß sie das Wild verfolgen, um es entweder zu überwältigen oder um es zu stellen (am Weglaufen hindern), damit der Jäger die Möglichkeit hat, es zu erlegen. Die Art und Weise, in der die Hunde ihre Arbeit verrichten, ist aber unterschiedlich. Alle Bracken, zu denen die größte Anzahl Rassen in dieser Gruppe gehört, jagen mit der Nase am Boden, um die Spur zu suchen und geben »Hals« (ständig kläffen); verfolgen so das Wild, bis sie es aufstöbern und vor die Gewehre treiben. Dieses »Halsgeben«, wenn die Hunde auf der Fährte laufen, ist notwendig, damit sie dem Jäger mitteilen können, wo sie sich befinden.

Das Jagen zu Pferd mit der Meute, besonders auf Füchse, Wölfe, Hirsche, Rehe und Wildschweine, war erst in Frankreich und später auch in England ein sehr beliebter Zeitvertreib von Königen und Edelleuten. Die Grands Chiens Courant (Große Laufhunde) hielt man in Frankreich auf Landgütern in großen Meuten. Auf die Zucht verwendete man viel Mühe, um die geeignetsten Hunde zu erhalten sowohl für das Gelände als auch für das Wild, auf das man jagte. Da man eine Meute von möglichst gleichem Aussehen wünschte, wählte man aus nach Typ, Farbe, Maßen und sogar Gebell, weil man die Homogenität sogar in den Stimmen erreichen wollte. So entstanden die sehr vielen Rassen französischer Bracken, die meist den Namen ihres Geburtsortes tragen.

Der berühmte Vorfahre der Meuterassen ist der Chien de Saint-Hubert, also der Hund, mit dem nach der Überlieferung St. Hubertus bereits im 7. Jahrhundert jagte. Diese Rasse kam ursprünglich in zwei Varietäten vor: die schwarzbraune und die weiße, Talbot genannt. Der Talbot ist bereits lange ausgestorben. Jahrhunderte lang züchtete man den Chien de Saint-Hubert im Kloster Audain in den belgischen Ardennen, und bis 1789 war das Kloster verpflichtet, sechs Hunde an den König zu liefern, die man als Schweißhunde verwendete. Im 19. Jahrhundert war der Chien de Saint-Hubert in Frankreich und Belgien in reiner Form nicht mehr zu finden. Zu Zeiten Wilhelm des Eroberers hatte man ihn aber auch in England eingeführt; es ist das Verdienst der Engländer, diese Rasse erhalten zu haben. Unter dem Namen Bloodhound (Bluthund, das bedeutet von reinem Blut) besteht diese Rasse noch heute, trotz vieler Glücksfälle und Unglücke.

Die Windhunde, im englischen Sprachgebrauch zusammen mit den Bracken meist mit dem Sammelwort »Hounds« belegt, jedoch auch

»Greyhounds« genannt, jagen auf eine ganz andere Weise: nicht mit der Nase, sondern mit den Augen! Sie treten erst in Aktion, wenn sie das Wild sehen können.
In Rußland hielten die Zaren, die Großfürsten und die Landherren zahlreiche Laufhunde und Windhunde, die sie zusammen bei der Wolfsjagd einsetzten. Erst spürten die Bracken die Wölfe auf und trieben sie in offenes Gelände. Dort erschienen leichte, sehr schnelle Windhunde, die das Beutetier weiter verfolgten, bis es langsamer wurde, woraufhin besonders für diesen Zweck gezüchtete schärfere und stärkere Barsois, die sogenannten Würger, losgelassen wurden, um die Wölfe zu töten.
Die unter den Windhunden vorkommenden Rassen mit stehenden Ohren, alle nahe miteinander verwandt, sind halb Lauf-, halb Windhunde. Sie verfügen meist über eine sehr gute Nase, die sie auch bei ihrer Arbeit brauchen. Sowohl ihre große Ähnlichkeit untereinander als auch mit in sehr frühen Zeiten vorkommenden Hunden, die man bereits auf aus dem Jahr 5000 v. Chr. stammenden ägyptischen Abbildungen sieht, beweisen, daß sie durch die Jahrhunderte sehr rein geblieben sind. Zusammenfassend kann man sagen, daß Bracken ihre Beute zu fassen bekommen durch Ausdauer, Windhunde dagegen durch Schnelligkeit. Einige Brackenrassen wurden besonders gezüchtet und abgerichtet, um die »Schweißspur« (Blutspur) des angeschossenen Wildes zu verfolgen. Es sind etwas schwerere, ruhige Hunde, deren Nase nichts entgeht. Vor allem die Bluthunde zeichnen sich in dieser Arbeit aus; in manchen Ländern verwendet sie deshalb auch die Polizei als Spürhunde.
Neben den Rassen, nach denen die Gruppe genannt wurde, gehören zu ihr auch noch einige Polarhunde, Spitze und Doggen. Von den ersten beiden Arten, sehr vielseitigen Gebrauchshunden, zählt man die Rassen zur Gruppe, deren wichtigste Aufgabe es ist, dem Jäger zu helfen. Der Finnenspitz ist einer der wenigen, die man bei der Jagd auf Federwild gebraucht. Er folgt dem Wild, bis es sich in einem Baum niederläßt und ruft dann mit seinem Gekläff den Jäger.
Das Wort Bracke (Brakke) verwendet man ausschließlich in Deutschland und in den Niederlanden und bezeichnet damit die Laufhunde. In allen anderen Sprachen (französisch *Braque,* italienisch *Bracco*) bezeichnet man mit dem analogen Wort die Vorstehhunde, was manchmal zu Mißverständnissen führt. Die hier besprochenen Rassen haben miteinander gemein, daß sie nicht kampflustig sind, guten Charakter haben und sehr an den eigenen Leuten hängen.

Das Größenverhältnis der zu diesem Kapitel gehörenden Abbildungen (Nr. 134–242) beträgt 1:15.

134. AMERICAN FOXHOUND

Ursprung und Verwendung Die erste Meute Foxhounds führte man Mitte des 17. Jahrhunderts in Maryland (Nordamerika) ein. Seitdem importierte man Foxhounds aus Irland, England und Frankreich. Durch Reinzucht und Kreuzungen versuchte man, den für die amerikanische Jagd geeignetsten Hund zu erhalten. Dadurch kam es zu einer großen Verschiedenheit von Typen, bis man 1894 einen Standard aufstellte, den der AKC anerkanne.
Äußere Kennzeichen *Kopf:* Gestreckt, mit mittelbreitem Schädel und Fang, geringer Stop. *Augen:* Braun. *Ohren:* Mäßig lang und hängend. *Scherengebiß. Hals:* Ziemlich lang. *Körper:* Mäßig lang, mit eher tiefer als schwerer Brust, gut gewölbte Rippen und starker, gerader Rücken. *Läufe:* Lange, mit schweren Knochen. *Pfoten:* Kurz. *Rute:* Mäßig lang, leicht hochgebogen und fröhlich getragen. *Haar:* Mäßig lang, dicht und hart.
Charakter Nicht kampflustig, freundlich.

135. ARIÉGOIS

Ursprung und Verwendung Im Gebiet von Ariége in Südwestfrankreich ist die Rasse entstanden aus der Kreuzung von Briquets mit dem Grand Gascon-Saintongeois. Über die Verwendung siehe Vorwort Laufhunde (Seite 128).
Äußere Kennzeichen *Kopf:* Trocken, mit langem, ziemlich schmalem Schädel mit betontem Hinterhauptbein, ein langer, ziemlich schmaler Fang und geringer Stop. *Augen:* Dunkel, ohne Triefauge, mit einschmeichelndem Ausdruck. *Ohren:* Nicht zu lang und dünn, in Falten hängend. *Scherengebiß. Hals:* Lang und leicht. *Körper:* Mittellang mit tiefer Brust und leicht gewölbten Rippen, geradem Rücken und mäßig hochgezogenem Bauch. *Läufe:* Lang mit starken Knochen. *Pfoten:* Hasenpfoten. *Rute:* Lang, säbelförmig und fröhlich getragen. *Haar:* Kurz.
Charakter Anschmiegsam, große Jagdleidenschaft.

136. BASSET ARTÉSIEN-NORMAND

Ursprung und Verwendung Nordfrankreich. 1938 beschloß die Société Canine Centrale den Basset d'Artois zu streichen und den Basset Artésien-Normand anzuerkennen, der entstanden war aus Kreuzungen von Basset d'Artois mit dem bereits früher verschwundenen Basset-Normand. Außerhalb Frankreichs nimmt das Interesse für die Rasse als Haus- und Ausstellungshund zu. Für die Verwendung siehe Vorwort Laufhunde (Seite 128).
Äußere Kennzeichen *Kopf:* Mager, mit mittelbreitem und langem Schädel; breiter, mittellanger Fang und geringer Stop. *Augen:* Groß und dunkelbraun, mit leichtem Triefauge und ruhigem ernstem Ausdruck. *Ohren:* Sehr lang und dünn, in Falten hängend. *Scherengebiß. Hals:* Recht lang mit wenig Kehlhaut. *Körper:* Lang, mit ziemlich tiefer, breiter Brust, stark gewölbten Rippen, geradem, breitem Rücken und wenig hochgezogenem Bauch. *Läufe:* Kurz, gebogen, mit schweren Knochen. *Pfoten:* Groß und kurz. *Rute:* Lang, säbelförmig oder gerade; in Aktion senkrecht getragen. *Haar:* Kurz und dicht.
Charakter Anhänglich, treu, stolz, fröhlich, viel Jagdleidenschaft.

134

Schulterhöhe
Rüde: 55–63 cm.
Hündin: 52–60 cm.

Farbe Alle Brackenfarben.

135

Schulterhöhe
Rüde: 55–60 cm.
Hündin: 53–58 cm.

Farbe Weiß und Schwarz, manchmal gesprenkelt. Blaßrote Abzeichen auf den Wangen und über den Augen.

136

Schulterhöhe
Rüde und Hündin: 26–36 cm.

Farbe Dreifarbig: Rot, vor allem an Kopf, Schultern und Schenkeln, mit schwarzem, hasen- oder dachsfarbenem Mantel oder Flecken und Weiß. Zweifarbig: Weiß und Orange.

137. BASSET BLEU DE GASCOGNE

Ursprung und Verwendung Der Name ist irreführend, weil er nicht dem französischen Gebiet Gascogne entnommen ist, sondern einem der Vorfahren der Rasse, dem Petit Bleu de Gascogne.
Äußere Kennzeichen *Kopf:* Trocken, mit mäßig breitem, langem Schädel, langem, nicht zu schmalem Fang und geringem Stop. *Augen:* Dunkelbraun mit leichtem Triefauge und einem weichen, etwas traurigen Ausdruck. *Ohren:* Lang, dünn, in Falten hängend. *Scherengebiß. Hals:* Recht lang, mit geringer Kehlhaut. *Körper:* Lang, mit eher breiter als tiefer Brust und geradem Rücken. *Läufe:* Nicht zu kurz, so wenig wie möglich gebogen, mit schweren Knochen. *Pfoten:* Oval. *Rute:* Ziemlich lang und in Aktion hoch getragen. *Haar:* Kurz und dicht.
Charakter Freundlich, stolz, große Jagdleidenschaft.

138. BASSET FAUVE DE BRETAGNE

Ursprung und Verwendung Bretagne in Frankreich. Stammt ab vom Basset Griffon Vendéen. Gebrauch siehe Vorwort Laufhunde (S. 128).
Äußere Kennzeichen *Kopf:* Mäßig breiter, nicht langer Schädel, mäßig langer Fang und geringer Stop. *Augen:* Dunkel, mit lebhaftem Ausdruck. *Ohren:* Nicht zu lang, dünn und hängend. *Scherengebiß. Hals:* Ziemlich kurz. *Körper:* Mäßig lang mit breiter, ziemlich tiefer Brust. *Läufe:* Kurz, schwer, gerade oder leicht gebogen. *Pfoten:* Stark und kurz. *Rute:* Nicht zu lang, sichelförmig getragen. *Haar:* Sehr hart, dicht, nicht zu lang, fast glatt und flach anliegend.
Charakter Lebhaft, unternehmend.

139. BASSET GRIFFON VENDÉEN, GRANDE TAILLE

Ursprung und Verwendung In der Vendée in Frankreich speziell gezüchtet für die lange Jagd auf Hasen, für die man gewöhnlich ein Briquet verwendet. Weil die Landschaft der Vendée von Wäldern durchschnitten wird und im Winter von unpassierbaren Wegen, jagt man dort zu Fuß. Hierzu brauchte man einen weniger schnellen Hund als es der größere Briquet ist.
Äußere Kennzeichen *Kopf:* Nicht zu breiter, gestreckter Schädel, langer Fang und geringer Stop. *Augen:* Groß und dunkel, mit intelligentem Ausdruck. *Ohren:* Dünn, lang und in Falten hängend. *Scherengebiß. Hals:* Lang, stark, ohne Kehlhaut. *Körper:* Lang, geräumige, tiefe Brust, breiter, gerader Rücken. *Läufe:* Ziemlich kurz und gerade, mit kräftigen Knochen. *Pfoten:* Groß und stark. *Rute:* Lang, säbelförmig, in Aktion hoch getragen. *Haar:* Hart, nicht zu lang, flach anliegend.
Charakter Eigensinnig, selbständig, treu, Einmannhund.

140. BASSET GRIFFON VENDEEN, PETIT TAILLE

Ursprung und Verwendung Gebraucht beim Jagen zu Fuß, zum Aufspüren und beim aus dem Gesträuchjagen des Wildes.
Äußere Kennzeichen Genau wie die des Vorstehenden (Nr. 139); Kopf, Ohren und Körper im Verhältnis kürzer.
Schulterhöhe: 34–38 cm.

137

Schulterhöhe Rüde und Hündin: 34–42 cm.

Farbe Blau oder Weiß mit schwarzen Tüpfeln und Flecken, mit oder ohne schwarzem Mantel: rote Abzeichen.

138

Schulterhöhe Rüde und Hündin: 32–36 cm.

Farbe Gold- bis weizenfarben oder wildfarben; weißer Fleck auf Hals oder Brust gestattet.

139

Schulterhöhe Rüde und Hündin: 38–42 cm.

Farbe Einfarbig: Wildfarbe, Hasenfarbe, Weißgrau. Zweifarbig: Weiß und Orange; Weiß und Schwarz; Weiß und Grau; Weiß und Rot. Dreifarbig: Weiß, Schwarz und Rot; Weiß, Hasenfarbe und Rot; Weiß, Grau und Rot.

141. BASSET HOUND

Ursprung und Verwendung Um die Jahrhundertwende in England entstanden aus der Kreuzung des französischen Basset und dem Bluthund. Auch später kam noch Bluthundblut hinzu, und seit dem 2. Weltkrieg macht man auch vom Basset Artésien-Normand Gebrauch. Nur die leichteren Exemplare arbeiten in der Meute, die schwereren sind Haus- und Ausstellungshunde. Die Rasse steht in England und Amerika in hohem Ansehen.
Äußere Kennzeichen *Kopf:* Ziemlich lang, mit einem mittelbreiten Schädel, nicht zu breitem Fang, leichtem Stop und loser Haut. *Augen:* Braun bis haselnußfarben; das Rot des unteren Augenlides ist sichtbar. *Ohren:* Hängend, sehr lang, geschmeidig, schmal und faltig. *Scherengebiß. Hals:* Ziemlich lang, mit Kehlhaut. *Körper:* Lang, ziemlich breite tiefe Brust mit gut gerundeten Rippen und vorspringendem Brustbein, starkem geradem Rücken und wenig hochgezogenem Bauch. *Läufe:* Kurz, mit schweren Knochen, die Vorderbeine leicht nach innen gebogen. *Pfoten:* Schwer, die vorderen gerade oder leicht nach außen gerichtet. *Rute:* Lang. *Haar:* Kurz und glatt.
Charakter Ruhig, eigensinnig, anhänglich, ungehorsam.

142. BAYERISCHER GEBIRGSSCHWEISSHUND

Ursprung und Verwendung Zu Ende des vorigen Jahrhunderts kreuzte man Reste einheimischer Schweißhunde mit Hannoverschen Schweißhunden, um für die Gemsenjagd in den Bergen einen leichteren Hund zu erhalten.
Äußere Kennzeichen *Kopf:* Breiter Schädel, nicht zu langer oder zu spitzer Fang, leichter Stop. *Augen:* Am besten dunkelbraun. *Ohren:* Etwas länger als mittellang, schwer und flach hängend. *Scherengebiß. Hals:* Mittellang, ohne Kehlhaut. *Körper:* Nicht zu kurz, leicht überbaut, nicht zu breite, tiefe Brust, leicht hochgezogener Bauch. *Läufe:* Nicht zu lang, schwere Knochen. *Pfoten:* Oval. *Rute:* Mittellang und waagerecht oder hängend getragen. *Haar:* Dicht, spröde, glatt anliegend.
Charakter Lebhaft, intelligent, zuverlässig.

143. BEAGLE

Ursprung und Verwendung Der Beagle bestand schon zu Zeiten von Heinrich VIII. von England. Populärer Haushund; in den USA, Frankreich und England beliebter Jagdhund für die Hasenjagd zu Fuß.
Äußere Kennzeichen *Kopf:* Recht langer, mittelbreiter Schädel, breiter Fang, deutlicher Stop. *Augen:* Braun oder haselnußfarben. *Ohren:* Dünn, ziemlich lang. *Scherengebiß. Hals:* Mittellang, leichte Kehlhaut. *Körper:* Kurz, mit tiefer Brust und starkem, geradem Rücken. *Läufe:* Ziemlich kurz mit schweren Knochen. *Pfoten:* Rund. *Rute:* Mittellang, senkrecht getragen. *Haar:* Kurz, dicht und grob. Rauhhaarige haben sehr dichtes, stacheliges Haar.
Charakter Freundlich, lebhaft, anhänglich.

144. POCKET BEAGLE

Äußere Kennzeichen Gleicht dem eben behandelten (Nr. 143).
Schulterhöhe Nicht mehr als 25 cm.

141

Schulterhöhe Rüde und Hündin: 33–38 cm.

Farbe Dreifarbig: Schwarz, Weiß und Rot; Zweifarbig: von ganz hell- bis dunkelorangefarben und Weiß. Im übrigen ist jede Brackenfarbe gestattet.

142

Schulterhöhe Rüde: nicht über 50 cm. Hündin: nicht über 45 cm.

Farbe Alle Schattierungen von Rot bis Gelb oder gestromt oder mit kleinen Flecken.

143

Schulterhöhe Rüde und Hündin: von mindestens 33 bis maximal 40,5 cm.

Farbe Alle Farben, die für Laufhunde gestattet sind.

145. BERNER LAUFHUND

Ursprung und Verwendung Alle vier Schweizer Brackenrassen, Berner, Jura-, Luzerner und Schweizer Laufhund, sind nahe verwandt mit dem Chien de Saint-Hubert und mit den alten französischen Laufhunden. Durch Gründung einer besonderen Züchtervereinigung kam man 1931 ihrem Aussterben zuvor.
Äußere Kennzeichen *Kopf:* Lang, mit ziemlich schmalem Schädel und geringem Fang. *Augen:* So dunkel wie möglich. *Ohren:* Sehr lang und in Falten hängend. *Scherengebiß. Hals:* Ziemlich lang, ohne Kehlhaut. *Körper:* Lang, nicht zu breite, tiefe Brust, leicht gewölbte Rippen und gerader Rücken. *Läufe:* Ziemlich lang mit gutem Knochenbau. *Pfoten:* Rund. *Rute:* Nicht zu lang, gerade oder mit leichter Biegung nach oben oder unten getragen. *Haar:* Dicht, stockhaarig oder kurz und glatt anliegend oder rauhhaarig mit hartem, mäßig langem, abstehendem Deckhaar und dichter, weicher, kurzer Unterwolle.
Charakter Sanftmütig, anhänglich, ruhig.

146. BERNER NIEDERLAUFHUND

Äußere Kennzeichen Gleich denen des großen Schlages des Berner Laufhundes (Nr. 145), mit Ausnahme der Schulterhöhe, die 30–38 cm beträgt.

147. BILLY

Ursprung und Verwendung Entstand aus den letzten Vertretern der Rassen Ceris und Montemboeuf. Der Züchter nannte die Rasse Billy nach seinem Wohnort in Poitou. Über Gebrauch siehe Vorwort Laufhunde (Seite 128).
Äußere Kennzeichen *Kopf:* Fein und trocken, mit nicht zu langem oder breitem Schädel, mittellanger und ausreichend breiter Fang und geringer Stop. *Augen:* Ziemlich groß und dunkel, mit lebhaftem Ausdruck. *Ohren:* Mittellang. *Scherengebiß. Hals:* Mittellang mit wenig Kehlhaut. *Körper:* Mäßig lang mit sehr tiefer Brust, flachen Rippen und breitem, starkem Rücken. *Läufe:* Lang mit starken Knochen. *Pfoten:* Rund. *Rute:* Lang. *Haar:* Kurz und hart.
Charakter Freundlich, anhänglich.

148. BLOODHOUND – CHIEN DE SAINT-HUBERT

Ursprung und Verwendung St. Hubertus soll bereits im 7. Jahrhundert mit diesen Hunden gejagt haben. Über Verwendung siehe Vorwort Laufhunde (Seite 128).
Äußere Kennzeichen *Kopf:* Lang und schmal, mit in Falten liegender Haut. Fang schmaler als der Schädel; kein Stop. *Augen:* Tief ausgesacktes Triefauge. Dunkel haselnußfarben bis gelb. *Ohren:* Dünn, sehr lang, in Falten hängend. *Scherengebiß. Hals:* Lang, viel Kehlhaut. *Körper:* Kurz, mit tiefer Brust, gut gewölbten Rippen, geradem Rücken. *Läufe:* Mäßig lang. *Pfoten:* Stark und kurz. *Rute:* Lang. *Haar:* Kurz.
Charakter Schüchtern, verträglich, anhänglich, gefühlvoll.

145

Schulterhöhe Rüde und Hündin: ungefähr 45–55 cm.

Farbe Weiß mit schwarzen Flecken und blassen oder dunklen lohfarbenen Abzeichen.

147

Schulterhöhe Rüde: 61–66 cm. Hündin: 58–62 cm.

Farbe Völlig Weiß oder Weiß mit heller Kaffeefarbe oder Weiß mit orangenen oder zitronengelben Flecken oder Mantel.

148

Schulterhöhe Rüde: ungefähr 66 cm. Hündin: ungefähr 61 cm.

Farbe Schwarz und lohfarben, leberfarben oder Rot mit Lohfarbe, völlig Rot. Ausgenommen auf dem Kopf sind kleine weiße Abzeichen gestattet.

149. BRACKE, DEUTSCHE

Ursprung und Verwendung Aus den zahlreichen alten deutschen Brackenschlägen, von denen viele nahezu oder völlig ausgestorben sind, blieb ein Gebrauchshund übrig, für den der Deutsche Brackenklub 1955 einen Standard aufstellte. Kommt in Deutschland nur bei Jägern vor, in anderen Ländern als Haus- und Ausstellungshund.
Äußere Kennzeichen *Kopf:* Gestreckt und trocken, mit schmalem Schädel, langem Fang, der aber wenig schmaler ist als der Schädel, ein geringer Stop. Über die Nase läuft in der Mitte ein heller Streifen. *Augen:* Braun mit klarem, freundlichem Ausdruck. *Ohren:* Ziemlich lang, breit und flach hängend. *Scherengebiß. Hals:* Mäßig lang und stark. *Körper:* Mäßig lang mit sehr tiefer Brust und leicht gewölbten Rippen, geradem Rücken und leicht hochgezogenem Bauch. *Läufe:* Lang, dünn und stark. *Pfoten:* Etwas kürzer als Katzenpfoten. *Rute:* Lang und dick. *Haar:* Für kurzes Haar relativ lang, grob und dicht.
Charakter Lebhaft, freundlich, anhänglich.

150. BRACKE, ÖSTERREICHISCHE GLATTHAARIGE – BRANDL-BRACKE

Ursprung und Verwendung Stammt aus Kärnten. Eine alte einheimische Bracke, stammt von den keltischen Bracken ab und ist verwandt mit dem Schweizer Jura-Laufhund und dem Chien de Saint-Hubert. Im eigenen Land ein geschätzter Jagdhund, außerhalb nahezu unbekannt.
Äußere Kennzeichen *Kopf:* Breiter Schädel, nicht zu langer Fang und leichter Stop. *Augen:* Braun und heller. *Ohren:* Mittellang, flach hängend. *Zangengebiß. Hals:* Mittellang, ohne Kehlhaut. *Körper:* Ziemlich lang, mit breiter, ziemlich tiefer Brust, langem Rücken mit hinter den Schultern leichter Einsenkung und etwas hochgezogenem Bauch. *Läufe:* Mittellang. *Pfoten:* Rund. *Rute:* Lang und leicht hochgebogen. *Haar:* Dicht, glatt und glänzend.
Charakter Lebhaft und freundlich.

151. BRACKE, STEIERISCHE RAUHHAARIGE HOCHGEBIRGS – PEINTIGER BRACKE

Ursprung und Verwendung In der Steiermark kreuzte man im letzten Viertel des vorigen Jahrhunderts Hannoversche Schweißhunde, Kärntner Bracken und rauhhaarige Istrianer Bracken mit dem Ziel, einen harten Gebrauchshund zu erhalten für die Jagd im Hochgebirge.
Äußere Kennzeichen *Kopf:* Ziemlich lang, mit mäßig breitem Schädel, gerader Fang und leichter Stop. *Augen:* Braun bis gelb, mit verständigem Ausdruck. *Ohren:* Nicht zu groß und hängend. *Zangengebiß. Hals:* Mittellang. *Körper:* Ziemlich lang mit tiefer Brust und mäßig hochgezogenem Bauch. *Läufe:* Mittellang. *Pfoten:* Oval. *Rute:* Mittellang, leicht hochgebogen getragen. *Haar:* Rauh und glatt anliegend.
Charakter Beweglich, treu, große Jagdleidenschaft, gehört ausschließlich in Jägerhände.

149

Schulterhöhe Rüde und Hündin: 45–53 cm.

Farbe Rotgelb, Gelb, Grau, Schwarz. Schwarz gemischt mit Dunkelgrau oder Gelb, rehfarben oder goldgestromt. Weiße Abzeichen als Blesse, Halsring, an der Brust, den Läufen und an der Rutenspitze.

150

Schulterhöhe Rüde und Hündin: 46–52 cm.

Farbe Schwarz mit rostroten oder gelben Abzeichen. Rot, Rotbraun, Rot mit Schwarz gemischt. Weißer Brustfleck gestattet.

151

Schulterhöhe Rüde und Hündin: 40–50 cm.

Farbe Rot oder Fahlgelb. Weißer Brustfleck gestattet.

152. BRACKE, TIROLER

Ursprung und Verwendung Tirol. Ist nahe verwandt mit der Brandl-Bracke (Nr. 150). Treib- und Schweißhund im eigenen Land, außerhalb nahezu unbekannt.
Äußere Kennzeichen *Kopf:* Lang, mit ziemlich schmalem Schädel und Fang, mit geringem Stop. *Augen:* Rundlich oder dreieckig, braun. *Ohren:* Mäßig lang, breit und hängend. *Scherengebiß. Hals:* Etwas kürzer als der Kopf und ohne Kehlhaut. *Körper:* Ziemlich lang, mit eher schmaler als breiter, sehr tiefer Brust und deutlicher Vorbrust, mäßig breiter und starker Rücken, leicht hochgezogener Bauch. *Läufe:* Mittellang mit starken Knochen. *Pfoten:* Kurz. *Rute:* Reicht mindestens bis zum Sprunggelenk. *Haar:* Kurz oder rauhhaarig.
Charakter Energisch, zuverlässig, lebhaft.

153. BRIQUET GRIFFON VENDÉEN

Ursprung und Verwendung Südwestfrankreich. Stammt ab vom großen Griffon Vendéen. Gebrauch siehe Vorwort Laufhunde (Seite 128).
Äußere Kennzeichen *Kopf:* Abgerundeter, nicht zu breiter Schädel, breiter Fang und deutlicher Stop. *Augen:* Groß und dunkel mit lebhaftem Ausdruck. *Ohren:* Geschmeidig, nicht zu lang, in Falten hängend. *Scherengebiß. Hals:* Lang, ohne Kehlhaut. *Körper:* Ziemlich kurz mit ziemlich tiefer, nicht zu breiter Brust, kurzer, gerader oder leicht überbauter Rücken. *Läufe:* Mäßig lang und gerade, mit kräftigen Knochen. *Pfoten:* Nicht zu groß und stark. *Rute:* Nicht zu lang, säbelförmig getragen. *Haar:* Hart und nicht zu lang, manchmal kraus mit guter Unterwolle.
Charakter Unternehmend, eigensinnig, gewaltiger Jäger, mutig, feurig.

154. CHIEN D'ARTOIS

Ursprung und Verwendung Nordfrankreich. Abkömmling vom Chien de Saint-Hubert. Zu Beginn dieses Jahrhunderts waren die bei der Hasenjagd eingesetzten Meuten dieser Hunde noch recht zahlreich.
Äußere Kennzeichen *Kopf:* Ziemlich breiter Schädel, breiter, nicht zu kurzer Fang und deutlicher Stop. *Augen:* Groß, mit einem melancholisch weichen Ausdruck. *Ohren:* Einigermaßen dick, ziemlich lang und flach hängend. *Scherengebiß. Hals:* Ziemlich lang, stark, mit sehr wenig Kehlhaut. *Körper:* Mittellang, mit nicht zu tiefer, breiter Brust. *Läufe:* Mäßig lang, mit schweren Knochen. *Pfoten:* Oval. *Rute:* Ziemlich lang, hochgebogen getragen. *Haar:* Kurz und dicht.
Charakter Intelligent, mutig, anhänglich.

152

Schulterhöhe Großer Schlag, Rüde und Hündin: 40–48 cm. Kleiner Schlag, Rüde und Hündin: 30–39 cm.

Farbe Grundfarbe Schwarz, Rot oder Rotgelb mit weißer Blesse, Halsring, Brustfleck und Rutenspitze. Dreifarbig: Schwarzer Sattel oder Mantel mit gelbbraunen oder roten Abzeichen an Läufen, Brust, Bauch und Kopf und geringe weiße Abzeichen.

153

Schulterhöhe Rüde: 50–55 cm. Hündin: 48–53 cm.

Farbe Wildfarbe, Hasenfarbe, Weiß und Orange, Weiß und Grau, Weiß und Hasenfarbe. Dreifarbig in den vorgenannten Farben.

154

Schulterhöhe Rüde und Hündin: ungefähr 52–58 cm.

Farbe Dreifarbig, Weiß und Rotbraun mit hasen- oder dachsfarbenem Mantel oder großen Flecken. Kopf meist rotbraun, manchmal kohlschwarz.

155. CHIEN FRANÇAIS BLANC ET NOIR

Ursprung und Verwendung 1959 inventarisierte man in Frankreich die Laufhunde in den noch bestehenden Meuten. Diese waren meistenteils gekreuzte Exemplare von alten, reinen französichen Rassen der Großen Laufhunde. Man teilte sie erneut in drei Rassen ein, von denen der Chien Français Blanc et Noir bereits soweit sauber durchgezüchtet zu sein scheint, daß man einen Standard aufstellen kann. Er führt besonders Blut des Gascon und des Saintongeois. Über Gebrauch siehe Vorwort Laufhunde (Seie 128).
Äußere Kennzeichen *Kopf:* Gestreckt, mit recht schmalem Schädel, langer Fang und geringer Stop. *Augen:* Dunkel mit intelligentem, selbstbewußten Ausdruck. *Ohren:* Mäßig lang, leicht gedreht und hängend. *Scherengebiß. Hals:* Recht lang und stark, mit leichter Kehlhaut. *Körper:* Nicht zu kurz, mit tiefer, nicht zu breiter Brust und mäßig gewölbten Rippen. *Läufe:* Lang mit starken Knochen. *Pfoten:* Eher lang als kurz. *Rute:* Lang. *Haar:* Kurz und dicht.
Charakter Anhänglich, freundlich.

156. CHIEN FRANÇAIS BLANC ET ORANGE

Ursprung und Verwendung Kreuzungen von alten französischen Rassen, die zu den Grands Chiens Courants gehören.
Äußere Kennzeichen Noch ungenügend durchgezüchtet, um bereits einen Standard aufstellen zu können.

157. CHIEN FRANÇAIS TRICOLORE

Ursprung und Verwendung Kreuzungen von alten französischen Rassen der Grands Chiens Courants. Bei der Einteilung 1957 schien der Tricolore ausreichend durchgezüchtet, daß man einen Standard aufstellen konnte.
Äußere Kennzeichen *Kopf:* Mittelbreit und lang, mit leichtem Stop. *Augen:* Groß, braun, mit intelligentem Ausdruck. *Ohren:* Sehr geschmeidig, hängend, ziemlich lang und leicht gefaltet. *Scherengebiß. Hals:* Lang, mit leichter Kehlhaut. *Körper:* Tiefe Brust, ausreichend gewölbte Rippen. *Läufe:* Lang, mit kräftigen Knochen. *Pfoten:* Kurz. *Rute:* Lang. *Haar:* Kurz und ziemlich fein.
Charakter Willig, anhänglich, freundlich.

158. COONHOUND

Ursprung und Verwendung Anfang des 17. Jahrhunderts importierte man Bloodhounds nach Virginia. Von den vielen Schlägen dieser Hunde für die Jagd zu Fuß ist der Coonhound bis heute der einzige, den das AKC anerkennt.
Äußere Kennzeichen *Kopf:* Langer, mittelbreiter Schädel; der Fang ist lang, breit und tief, mit leichtem Stop. *Augen:* Haselnußfarben bis dunkelbraun. *Ohren:* Lang und in Falten hängend. *Scherengebiß. Hals:* Ziemlich lang, ohne übertriebene Kehlhaut. *Körper:* Mittellang, mit tiefer Brust und starkem, geradem Rücken. *Läufe:* Lang, mit gutem Knochenbau. *Pfoten:* Kurz und stark. *Rute:* Lang. *Haar:* Kurz und dicht.
Charakter Lebhaft, freundlich, scharf.

155

Schulterhöhe
Rüde: 65–72 cm.
Hündin: 62–68 cm.

Farbe Schwarz und Weiß: schwarzer Mantel oder große Flecken und Sprenkel. Rote Sprenkel nur auf den Läufen gestattet. Blaßrote Abzeichen über den Augen, auf den Wangen, unter den Augen und den Ohren und am Schwanz.

157

Schulterhöhe
Rüde: 62–70 cm.
Hündin: 60–68 cm.

Farbe Dreifarbig: Weiß, Schwarz und Lohfarbe.

158

Schulterhöhe
Rüde: 62–68 cm.
Hündin: 57–62 cm.

Farbe Schwarz und Rostbraun.

159. DACHSBRACKE, ALPENLÄNDISCH-ERZGEBIRGLER

Ursprung und Verwendung Böhmisch-sächsisches Erzgebirge, von dort nach Österreich gelangt. Selbständige Rasse, nicht durch Kreuzungen entstanden.
Äußere Kennzeichen *Kopf:* Ziemlich breiter Schädel mit recht langem, kräftigem Fang und leichtem Stop. *Augen:* Rund und braun, mit feurigem Ausdruck. *Ohren:* Breit, ziemlich lang, flach und hängend. *Scherengebiß. Hals:* Mittellang, ohne Kehlhaut. *Körper:* Lang, mit tiefer Brust und gut gewölbten Rippen, geradem Rücken und leicht hochgezogenem Bauch. *Läufe:* Kurz, schwerer Knochenbau. *Pfoten:* Rund. *Rute:* Mittellang, leicht hängend oder aufwärts gebogen. *Haar:* Kurz, grob und hart.
Charakter Klug.

160. DACHSBRACKE, WESTFÄLISCHE

Ursprung und Verwendung Entstand in Westfalen, Kreuzung zwischen einer Deutschen Bracke und einem Dachshund. Für die Hasenjagd.
Äußere Kennzeichen *Kopf:* Schmaler, ziemlich langer Schädel und Fang mit geringem Stop. *Augen:* Dunkel und mandelförmig. *Ohren:* Hängend, breit und mittellang. *Scherengebiß. Hals:* Mittellang und stark, mit Kehlhaut. *Körper:* Mittellang, mit schmaler und nicht zu tiefer Brust, Rücken senkt sich leicht hinter den Schultern ein, und der Bauch ist leicht hochgezogen. *Läufe:* Kurz, gerade, schwere Knochen. *Pfoten:* Kurz und stark. *Rute:* Lang und dick. *Haar:* Dicht, langes Stockhaar, auf Kopf und Unterläufen kurz.
Charakter Klug, ruhig, gehorsam.

161. DACHSHUND, KURZHAAR

Ursprung und Verwendung Man nimmt an, daß der Teckel auf den Biberhund zurückgeht. Der Kurzhaar ist die ursprüngliche Form. Man brauchte ihn zum Aufspüren des angeschossenen Wildes. In vielen Ländern sind Teckel beliebte Haus- und Ausstellungshunde.
Äußere Kennzeichen *Kopf:* Lang und trocken, schmaler Schädel, möglichst geringer Stop. *Augen:* Mittelgroß, oval und dunkel rotbraun bis schwarzbraun; Glasaugen bei grauen oder gefleckten Hunden gestattet, jedoch nicht erwünscht. *Ohren:* Ziemlich lang und flach hängend. *Scherengebiß. Hals:* Recht lang, ohne Kehlhaut. *Körper:* Lang, mit stark vorspringendem Brustbein, tiefe Brust, starker Rücken. *Läufe:* Kurz und stark, möglichst gerade Vorderbeine. *Pfoten:* Kurz und stark. *Rute:* Lang, gerade und hängend getragen. *Haar:* Dicht, kurz und glänzend.
Charakter Klug, wachsam, fröhlich, ungehorsam, anhänglich.

162. DACHSHUND, KURZHAAR; ZWERG

Äußere Kennzeichen Genau wie der Vorstehende (Nr. 161), *Brustumfang:* 30–35 cm.

163. DACHSHUND, KURZHAAR; KANINCHEN

Äußere Kennzeichen Genau wie Nr. 161; *Brustumfang:* bis 30 cm.

159

Schulterhöhe
Rüde und Hündin: 34–42 cm.

Farbe Hirschrot; Schwarz mit braungelben Abzeichen; Rot mit Schwarz durchschossen und schwarzer Sattel.

160

Schulterhöhe
Rüde und Hündin: 30–35 cm.

Farbe Alle Farben der deutschen Bracken mit mehr oder weniger Weiß.

161

Brustumfang
Mehr als 35 cm (genau hinter dem Ellenbogen).

Farbe Alle Farben sind gestattet.

164. DACHSHUND, LANGHAAR

Ursprung und Verwendung Mit Hilfe des Setters und des Cocker-Spaniels züchtete man aus dem Kurzhaarigen Dachshund (Nr. 161) den Langhaar.
Äußere Kennzeichen Genau wie beim Kurzhaar (Nr. 161), abgesehen von der Behaarung, die lang, weich, glatt und glänzend ist, kurz auf dem Kopf und an den Vorderseiten der Läufe.

165. DACHSHUND, LANGHAAR; ZWERG

Äußere Kennzeichen Genau wie bei Nr. 164, mit Ausnahme des *Brustumfanges:* 30–35 cm.

166. DACHSHUND, LANGHAAR; KANINCHEN

Äußere Kennzeichen Genau wie bei Nr. 164, mit Ausnahme des *Brustumfanges:* bis 30 cm.

167. DACHSHUND, RAUHHAAR

Ursprung und Verwendung Mit Hilfe des Schnauzers und des Dandie Dinmont Terrier aus dem Kurzhaar entstanden.
Äußere Kennzeichen Genau wie beim Kurzhaar (Nr. 161), abgesehen von der Behaarung, die drahtig, hart und glatt anliegend sein muß, mit guter Unterwolle. Deutlicher Bart und Augenbrauen sind erwünscht; die Ohren sind nahezu kurz behaart.

168. DACHSHUND, RAUHHAAR; ZWERG

Äußere Kennzeichen Genau wie bei Nr. 167. *Brustumfang:* 30–35 cm.

169. DACHSHUND, RAUHHAAR; KANINCHEN

Äußere Kennzeichen Genau wie bei Nr. 167. *Brustumfang:* bis 30 cm.

170. DREVER – Schwedische Dachsbracke

Ursprung und Verwendung Aus kurz nach 1900 von Deutschland importierten Westfälischen Dachsbracken entwickelte sich eine selbständige Rasse, die man 1949 als Drever anerkannte. Man verwendet ihn bei der Jagd auf Fuchs und Hase.
Äußere Kennzeichen *Kopf:* Lang mit breitem Schädel, geringem Stop. *Augen:* Dunkelbraun. *Ohren:* Breit, flach hängend. *Scherengebiß. Hals:* Lang, lose Haut an der Kehle. *Körper:* Lang, starke, sehr tiefe Brust, gut gewölbte Rippen, leicht hochgezogener Bauch. *Läufe:* Kurz mit schlanken Knochen. *Pfoten:* Oval und stark. *Rute:* Lang. *Haar:* Ziemlich kurz, dicht und glatt anliegend.
Charakter Ruhig, zäh, anhänglich, klug.

164

Brustumfang Genau wie der Kurzhaar (Nr. 161).

Farbe Gleich dem Kurzhaar (Nr. 161).

167

Brustumfang Genau wie der Kurzhaar (Nr. 161).

Farbe Gleich dem Kurzhaar (Nr. 161).

170

Schulterhöhe Rüde: 32–40 cm. Hündin: 32–38 cm.

Farbe Alle Farben mit Weiß erlaubt. Erwünscht sind weiße Blesse, Halsring, Schwanzspitze und Abzeichen an den Pfoten.

171. DUNKER

Ursprung und Verwendung Um 1820 in Norwegen aus der russischen Harlekinbracke und anderen Bracken gezüchtet. Eignet sich für die Hasenjagd.
Äußere Kennzeichen *Kopf:* Mäßig lang, recht breiter Schädel, breiter, langer Fang, leichter Stop. *Augen:* Ziemlich groß und dunkel; bei Harlekinhunden Glasaugen erlaubt. *Ohren:* Mittelbreit und flach hängend. *Scherengebiß. Hals:* Lang und trocken. *Körper:* Nicht zu lang, mit tiefer Brust und gut gerundeten Rippen. *Läufe:* Mittellang, mit schweren Knochen. *Pfoten:* Oval und stark. *Rute:* Lang, reicht mindestens bis zum Sprunggelenk, und leicht nach oben gebogen. *Haar:* Kurz und dicht.
Charakter Selbstbewußt, anhänglich, zuverlässig.

172. ELKHOUND, GREY – Grauer Elchhund

Ursprung und Verwendung Sehr alte Rasse aus Norwegen, die bei der Jagd auf großes Wild und besonders auf den Elch verwendet wird. Es ist ein sehr harter, starker Hund, geeignet zur Arbeit bei strenger Kälte auf schwerem Gelände.
Äußere Kennzeichen *Kopf:* Breiter Schädel, ziemlich langer und breiter, sich verschmälernder, aber nicht zugespitzter Fang, mit deutlichem Stop. *Augen:* Dunkelbraun, mit furchtlosem freundlichem Ausdruck. *Ohren:* Stehend und sehr beweglich. *Scherengebiß. Hals:* Mittellang und kräftig. *Körper:* Kurz, mit breiter, tiefer Brust und gut gewölbten Rippen, breiter, gerader Rücken, sehr wenig hochgezogener Bauch. *Läufe:* Mäßig lang mit schweren Knochen. *Pfoten:* Oval und stark. *Rute:* Geringelt. *Haar:* Mittellang, reichlich und hart mit weicher, guter Unterwolle. Auf dem Kopf und an der Vorderseite der Läufe kurz.
Charakter Unabhängig, klug und freundlich.

173. ELKHOUND, BLACK – Schwarzer Elchhund

Äußere Kennzeichen Genau wie bei Nr. 172, mit Ausnahme des *Haares,* das schwarz ist und weniger voll.
Schulterhöhe: Rüde: 52 cm. Hündin: 49 cm.

174. ERDELIY KOPO – Ungarische Bracke

Ursprung und Verwendung Seit alters her beim ungarischen Adel für die Bären- und Wolfsjagd in den bewaldeten Bergen von Transsylvanien verwendet. Ein kleiner Schlag, den man zur Fuchsjagd verwendete, soll ausgestorben sein.
Äußere Kennzeichen *Kopf:* Trocken und nicht zu schwer, mit mittelbreitem Schädel und Fang und leichtem Stop. *Augen:* Oval und dunkelbraun. *Ohren:* Mittellang und breit, flach hängend. *Scherengebiß. Hals:* Ziemlich lang. *Körper:* Mäßig lang, tiefe Brust, gut gewölbte Rippen, gerader Rücken. *Läufe:* Starke Knochen. *Pfoten:* Kurz. *Rute:* Sehr lang, leicht hochgebogen und hängend getragen. *Haar:* Kurz, grob und dicht.
Charakter Intelligent, unerschrocken, nicht anspruchsvoll, wachsam, treu.

171

Schulterhöhe Rüde und Hündin: 47–55 cm.

Farbe Schwarz oder Blau marmoriert (Harlekin) mit braunen oder weißen Abzeichen.

172

Schulterhöhe Rüde: 52 cm. Hündin: 47 cm.

Farbe Grau in verschiedenen Tönungen mit schwarzen Haarspitzen; heller gefärbt an Bauch, Läufen, Brust und Unterseite der Rute. Unterwolle hell gefärbt.

174

Schulterhöhe Rüde: 50–60 cm. Hündin: etwas kleiner.

Farbe Schwarz, mit lohfarbenen Läufen und Abzeichen am Fang und über den Augen. Weißer Brustfleck, Socken und Schwanzspitze erlaubt.

175. ESTNISCHER LAUFHUND

Ursprung und Verwendung Bei der russischen Revolution gingen zahllose der vielen russischen Brackenrassen verloren. Die Estnische Bracke ist einer von drei Laufhundrassen, die noch aus der Sowjetunion gemeldet werden.
Äußere Kennzeichen *Kopf:* Runder Schädel und kräftiger Fang mit geringem Stop. *Augen:* Dunkelbraun. *Ohren:* Lang, in Falten hängend. *Scherengebiß. Hals:* Kurz und rund. *Körper:* Lang, mit breiter, tiefer Brust und ziemlich runden Rippen und breitem, geradem Rücken. *Läufe:* Ziemlich kurz und schwer gebaut. *Pfoten:* Oval. *Rute:* Lang, reicht bis zum Sprunggelenk, gerade bis leicht gebogen getragen. *Haar:* Kurz, grob und dicht.
Charakter Scharfer Jäger.

176. FINNENSPITZ

Ursprung und Verwendung Sehr alte finnische Rasse, die mit den russischen Laiki verwandt ist. Höchstwahrscheinlich kamen sie mit den Vorfahren der Finnen mit. Man brauchte sie zur Vogeljagd. Über die Verwendung siehe Vorwort Laufhunde (Seite 128).
Äußere Kennzeichen *Kopf:* Fuchskopf, nicht zu schmaler Schädel, nicht zu langer, sich allmählich verschmälernder Fang, deutlicher Stop. *Augen:* Ziemlich groß, dunkel, lebhafter Ausdruck. *Ohren:* Stehend. *Scherengebiß. Hals:* Mittellang. *Körper:* Beinahe vierkantig, tiefe Brust, gerader Rücken und einigermaßen hochgezogener Bauch. *Läufe:* Nicht zu lang. *Pfoten:* Rund. *Rute:* Geringelt. *Haar:* Ziemlich lang, abstehend, kurze, dichte Unterwolle; kurz auf dem Kopf und an der Vorderseite der Läufe.
Charakter Unabhängig, feinfühlig, lebhaft, wachsam.

177. FINSK STÖVARE – Finnenbracke

Ursprung und Verwendung In Finnland aus englischen, deutschen, schweizerischen und skandinavischen Bracken gezüchtet und dort sehr populär. Hauptsächlich für die Hasen- und Fuchsjagd gebraucht.
Äußere Kennzeichen *Kopf:* Mäßig breiter Schädel, langer, überall gleichbreiter Fang, genauso lang wie der Schädel, geringer Stop. *Augen:* Dunkel. *Ohren:* Mäßig lang, hängend. *Scherengebiß. Hals:* Trocken, mittellang, nicht zu schwer. *Körper:* Mittellang, lange, tiefe Brust, gerader Rücken und leicht hochgezogener Bauch. *Läufe:* Mäßig lang. *Pfoten:* Kurz. *Rute:* Lang. *Haar:* Kurz.
Charakter Gutmütig, anschmiegsam, anhänglich, große Jagdleidenschaft.

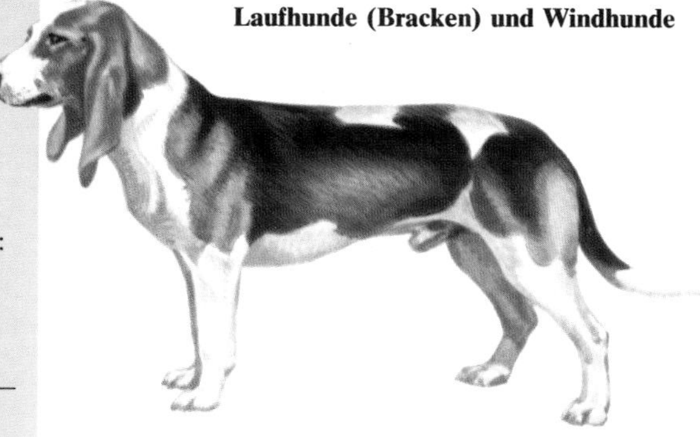

175

Schulterhöhe Rüde und Hündin: ungefähr 50 cm.

Farbe Schwarz mit Weiß und gelbe Abzeichen.

176

Schulterhöhe Rüde: 44 cm. Hündin: 39 cm.

Farbe Kastanienfarbe oder Gelbrot. Weiß auf der Brust und den Pfoten gestattet.

177

Schulterhöhe Rüde: 55–61 cm. Hündin: 52–58 cm.

Farbe Gelb bis Rotbraun mit schwarzem Sattel und weißen Abzeichen auf Kopf, Hals, Brust, Pfoten und Schwanzspitze.

178. FOXHOUND

Ursprung und Verwendung 1603 schenkte Heinrich IV. von Frankreich dem englischen König Jakob I. eine Gruppe Pferde und Jagdhunde. So wurde in England der Grundstock für die Parforcejagd auf den Hirsch gelegt. Diese französischen Hunde, die man mit Abkömmlingen des weißen St.-Hubert de Talbot kreuzte, wurden die Stammväter des Foxhounds.
Äußere Kennzeichen *Kopf:* Recht breiter und langer Schädel, kräftiger, ziemlich langer Fang. *Augen:* Braun. *Ohren:* Mäßig lang und breit, flach hängend. *Scherengebiß. Hals:* Lang, ohne Kehlhaut. *Körper:* Mit geradem, breitem Rücken, tiefer Brust und gut gewölbten Rippen. *Läufe:* Recht lang mit schweren Knochen. *Pfoten:* Rund. *Rute:* Lang. *Haar:* Kurz, dicht, hart und glänzend.
Charakter Energisch, freundlich, verträglich, anhänglich.

179. GASCOGNE, GRAND BLEU DE

Ursprung und Verwendung Von diesen Nachkommen des Chien de Saint-Hubert besaß der französische König Heinrich IV. eine berühmte Meute. Von den früher zahlreichen Rassen der Grande Chiens Courants ist dies eine der wenigen noch bestehenden. Über Verwendung siehe Vorwort Laufhunde (Seite 128).
Äußere Kennzeichen *Kopf:* Ziemlich kräftig, gestreckt, mittelbreiter Schädel, langer, kräftiger Fang, geringer Stop. *Augen:* Dunkel kastanienfarben, leichtes Triefauge, einigermaßen trauriger, weicher und vertraulicher Blick. *Ohren:* Fein, lang, in Falten hängend. *Scherengebiß. Hals:* Mittellang mit Kehlhaut. *Körper:* Ziemlich lange, tiefe, breite Brust, etwas gewölbte Rippen. *Läufe:* Lang, schwer gebaut. *Pfoten:* Lang, oval. *Rute:* Lang, hochgebogen getragen. *Haar:* Nicht ganz kurz, grob, dicht.
Charakter Ruhig, freundlich, anhänglich.

180. GASCON-SAINTONGEOIS, GRAND – CHIEN DE VIRELADE

Ursprung und Verwendung Kreuzung beider Rassen, nach denen er benannt ist. 1846 fand die erste Kreuzung zwischen den letzten Vertretern des Saintongeois und des Gascon statt. Eingesetzt bei der Rehjagd.
Äußere Kennzeichen *Kopf:* Trocken, gestreckter Schädel und Fang, leichter Stop. *Augen:* Meistens dunkle Kastanienfarbe. *Ohren:* Fein, lang, in Falten hängend. *Scherengebiß. Hals:* Mittellang, wenig Kehlhaut. *Körper:* Lang, tiefe Brust. *Läufe:* Lang, mit schweren Knochen. *Pfoten:* Oval. *Rute:* Lang, hochgebogen getragen. *Haar:* Kurz und dicht.
Charakter Leise, anhänglich.

181. GASCON-SAINTONGEOIS, PETIT

Ursprung und Verwendung Speziell für die Hasenjagd, kleiner als der vorige (Nr. 180) gezüchtet.
Äußere Kennzeichen Stimmen mit Nr. 180 überein.
Schulterhöhe: Rüde: 56–63 cm. Hündin: 53–59 cm.

178

Schulterhöhe
Rüde und Hündin: ungefähr 58 cm.

Farbe Dreifarbig: Weiß, Schwarz, Lohfarbe oder zweifarbig: Weiß und Orange.

179

Schulterhöhe
Rüde: 65–72 cm.
Hündin: 62–68 cm.

Farbe Weiß, schwarz gesprenkelt und gefleckt. Zwei schwarze Flecken um Augen und Ohren. Manchmal ein kleiner, ovaler, schwarzer Fleck auf dem Schädel. Rote Abzeichen.

180

Schulterhöhe
Rüde: 63–70 cm.
Hündin: 60–65 cm.

Farbe Weiß mit schwarzen Sprenkeln und schwarzem Mantel oder Flächen. Blaßrote Abzeichen. Auf den Hinterläufen über dem Sprunggelenk ein kleiner graubrauner Fleck, den man „marque de chevreuil" nennt.

182. GRAHUND – Schwedischer Grauhund

Ursprung und Verwendung Für einige rein durchgezüchtete Rassen der vielen Schläge unter den sehr alten skandinavischen Jagdhundrassen, die zu den Spitzen und den Polarhunden gehören, bestehen Standards. Die FCI erkannte den Grahund als schwedisch-norwegische Rasse an.
Äußere Kennzeichen *Kopf:* Breiter Schädel, starker Fang, der wenig kürzer ist als der Schädel, und fast kein Stop. *Augen:* Dunkelbraun. *Ohren:* Stehend. *Scherengebiß. Hals:* Mittellang und stark. *Körper:* Kurz, mit tiefer, breiter Brust und gut gewölbten Rippen. *Läufe:* Mittellang mit schweren Knochen. *Pfoten:* Klein und schmal. *Rute:* Geringelt. *Haar:* Ziemlich lang, gerade und hart, mit weicher Unterwolle, auf Kopf und an der Vorderseite der Beine kürzer.
Charakter Selbstbewußt, freundlich zu eigenen Leuten, energisch.

183. GRIFFON FAUVE DE BRETAGNE

Ursprung und Verwendung Diese Rasse war kurz vor dem Aussterben, blieb aber durch den Einsatz einiger Liebhaber davor bewahrt. Wird in der Bretagne – aber auch außerhalb – bei der Jagd auf Füchse und Wildschweine verwendet.
Äußere Kennzeichen *Kopf:* Gestreckt, mit nicht zu breitem Schädel, ziemlich langem, nicht zu schmalem Fang und geringem Stop. *Augen:* Dunkel, mit dreistem Blick. *Ohren:* Nicht zu lang, geschmeidig und hängend. *Scherengebiß. Hals:* Ziemlich kurz und muskulös. *Körper:* Kurz, mit breiter und tiefer Brust, gut gerundeten Rippen und breitem Rücken. *Läufe:* Mittellang mit kräftigen Knochen. *Pfoten:* Stark. *Rute:* Lang. *Haar:* Nicht zu lang und sehr hart.
Charakter Feurig, unternehmungslustig.

184. GRIFFON NIVERNAIS

Ursprung und Verwendung Alte Rasse, zu Hause in Nivernais in Mittelfrankreich. Besonders gebraucht bei der Wildschweinjagd.
Äußere Kennzeichen *Kopf:* Mager und leicht, mit recht schmalem Schädel, ziemlich langem Fang und geringem Stop. *Augen:* Vorzugsweise dunkel, mit lebhaftem und durchdringendem Blick. *Ohren:* Geschmeidig, halblang, einigermaßen gefaltet und hängend. *Scherengebiß. Hals:* Ziemlich leicht, ohne Kehlhaut. *Körper:* Ziemlich lang, mit recht tiefer, nicht zu breiter Brust. *Läufe:* Ziemlich lang, mit recht leichten Knochen. *Pfoten:* Oval. *Rute:* Nicht zu lang und säbelförmig getragen. *Haar:* Lang, zottig, kraus, grob und hart.
Charakter Mutig, anhänglich, lebhaft.

182

Schulterhöhe
Rüde: 52 cm.
Hündin: 49 cm.

Farbe Grau in verschiedenen Tönen; Unterwolle hellgrau.

183

Schulterhöhe
Rüde: 50–55 cm.
Hündin: 47–52 cm.

Farbe Wildfarben.

184

Schulterhöhe
Rüde und Hündin: 50–60 cm

Farbe Vorzugsweise Wolfsgrau oder Blaugrau; weiter Wildschweingrau oder fahl, Schwarz mit lohfarbenen Abzeichen oder dunkle Wildfarbe.

185. HANNOVERSCHER SCHWEISSHUND

Ursprung und Verwendung Um 1800 von Jägern aus Hannover gezüchtet aus einer Kreuzung zwischen der schweren Solling-Leitbracke – verwandt mit dem Chien de Saint-Hubert – mit der leichteren Heidbracke und einem Brakkenschlag aus dem Harz, um weniger langsame Spürhunde zu bekommen.
Äußere Kennzeichen *Kopf:* Breiter Schädel mit leichten Hautfalten, starkem Fang und leichtem Stop. *Augen:* Hell, dunkelbraun, mit einem ernsten, energischen Ausdruck. *Ohren:* Etwas mehr als mittellang, sehr breit und flach hängend. *Scherengebiß. Hals:* Lang und schwer mit viel loser Kehlhaut. *Körper:* Lang mit breiter, tiefer Brust und gut gewölbten Rippen, breitem Rücken und leicht hochgezogenem Bauch. *Läufe:* Ziemlich kurz, gerade oder leicht gebogen, mit schweren Knochen. *Pfoten:* Rund. *Rute:* Sehr lang, fast gerade und gesenkt getragen. *Haar:* Dicht, glatt und glänzend.
Charakter Ruhig, zuverlässig, anhänglich.

186. HARRIER

Ursprung und Verwendung Eine der ältesten englischen Rassen. Einige der heutigen Meuten stammen noch aus der Mitte des 18. Jahrhunderts. Der Harrier stammt von den im Mittelalter aus Frankreich nach England gekommenen Laufhunden ab. Später fügte man französisches Bassetblut und danach das vom Foxhound zu, was die Rasse weniger schwer machte und mehr dem Foxhound gleichen ließ. Man brauchte sie zur Hasenjagd zu Fuß und zu Pferd und hielt sie selten als Haushund. In England gibt es keinen anerkannten Standard für diese Rasse. Die Leiter der verschiedenen Packs züchten nach eigenen Vorstellungen den am meisten gewünschten Typ für die Arbeit in einem bestimmten Gelände.
Äußere Kennzeichen *Kopf:* Länger und weniger tief als der des Foxhound, mit geringem Stop. *Augen:* Braun mit freundlichem Ausdruck. *Ohren:* Mäßig lang, und flach hängend. *Scherengebiß. Hals:* Lang, stark, ohne Kehlhaut. *Körper:* Ziemlich kurz mit tiefer Brust und gut gewölbten Rippen. *Läufe:* Mäßig lang mit gutem Knochenbau. *Pfoten:* Katzenpfoten. *Rute:* Lang. *Haar:* Nicht zu kurz und grob, manchmal rauhhaarig.
Charakter Lebhaft, freundlich, anhänglich.

187. HYGENBRACKE – HYGENHUND

Ursprung und Verwendung In der zweiten Hälfte des 19. Jahrhunderts von dem Norweger Hygen gezüchtet, indem er Holsteiner Bracken mit anderen Brackenschlägen kreuzte.
Äußere Kennzeichen *Kopf:* Breiter Schädel mit ziemlich spitzem Fang, wodurch der Kopf dreieckig aussieht; leichter Stop. *Augen:* Dunkel. *Ohren:* Hängend. *Scherengebiß. Hals:* Lang und stark. *Körper:* Ziemlich kurz, tiefe, ziemlich breite Brust, gut gewölbte Rippen. *Läufe:* Mittellang mit schweren Knochen. *Pfoten:* Ziemlich groß und stark. *Rute:* Lang, fröhlich getragen. *Haar:* Kurz, dicht und hart.
Charakter Zuverlässig, anhänglich.

185

Schulterhöhe
Rüde: 50–60 cm.
Hündin: 40–50 cm.

Farbe Graubraun, Rotbraun, alle Gelbtöne, Braun mit Schwarz gestromt.

186

Schulterhöhe
Rüde und Hündin: ungefähr 46–55 cm.

Farbe Alle Houndfarben.

187

Schulterhöhe
Rüde und Hündin: ungefähr 55 cm.

Farbe Rotbraun bis Gelb; Schwarz und Lohfarbe. Beide Farben mit Weiß; Weiß mit rotbraunen Flecken oder Sprenkeln oder Schwarz und lohfarbene Abzeichen.

188. ISTRSKI GONIČ KRATKODLAKI – Kurzhaarige Istrianer Bracke

Ursprung und Verwendung Alte jugoslawische Rasse aus Istrien; gebraucht für die Jagd auf Hasen und Füchse und manchmal als Schweißhund.
Äußere Kennzeichen *Kopf:* Langer, mäßig breiter Schädel und Fang, leichter Stop. *Augen:* Rund und so dunkel wie möglich. *Ohren:* Dünn, breit und flach hängend. *Scherengebiß. Hals:* Stark, ohne Kehlhaut. *Körper:* Ziemlich lang, mit mittelbreiter, tiefer Brust und leicht gewölbten Rippen. *Läufe:* Ziemlich lang, mit gutem Knochenbau. *Pfoten:* Katzenpfoten. *Rute:* Lang, reicht mindestens bis zum Sprunggelenk und wird leicht aufwärts getragen. *Haar:* Glatt, fein, dicht und glänzend.
Charakter Scharf, freundlich, lebhaft.

189. ISTRSKI GONIČ RESATI – Rauhhaarige Istrianer Bracke

Äußere Kennzeichen Nahezu dieselben wie von Nr. 188, mit Ausnahme der Behaarung, die 4–10 cm lang ist, rauh absteht und eine sehr dichte und weiche Unterwolle besitzt.

190. JÄMTHUND – Großer schwedischer Elchhund

Ursprung und Verwendung Seit Jahrhunderten jagt man in Schweden und Norwegen auf Elche. Jäger aus dem Gebiet von Jämtland hielten sich einen eigenen Typ, der 1946 als selbständige Rasse anerkannt wurde.
Äußere Kennzeichen *Kopf:* Breiter Schädel, mittellanger, nicht besonders spitzer Fang und deutlicher Stop. *Augen:* Dunkelbraun. *Ohren:* Groß und gerade hochstehend. *Hals:* Kräftig und mittellang. *Körper:* Kurz, mit tiefer, breiter Brust, stark gewölbte Rippen, gerader Rücken und wenig hochgezogener Bauch. *Läufe:* Lang mit schweren Knochen. *Pfoten:* Oval. *Rute:* Geringelt. *Haar:* Mittellang, hart und dicht, Unterwolle kurz und weich, Kopf und Vorderseite der Läufe kürzer behaart.
Charakter Selbstbewußt, anhänglich, freundlich, intelligent.

191. JURA-LAUFHUND (BRUNO)

Ursprung und Verwendung Schweizer Juragebiet.
Äußere Kennzeichen Genau wie beim Berner Laufhund (Nr. 145) mit Ausnahme der Färbung.

192. JURA-LAUFHUND (SAINT-HUBERT)

Ursprung und Verwendung Für diesen Schlag verwendete man Bluthunde und erhielt eine getreue Kopie des alten Saint-Hubert.
Äußere Kennzeichen Gleicht dem Bruno (Nr. 191) mit Ausnahme des *Kopfes:* Schwer, mit breitem Schädel, deutlichem Stop und loser Haut. *Scherengebiß. Hals:* Lang und breit, mit Kehlhaut. *Körper:* Breite, tiefe Brust. *Läufe:* Schwere Knochen.

188

Schulterhöhe Großer Schlag, Rüde und Hündin: 46–58 cm. Kleiner Schlag, Rüde und Hündin: 40–46 cm.

Farbe Weiß mit orangegelben Flecken.

190

Schulterhöhe Rüde: 58–63 cm. Hündin: 53–58 cm.

Farbe Dunkel- bis Hellgrau. Hellgrau oder cremefarben am Fang, Kehle und Rutenunterseite.

191

Schulterhöhe Rüde und Hündin: etwa 45–55 cm.

Farbe Einfarbig Gelbbraun oder Rotbraun oder diese Farben mit schwarzem Sattel. Schwarz mit gelbroten Abzeichen. Weißer Brustfleck gestattet.

193. JURA-NIEDERLAUFHUND

Äußere Kennzeichen Genau wie die des großen Schlages (Nr. 192), ausgenommen die *Schulterhöhe,* die 30–38 cm beträgt.

194. KARELISCHER BÄRENHUND

Ursprung und Verwendung Seit 1935 züchtet man die Rasse rein in Karelien in Finnland. Die Rasse ist verwandt mit den russischen Laiki und wird bei der Jagd eingesetzt. Das Tier hat die Gabe, Bären im Winterschlaf aufzuspüren. Nur für Jäger geeignet.
Äußere Kennzeichen *Kopf:* Ziemlich breiter Schädel, leichter Stop. *Augen:* Ziemlich klein, dunkelbraun, feuriger Blick. *Ohren:* Stehend. *Scherengebiß. Hals:* Mittellang, ohne Kehlhaut. *Körper:* Nicht zu kurz, geräumige, ovale, tiefe Brust. *Läufe:* Mäßig lang. *Pfoten:* Rundlich, Hinterpfoten länger als die Vorderpfoten. *Rute:* Geringelt. *Haar:* Gerades und steifes Oberhaar, weiche und dichte Unterwolle.
Charakter Kampflustig, unverträglich, temperamentvoll, tapfer, beharrlich.

195. LEVESQUE

Ursprung und Verwendung Führt neben etwas englischem Blut vor allem das des Saintongeois und des Gascon. Die Rasse trägt den Namen ihres Züchters. Besonders für die Rehjagd gebraucht.
Äußere Kennzeichen *Kopf:* Breiter Schädel, nicht zu langer, breiter Fang und deutlicher Stop. *Augen:* Ziemlich groß, helles Kastanienbraun, mit weichem, intelligentem Ausdruck. *Ohren:* Nicht zu lang, leicht gefaltet, hängend. *Scherengebiß. Hals:* Stark mit wenig Kehlhaut. *Körper:* Lang, mit ziemlich tiefer, breiter Brust. *Läufe:* Lang mit schweren Knochen. *Pfoten:* Rund und stark. *Rute:* Lang und hochgebogen. *Haar:* Kurz und dicht.
Charakter Freundlich, anhänglich.

196. LUNDEHUND – Norwegischer Vogelhund

Ursprung und Verwendung Kommt von der Insel Vaerög. Wird seit alters her in Nordnorwegen zum Fang der Papageientaucher (in der Landessprache Lund) verwendet und beim Eiersuchen in den Höhlen und Gängen an den Felswänden entlang der Küste.
Äußere Kennzeichen *Kopf:* Keilförmig, der Schädel ist mäßig breit, der Fang kurz mit einigermaßen konvexem Nasenrücken und deutlichem Stop. *Augen:* Braun. *Ohren:* Stehend. *Scherengebiß. Hals:* Mittellang und stark. *Körper:* Ziemlich lang, mit tiefer Brust, geradem Rücken und wenig hochgezogenem Bauch. *Läufe:* Nicht zu kurz, mit gutem Knochenbau und alle mit doppelter Afterkralle. *Pfoten:* Stark. *Rute:* Geringelt. *Haar:* Hart, ziemlich flach und lang, mit dichter Unterwolle.
Charakter Temperamentvoll, klug, beweglich.

194

Schulterhöhe
Rüde: 54–60 cm.
Hündin: 49–55 cm.

Farbe Bräunlichschwarz mit weißen Abzeichen.

195

Schulterhöhe
Rüde: 65–72 cm.
Hündin: 49–55 cm.

Farbe Weiß und Schwarz mit einem großen Mantel oder mit kleineren oder größeren Flecken. Blaßrote Abzeichen. Schwarze Sprenkel in Weiß. Marque de chevreuil bei schwarzen Schenkeln.

196

Schulterhöhe
Rüde und Hündin: 22–25 cm.

Farbe Schwarz, Grau oder Braun in verschiedenen Tönen, kombiniert mit Weiß.

197. LUZERNER LAUFHUND

Ursprung und Verwendung Trägt den Namen der Schweizer Stadt Luzern. Nahe verwandt mit dem Chien de Saint-Hubert und den alten französischen Laufhunden.
Äußere Kennzeichen Genau wie die des Berner Laufhundes (Nr. 145), mit Ausnahme des *Haares,* das stets kurz ist, und der *Farbe.*
Charakter Gutartig, anhänglich, ruhig.

198. LUZERNER NIEDERLAUFHUND

Äußere Kennzeichen Genauso wie die des großen Schlages (Nr. 197), ausgenommen die Behaarung, die auch rauhhaarig sein kann, und der *Schulterhöhe.* Rüde und Hündin 30–38 cm.

199. OGAR POLSKI

Ursprung und Verwendung In Polen beliebte Jagdhundrasse.
Äußere Kennzeichen *Kopf:* Mäßig breiter und langer Schädel; Fang mit leichtem Stop. *Augen:* Braun. *Ohren:* Mittellang und hängend. *Scherengebiß. Hals:* Ziemlich lang, leichte Kehlhaut. *Körper:* Ziemlich lange, breite Brust, leicht gerundete Rippen, gerader Rücken. *Läufe:* Mäßig lang, schwere Knochen. *Pfoten:* Kurz. *Rute:* Ziemlich lang, hängend getragen. *Haar:* Glatt und dicht.
Charakter Anhänglich, freundlich.

200. OTTERHOUND

Ursprung und Verwendung Alte englische Rasse, die genau wie die anderen Rassen der Laufhunde vom Chien de Saint-Hubert abstammt, in diesem Fall stark gemischt mit Griffonblut, vor allem dem des Vendéen. Im Laufe der Zeit kam noch Blut hinzu vom Harrier, dem Englischen Wasserspaniel und dem Bluthund, außerdem kreuzte man sie in den letzten 150 Jahren mit Kerry Beagle, Stag- und Foxhound. Die älteste bekannte Gruppe des Otterhound gehörte »Johann ohne Land«, englischer König von 1199–1216. Die ausschließlich als Jagdhund gehaltene Rasse hat keinen anerkannten Stammbaum. Der Otterhound ist ein guter Schwimmer und wird bei der Jagd auf Fischotter gebraucht.
Äußere Kennzeichen *Kopf:* Schwer, mit nicht zu breitem Schädel und kräftigem, tiefem Fang mit leichtem Stop. *Augen:* Braun, mit leichtem Triefauge. *Ohren:* Lang, mit einer Falte herabhängend. *Scherengebiß. Hals:* Ziemlich lang und stark. *Körper:* Nicht zu lang, tiefe Brust und gut gewölbte Rippen. *Läufe:* Mäßig lang mit schweren Knochen. *Pfoten:* Groß und rund. *Rute:* Lang. *Haar:* Ziemlich lang, sehr zottig mit schönem harten Haar und dichter, wasserbeständiger Unterwolle.
Charakter Selbständig, klug, treu.

197

Schulterhöhe Rüde und Hündin: ungefähr 45–55 cm.

Farbe Hellgrauschwarz oder schwarzweiß gesprenkelt mit großen schwarzen Flecken. Rostbraune oder gelbe Abzeichen.

199

Schulterhöhe Rüde und Hündin: 50–60 cm.

Farbe Schwarz, an der Unterseite rostbraun.

200

Schulterhöhe Rüde und Hündin: ungefähr 61–66 cm.

Farbe Alle Hundefarben.

201. PETIT BLEU DE GASCOGNE

Ursprung und Verwendung Stammt ab vom Grand Chien Bleu de Gascogne und wird für die Hasenjagd gezüchtet.
Äußere Kennzeichen *Kopf:* Recht lang und leicht, mit gestrecktem, aber nicht zugespitztem Fang und geringem Stop. *Augen:* Kastanienbraun. *Ohren:* Nicht zu dünn, lang, wenig gefältelt und hängend. *Scherengebiß. Hals:* Fein und ziemlich lang, mit ein bißchen Kehlhaut. *Körper:* Ziemlich lang, mit eher tiefer als breiter Brust und leicht gewölbten Rippen. *Läufe:* Mäßig lang, mit kräftigen Knochen. *Pfoten:* Ziemlich gestreckte Ovalform. *Rute:* Lang. *Haar:* Nicht zu kurz und dicht.
Charakter Anhänglich, ruhig, freundlich.

202. PETIT GRIFFON BLEU DE GASCOGNE

Äußere Kennzeichen Gleicht stark Nr. 201, auch in der Farbe, ausgenommen das *Haar,* das nicht zu lang, trocken, rauh und flach anliegend ist und vor allem viel kürzer auf den Ohren.
Schulterhöhe: Rüde und Hündin: 43–52 cm.

203. POITEVIN – HAUT POITOU

Ursprung und Verwendung In Poitou in Südwestfrankreich gab es im 18. Jahrhundert Meuten von Laufhunden unterschiedlicher Abstammungen. Durch Tollwut ging 1842 die Meute der Vorfahren unserer heutigen Poitevin verloren, bis auf einen Rüden und zwei Hündinnen. Mit englischem Blut baute man die Rasse wieder auf, die besonders zur Wolfsjagd bestimmt ist.
Äußere Kennzeichen *Kopf:* Gestreckt und nicht zu breit, mit schwachem Stop. *Augen:* Groß und braun. *Ohren:* Dünn, mittellang, leicht gefaltet und hängend. *Scherengebiß. Hals:* Lang, feingebaut, ohne Kehlhaut. *Körper:* Ziemlich kurz, mit tiefer, nicht zu breiter Brust. *Läufe:* Lang, mit kräftigen Knochen. *Pfoten:* Oval und stark. *Rute:* Mittellang und leicht gebogen. *Haar:* Kurz und glänzend.
Charakter Intelligent, lebhaft.

204. PORCELAINE – CHIEN DE FRANCHE COMTÉ

Ursprung und Verwendung Sehr alte französische Rasse für die Jagd auf Hasen und Rehe, die sehr sauber erhalten blieb. Nahe verwandt mit dem Schweizer Laufhund.
Äußere Kennzeichen *Kopf:* Ziemlich lang und trocken, mit breitem Schädel, ziemlich langem, mäßig breitem Fang und geringem Stop. *Augen:* Vorzugsweise dunkel. *Ohren:* Fein, ziemlich lang, gut gefältelt und hängend. *Scherengebiß. Hals:* Ziemlich lang und leicht, kann etwas Kehlhaut haben. *Körper:* Gestreckt, mit mittelbreiter, tiefer Brust und breitem, geradem Rücken. *Läufe:* Ziemlich lang und nicht zu zart. *Pfoten:* Nicht besonders lang und stark. *Rute:* Mittellang, leicht gebogen getragen. *Haar:* Kurz, fein, dicht und glänzend.
Charakter Freundlich, lebhaft, anhänglich.

201

Schulterhöhe
Rüde: 52–60 cm.
Hündin: 50–56 cm.

Farbe Blau oder Weiß mit schwarzen Sprenkeln und schwarzen Platten. Lohfarbene Abzeichen.

203

Schulterhöhe
Rüde und Hündin: 60–70 cm.

Farbe Dreifarbig: Weiß, Rot und Schwarz. Schwarz als Mantel oder große Flecken. Zweifarbig: Weiß und Rot.

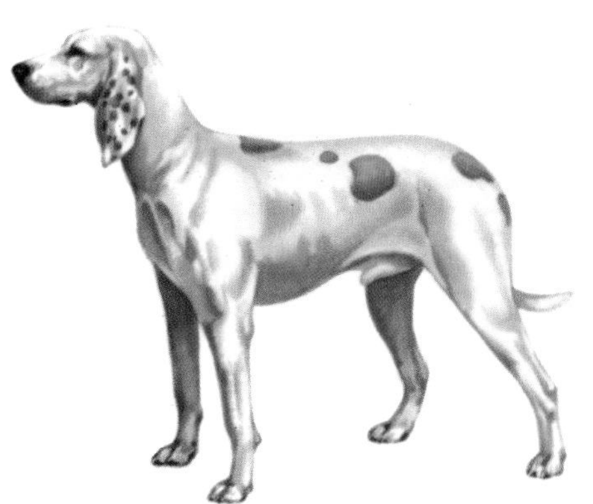

204

Schulterhöhe
Rüde: 55–58 cm.
Hündin: 53–56 cm.

Farbe Schneeweiß mit orangenen Flecken. Orangene Sprenkel auf den Ohren sind sehr charakteristisch.

205. RHODESIAN RIDGEBACK – PRONKRUG

Ursprung und Verwendung Die Rasse soll von Hunden abstammen, die die Hottentotten aus Asien nach Südafrika begleiteten. Obwohl man diese Hunde vielmals sowohl mit Laufhunden als auch mit Doggenartigen kreuzte, blieben sie erhalten. Nachdem ein Missionar vom Kap zwei dieser Hunde nach Rhodesien mitgenommen hatte, die bei der Jagd auf Großwild und auf Löwen ausgezeichnet arbeiteten, züchtete man dort die Rasse ganz intensiv; deshalb trägt sie den Namen dieses Landes.
Äußere Kennzeichen *Kopf:* Trocken, mit breitem Schädel, langem, hohem Fang und deutlichem Stop. *Augen:* Rund; die Farbe muß mit der des Haares harmonieren; intelligenter Ausdruck. *Ohren:* Mittelgroß und hängend. *Scherengebiß. Hals:* Lang und stark. *Körper:* Ziemlich lang, mit nicht zu breiter, aber tiefer Brust und gut gewölbten Rippen. *Läufe:* Lang, mit schweren Knochen. *Pfoten:* Rund und kräftig. *Rute:* Lang und leicht hochgebogen getragen. *Haar:* Kurz, dicht, fein und glänzend, mitten über den Rücken verläuft eine Bürste, deren Haare der übrigen Haarrichtung entgegengesetzt stehen; sie beginnt rund und endet breit (Abbildung Seite 34 unten).
Charakter Freundlich, wachsam, energisch, anhänglich.

206. RUSSISCHER LAUFHUND, FAHLGELBER

Ursprung und Verwendung Kreuzung zwischen einheimischen russischen Bracken und importierten Foxhounds. 1925 erkannte man sie an; ist im eigenen Land die populärste Brackenrasse. Wie der Russische Laufhund eingesetzt.
Äußere Kennzeichen *Kopf:* Mäßig langer und breiter Schädel und Fang mit sehr geringem Stop. *Augen:* Rund. *Ohren:* Platt, mäßig lang und hängend. *Scherengebiß. Hals:* Breit. *Körper:* Lang, mit tiefer Brust und runden Rippen, gerader, breiter Rücken. *Läufe:* Ziemlich lang, mit schweren Knochen. *Pfoten:* Oval. *Rute:* Lang. *Haar:* Kurz, dicht und hart.
Charakter Scharfer Jäger.

207. RUSSISCHER LAUFHUND

Ursprung und Verwendung Wird in Sibirien und in den Waldsteppen des europäischen Rußlands für die Jagd auf Hasen, Füchse und manchmal Dachse gezüchtet.
Äußere Kennzeichen *Kopf:* Ziemlich breiter Schädel und Fang und leichter Stop. *Augen:* Dunkel. *Ohren:* Klein, dreieckig und hängend. *Scherengebiß. Hals:* Kurz und rund. *Körper:* Lang, mit tiefer Brust und geradem Rücken. *Läufe:* Ziemlich lang, mit guten Knochen. *Pfoten:* Oval. *Rute:* Mäßig lang. *Haar:* Kurz, dicht und hart.
Charakter Scharfer Jäger.

205

Schulterhöhe Rüde: 63,5 bis 68,5 cm. Hündin: 61–66 cm.

Farbe Von blasser Kornfarbe bis zum warmen Rot. Etwas Weiß auf Brust und auf Zehen ist gestattet.

206

Schulterhöhe Rüde: 57–65 cm. Hündin: 54–62 cm.

Farbe Schwarz mit Fahlgelb.

207

Schulterhöhe Rüde: 57–65 cm. Hündin: 54–62 cm.

Farbe Lohfarben mit oder ohne schwarzem Sattel, mit weißen oder gelblichen Abzeichen.

208. SABUESO ESPAÑOL (Großer Schlag)

Ursprung und Verwendung Sehr alte Rasse, die auf die keltischen Bracken Mittelfrankreichs zurückgeht. Ursprünglich arbeiteten sie nur in der Meute. Heute gebraucht man sie auch als Schweißhunde und Spürhunde bei der Polizei.
Äußere Kennzeichen *Kopf:* Groß mit stark gefalteter Haut, breiter, runder Schädel und schwerer, langer, spitz zulaufender Fang mit wenig Stop. *Augen:* Braun und tiefliegend. *Ohren:* Groß, lang und in Falten hängend. *Scherengebiß. Hals:* Mittellang und sehr schwer, mit Kehlhaut. *Körper:* Ziemlich lang mit breiter, tiefer Brust und gut gewölbten Rippen. *Rute:* Lang. *Haar:* Kurz, hart und dicht.
Charakter Temperamentvoll, stolz, energisch, beharrlich.

209. SABUESO ESPAÑOL LEBRERO (Kleiner Schlag)

Äußere Kennzeichen Fast identisch mit denen des großen Schlages (Nr. 208).
Schulterhöhe Rüde: nicht über 51 cm. Hündin: nicht über 49 cm.

210. SCHWEIZER LAUFHUND

Ursprung und Verwendung Siehe Berner Laufhund (Nr. 145).
Äußere Kennzeichen Völlig gleich denen des Berner Laufhundes, mit Ausnahme der Farbe.

211. SCHWEIZER NIEDERLAUFHUND

Äußere Kennzeichen Völlig gleich denen des großen Schlages (Nr. 210), abgesehen von der Schulterhöhe. *Schulterhöhe:* Rüde und Hündin: ungefähr 30–38 cm. *Farbe:* Weiß mit großen oder kleinen gelbroten oder dunkelroten Flecken. Roter Mantel ist gestattet. Einige rote Punkte sind keine Fehler.

212. SEGUGIO ITALIANO A PELO RASO E A PELO FORTE – Italienischer Laufhund

Ursprung und Verwendung Diese Rasse stammt noch von den keltischen Bracken ab und ist der einzige Vertreter der Bracken auf dem italienischen Festland. Man jagt sowohl mit einem Hund als auch mit der Meute.
Äußere Kennzeichen *Kopf:* Fein und lang, mit ziemlich langem, schmalem Schädel und Fang und leichtem Stop. *Augen:* Groß und dunkel. *Ohren:* Lang, fein und hängend. *Scherengebiß. Hals:* Lang und trocken. *Körper:* Mäßig lang, mit tiefer Brust und leicht gewölbten Rippen. *Läufe:* Lang, mit starken, nicht zu schweren Knochen. *Pfoten:* Oval. *Rute:* Lang. *Haar:* Kurzhaarig, 2 cm, oder rauhhaarig, 5 cm, hart, beide dicht und glatt anliegend.
Charakter Beharrlich, anänglich, sanftmütig.

208

Schulterhöhe
Rüde: 51–56 cm.
Hündin: 49–52 cm.

Farbe Weiß mit großen dunkel- oder hellorangenen Flecken oder schwarzen Flecken.

210

Schulterhöhe
Rüde und Hündin: ungefähr 45–55 cm.

Farbe Weiß mit großen oder kleinen gelbroten oder tiefroten Flecken. Roter Mantel ist gestattet. Einige rote Punkte sind kein Fehler

212

Schulterhöhe
Rüde: 50–58 cm.
Hündin: 48 cm.

Farbe Mattschwarz, Rotbraun. Dreifarbig: Schwarz mit Rotbraun und weißer Blesse und Flecken an Hals und Pfoten.

213. SLOVENSKY KOPOV – Slowakische Bracke

Ursprung und Verwendung Nachkomme verschiedener Bracken, die seit alters her auf dem Balkan vorkommen. Auf dem Balkan Gebrauchshund, außerhalb unbekannt.
Äußere Kennzeichen *Kopf:* Mäßig breiter Schädel, mittellanger Fang und leichter Stop. *Augen:* Dunkel. *Ohren:* Mittelgroß und hängend. *Scherengebiß. Hals:* Nicht zu lang, ohne Kehlhaut. *Körper:* Gestreckt, mit gut gewölbter, tiefer Brust und geradem Rücken. *Läufe:* Mäßig lang. *Pfoten:* Stark. *Rute:* Lang. *Haar:* Stockhaarig, glatt anliegend, mit dichter Unterwolle.
Charakter Anhänglich, anschmiegsam, viel Jagdleidenschaft.

214. STÖVARE, HALDEN

Ursprung und Verwendung In Norwegen durch Kreuzung von einheimischen Bracken mit Foxhounds entstanden, nach der Stadt Halden benannt.
Äußere Kennzeichen *Kopf:* Mittellanger und breiter Schädel und Fang, mit deutlichem Stop. *Augen:* Dunkel. *Ohren:* Mäßig lang und flach hängend. *Scherengebiß. Hals:* Mäßig lang und stark. *Körper:* Mäßig lang, mit tiefer Brust und gut gewölbten Rippen und geradem Rücken. *Läufe:* Mäßig lang, mit schweren Knochen. *Pfoten:* Ziemlich kurz. *Rute:* Lang. *Haar:* Kurz und dicht.
Charakter Zuverlässig, sanftmütig, anhänglich.

215. STÖVARE, HAMILTON

Ursprung und Verwendung Vom schwedischen Jäger Hamilton gezüchtet aus den heute ausgestorbenen Holsteiner und Hannoveraner Heidebracken mit der Kurländischen Bracke und dem Foxhound. Sie ist die jüngste der drei schwedischen Stövare-Rassen. Die Hunde jagen nicht in der Meute, sondern allein durch den tiefen Schnee in den ausgedehnten Wäldern ihrer Heimat.
Äußere Kennzeichen *Kopf:* Langer, ziemlich schmaler Schädel, langer, starker Fang und geringer Stop. *Augen:* Dunkelbraun. *Ohren:* Mittellang und flach, hängend. *Scherengebiß. Hals:* Lang und ohne Kehlhaut. *Körper:* Gestreckt, mit tiefer Brust und gut gewölbten Rippen, geradem, breitem Rükken und leicht hochgezogenem Bauch. *Läufe:* Lang, mit starken Knochen. *Pfoten:* Stark. *Rute:* Lang, ziemlich dick und säbelförmig getragen. *Haar:* Mäßig kurz, dicht und glatt.
Charakter Freundlich, anhänglich, lebhaft.

213

Schulterhöhe
Rüde: 40–50 cm.
Hündin: 40–45 cm.

Farbe Schwarz mit Rostbraun.

214

Schulterhöhe
Rüde und Hündin: ungefähr 64 cm.

Farbe Weiß mit schwarzen Flecken, mit braunen Schatten auf dem Kopf, den Läufen und um die Flecken.

215

Schulterhöhe
Rüde: 50–60 cm.
Hündin: 46–56 cm.

Farbe Schwarz mit braunen Abzeichen an Kopf, Läufen, Bauch und Rutenunterseite. Weiße Blesse und Weiß an Hals, Läufen und Pfoten.

216. STÖVARE, SCHILLER

Ursprung und Verwendung Die Vorfahren dieser Rasse kamen aus Süddeutschland, Österreich und der Schweiz. Sie trägt den Namen ihres Züchters. Man braucht die Hunde bei der Jagd auf Schneehasen und Füchse, aber auch als Schweißhund.
Äußere Kennzeichen *Kopf:* Lang, mit breitem Schädel, langem Fang und deutlichem Stop. *Augen:* Dunkelbraun. *Ohren:* Geschmeidig, mittellang und hängend. *Scherengebiß. Hals:* Lang und stark. *Körper:* Ziemlich kurz mit tiefer Brust und gut gewölbten Rippen, breitem, geradem Rücken und leicht hochgezogenem Bauch. *Läufe:* Lang, mit schweren Knochen. *Pfoten:* Oval. *Rute:* Lang und säbelförmig getragen. *Haar:* Mäßig kurz, dicht und glatt; im Winter dichte Unterwolle.
Charakter Freundlich, aufgeweckt, anhänglich.

217. STÖVARE, SMÅLAND

Ursprung und Verwendung Die älteste der drei schwedischen Stövare-Rassen. Sie stammt aus dem dichtbewaldeten Gebiet von Småland und wird bei der Hasen- und Fuchsjagd verwendet.
Äußere Kennzeichen *Kopf:* Lang, mit ziemlich breitem Schädel, kräftigem Fang und deutlichem Stop. *Augen:* Vorzugsweise dunkel. *Ohren:* Mittellang und hängend. *Scherengebiß. Hals:* Mäßig lang, ohne Kehlhaut. *Körper:* Kurz, mit tiefer Brust, gut gewölbten Rippen, geradem Rücken und wenig hochgezogenem Bauch. *Läufe:* Lang und stark. *Pfoten:* Kurz. *Rute:* Lang oder angeboren kurz. *Haar:* Dicht, grob, glatt und glänzend mit dichter, weicher Unterwolle.
Charakter Ruhig, freundlich, anhänglich.

218. THAL-TAN BEAR DOG

Ursprung und Verwendung Alte indianische Rasse, genannt nach den Kanadischen Thal-Tan-Indianern. Die Rasse ist schwer zu züchten. Gebraucht wird sie bei der Jagd. Versuche, das Tier außerhalb seiner nördlichen Heimat zu halten, sind bisher mißglückt.
Äußere Kennzeichen *Kopf:* Gleicht dem eines Fuchses, mäßig breiter Schädel, spitzer Fang und deutlicher Stop. *Augen:* Dunkel. *Ohren:* Sehr groß und stehend. *Scherengebiß. Hals:* Mittellang. *Körper:* Ziemlich kurz mit tiefer Brust. *Läufe:* Lang, kräftige Knochen. *Pfoten:* Oval. *Rute:* Mäßig lang und sehr dick. *Haar:* Dicht.
Charakter Selbständig, kühn, gutartig, anhänglich.

216

Schulterhöhe
Rüde: 50–60 cm.
Hündin: 46–57 cm.

Farbe Schwarz mit Braun.

217

Schulterhöhe
Rüde: 45–54 cm.
Hündin: 42–50 cm.

Farbe Schwarz mit braunen Abzeichen über den Augen und an der Unterseite der Läufe; ganz kleine weiße Abzeichen auf Pfoten und Rute.

218

Schulterhöhe
Rüde und Hündin: 30–40 cm.

Farbe Völlig schwarz oder blaugrau mit weißen Flecken oder weiß mit schwarzem Kopf und schwarzen Flecken.

219. ALANO

Ursprung und Verwendung Spanien. Wird für die Jagd gebraucht.
Äußere Kennzeichen *Kopf:* Breiter Schädel mit tiefem Stop. *Augen:* Braun. *Ohren:* Mittelgroß, hängend. *Scherengebiß. Hals:* Kräftig, mit Kehlhaut. *Körper:* Ziemlich kurz, breite tiefe Brust. *Läufe:* Kurz, schwere Knochen. *Pfoten:* Rund. *Rute:* Lang. *Haar:* Kurz und rauh. *Schulterhöhe:* Rüde und Hündin: ungefähr 57 cm. *Farbe:* Rot, schwarzer Fang.

220. ARGENTINIAN MASTIFF – Argentinische Dogge

Ursprung und Verwendung Gezüchtet für die Jagd auf Pumas und Wildschweine.
Äußere Kennzeichen *Kopf:* Kugelschädel, kurzer, breiter Fang, deutlicher Stop. *Augen:* Dunkel. *Ohren:* Kupiert. *Hals:* Schwere Kehlhaut. *Körper:* Tiefe, nicht zu breite Brust. *Läufe:* Ziemlich lang, schwere Knochen. *Pfoten:* Stark und kurz. *Rute:* Lang. *Haar:* Kurz.
Charakter Mutig, kampflustig.

221. BALKANSKI GONIČI – Balkan-Bracke

Ursprung und Verwendung Jugoslawien. Für Fuchs- und Hasenjagd.
Äußere Kennzeichen *Kopf:* Ziemlich breiter Schädel, wenig Stop. *Augen:* Dunkel. *Ohren:* Lang und breit, hängend. *Scherengebiß. Hals:* Ohne Kehlhaut. *Körper:* Breite, tiefe Brust. *Läufe:* Lang, guter Knochenbau. *Rute:* Lang. *Haar:* Kurz, dicht und dick. *Schulterhöhe:* Rüde und Hündin: 45–52 cm. *Farbe:* Tief Rotbraun; schwarzer Sattel oder Mantel bis zum Kopf. Schwarze Abzeichen über den Augen.

222. ELLINITOS ICHNILATIS

Ursprung und Verwendung Griechenland; für die Jagd.
Äußere Kennzeichen *Kopf:* Lang. *Augen:* Braun. *Ohren:* Flachhängend. *Körper:* Breite, tiefe Brust. *Rute:* Lang. *Haar:* Kurz und rauh. *Schulterhöhe:* Rüde: 46–54 cm, Hündin: 43–53 cm. *Farbe:* Schwarz und lohfarben; kleine weiße Flecken auf der Brust gestattet.

223. KELTSKI GONIČI – Keltische Bracke

Ursprung und Verwendung Jugoslawien; für die Jagd.
Äußere Kennzeichen *Kopf:* Langer, breiter Schädel. *Augen:* Rund. *Ohren:* Lang, hängend. *Hals:* Kurz, ohne Kehlhaut. *Körper:* Tiefe, breite Brust. *Läufe:* Lang. *Rute:* Lang. *Haar:* Spröde, hart, Unterwolle kurz. *Schulterhöhe:* Rüde und Hündin: 46–56 cm. *Farbe:* Weißlich.

224. KERRY BEAGLE

Ursprung und Verwendung Nicht anerkannte Rasse für die Jagd zu Pferde.
Äußere Kennzeichen *Haar:* Kurz. *Schulterhöhe:* Rüde und Hündin: ungefähr 55–57,5 cm. *Farbe:* Schwarz mit Lohfarbe.

225. POSAVSKI GONIČI – Sawe-Bracke

Ursprung und Verwendung Jugoslawien.
Äußere Kennzeichen *Kopf:* Kein breiter Schädel, Fang mit leichtem Stop. *Augen:* Dunkel. *Ohren:* Hängend. *Hals:* Ohne Kehlhaut. *Körper:* Breite, tiefe Brust. *Läufe:* Kurz, starke Knochen. *Rute:* Lang. *Haar:* Kurz. *Schulterhöhe:* Rüde und Hündin: 48–58 cm. *Farbe:* Gelb mit Weiß.

226. RASTREADOR BRASILEIRO

Ursprung und Verwendung Brasilien; für die Jagd auf Jaguare.
Äußere Kennzeichen Gröbere Ausgabe des Foxhound. *Ohren:* Lang und dünn. *Rute:* Dick und lang. *Haar:* Kurz und spröde.

227. TRAILHOUND

Ursprung und Verwendung Für den Einsatz bei Rennen gezüchtet.
Äußere Kennzeichen *Kopf:* Gleicht dem des Foxhound. *Ohren:* Länger. *Schulterhöhe:* Rüde und Hündin: ungefähr 55–65 cm. *Farbe:* Alle Houndfarben. Nur leberfarben mit Weiß bildet keine anerkannte Houndfarbe.

228. AFGHANISCHER WINDHUND

Ursprung und Verwendung Sehr alte afghanische Rasse, die wahrscheinlich aus eingeführten Windhunden und einheimischen Berghunden entstanden ist. In seinem Stammland ist der Afghane noch immer ein geschätzter Arbeitshund sowohl für die Jagd, ganz besonders auf Gazellen, als auch zum Wachen und Hüten. Außerhalb seines Landes ist er ein populärer Ausstellungshund.
Äußere Kennzeichen *Kopf:* Langer, nicht zu breiter Schädel, langer starker Fang, wenig Stop. *Augen:* Vorzugsweise dunkel. *Ohren:* Hängend. *Scherengebiß. Hals:* Lang und stark. *Körper:* Mittellang, tiefe Brust, gute Rippenwölbung und gerader Rücken. *Läufe:* Lang mit starken Knochen. *Pfoten:* Sehr groß und stark, Hinterpfoten schmaler als Vorderpfoten. *Rute:* Lang und am Ende so weit umgebogen, daß die Rutenspitze den Schwanz wieder erreicht, wodurch ein Ring entsteht. Bei Aufmerksamkeit hoch getragen. *Haar:* Lang und fein, kurz auf dem Fang; auf dem Rücken ist kurzes Haar gestattet.
Charakter Zurückhaltend, würdig, intelligent, unabhängig.

229. BARSOI – BORSOI

Ursprung und Verwendung Alte russische Rasse, die seit langer Zeit auch außerhalb der Landesgrenzen in hohem Ansehen steht. In der zweiten Hälfte des vorigen Jahrhunderts kamen noch sieben verschiedene Schläge des Barsois vor, die heute verschwunden sind. Ursprünglich brauchte man sie für die Hasen- und Fuchsjagd. In der ersten Hälfte des 19. Jahrhunderts züchtete man sie kräftiger und stärker für die Wolfsjagd.
Äußere Kennzeichen *Kopf:* Langer und schmaler Schädel und Fang, kein sichtbarer Stop. *Augen:* Dunkel. *Ohren:* Rosenohren. *Scherengebiß. Hals:* Mittellang und trocken. *Körper:* Ziemlich kurz mit gewölbten Lenden, außergewöhnlich tiefe, ziemlich enge Brust, flache oder sehr schwach gebogene Rippen und hochgezogener Bauch. *Läufe:* Lang, von vorn gesehen schmal, von oben gesehen breit. *Pfoten:* Hasenpfoten. *Rute:* Lang. *Haar:* Lang, gewellt, glänzend; kurz auf dem Kopf, den Ohren und der Vorderseite der Läufe.
Charakter Ruhig, zurückhaltend, friedliebend, mißtrauisch gegenüber Fremden.

230. CIRNECO DELL' ETNA – Sizilianische Bracke

Ursprung und Verwendung Sizilianische Rasse, die viel Ähnlichkeit hat mit den Abbildungen von Windhunden mit stehenden Ohren auf alten ägyptischen Reliefs. Die Rasse ist sehr rein erhalten, kommt aber außerhalb der Insel so gut wie nicht vor. Nach dem Zweiten Weltkrieg wurde sie von einigen Liebhabern sorgfältig weitergezüchtet. Man braucht sie zur Kaninchenjagd.
Äußere Kennzeichen *Kopf:* Schmal mit langem Schädel und am besten genauso langem, nicht zu zartem Fang, schwacher Stop. *Augen:* Ockerfarben, amberfarben oder grau. *Ohren:* Groß, dreieckig, stehend. *Scherengebiß. Hals:* Lang und stark. *Körper:* Tiefe, schmale Brust, wenig gewölbte Rippen, langer, gerader Rücken. *Läufe:* Lang, leicht gebaut. *Pfoten:* Katzenpfoten. *Rute:* Lang. *Haar:* Halblang stockhaarig, einigermaßen glatt anliegend; kürzer auf dem Kopf, den Ohren und den Gliedmaßen.
Charakter Lebhaft, freundlich.

228

Schulterhöhe Rüde: 67,5 bis 73 cm. Hündin: 62,5–65 cm.

Farbe Keine Farbvorschriften.

229

Schulterhöhe Rüde: durchschnittlich 75 cm. Hündin: durchschnittlich 71 cm.

Farbe Vorzugsweise Weiß oder Weiß mit gelben, orangenen, roten, gestromten oder grauen Flecken. Eine der genannten Farben ohne Weiß.

230

Schulterhöhe Rüde: 46–52 cm. Hündin: 42–46 cm.

Farbe Einfarbig fuchsrot in verschiedenen Tönen von isabell- bis sandfarben oder rot mit weißen Abzeichen. Gestattet ist Weiß oder Weiß mit orangenen Flecken oder fahlrotem Mantel.

231. DEERHOUND – Schottischer Hirschhund

Ursprung und Verwendung Von alters her heimisch auf den britischen Inseln; auf Wandzeichnungen in der Grafschaft Perthshire, die vor unserer Zeitrechnung entstanden, werden bereits rauhhaarige Windhunde hinter Hirschen abgebildet. Vor allem in Schottland schätzte man sie sehr bei der Jagd auf Wölfe und Hirsche. Noch heute tragen Stellen in den Bergen den Namen von Hunden, die bei der Jagd umgekommen sind. Ursprünglich mußten die Hunde das Wild völlig selbständig jagen; nachdem die Feuerwaffen in Gebrauch kamen, war es ihre Aufgabe, das Wild zu verfolgen und vor den Jäger zu bringen.
Äußere Kennzeichen *Kopf:* Lang, mit mäßig breitem Schädel, spitz zulaufendem Fang, ohne Stop. *Augen:* Dunkel, mit weichem Ausdruck, wenn ruhig, mit durchdringendem Blick bei Aufregung. *Ohren:* Kleines, dünnes Rosenohr. *Scherengebiß. Hals:* Lang, stark. *Körper:* Lang, gut gebogene Lenden, nicht zu breite, tiefe Brust. *Läufe:* Lang, schwere Knochen. *Pfoten:* Stark. *Rute:* Lang, bis etwa 4 cm über dem Boden, gerade oder leicht gebogen, nie über den Rücken getragen. *Haar:* Hart und rauh, 7,5–10 cm lang. Auf Kopf, Brust und Bauch viel weicher.
Charakter Gesellig, klug, würdig, leise, treu.

232. GALGO ESPAÑOL – Spanischer Windhund

Ursprung und Verwendung Gleiche Abstammung wie der Pharaonenhund (Nr. 236). Wird bei der Jagd zu Pferde verwendet.
Äußere Kennzeichen *Kopf:* Langer, schmaler Schädel, langer, spitz zulaufender Fang, Stop kaum vorhanden. *Augen:* Groß, dunkel. *Ohren:* Klein, halb hängend. *Scherengebiß. Hals:* Lang und stark. *Körper:* Leicht gewölbte Lenden, tiefe, breite Brust, gut gewölbte Rippen und hochgezogener Bauch. *Läufe:* Lang und stark. *Pfoten:* Etwas länger als Katzenpfoten. *Rute:* Lang, leicht hochgebogen. *Haar:* Kurz und fein oder rauhhaarig.
Charakter Temperamentvoll, zurückhaltend.

233. GREYHOUND

Ursprung und Verwendung Sehr alte, wenn nicht die älteste Windhundrasse. Die Kelten brachten den Greyhound nach England. Diesen Hund setzte man früher für die lange Jagd ein und verwendet ihn heute bei Hunderennen, die in vielen Ländern sehr populär sind.
Äußere Kennzeichen *Kopf:* Lang, ziemlich breiter Schädel, langer, kräftiger Fang, leichter Stop. *Augen:* Dunkel, intelligenter Ausdruck. *Ohren:* Kleine, dünne Rosenohren. *Scherengebiß. Hals:* Lang, muskulös. *Körper:* Lang, tiefe, geräumige Brust, gut gewölbte Rippen, leicht gebogene Lenden, ziemlich breiter Rücken und hochgezogener Bauch. *Läufe:* Lang, starke Knochen. *Pfoten:* Ziemlich lang. *Rute:* Lang, leicht gebogen und hängend getragen, wenn er ruhig ist, ist sie zwischen den Beinen. *Haar:* Fein, flach anliegend.
Charakter Leise, anhänglich, zurückhaltend gegenüber Fremden.

231

Schulterhöhe Rüde: mindestens 76 cm. Hündin: mindestens 71 cm.

Farbe Dunkel Blaugrau oder dunkel Hellgrau, gestromt, Gelb, rötlich. Weiße Brust, Zehen und Schwanzspitze nicht gewünscht, aber trotzdem erlaubt.

232

Schulterhöhe Rüde: 65 cm. Hündin: 60 cm.

Farbe Zimtfarbig, kastanienfarben, Rot, Schwarz, Weiß und Kombinationen dieser Farben.

233

Schulterhöhe Rüde: 71–76 cm. Hündin: 68,5 bis 71 cm.

Farbe Schwarz, Weiß, Rot, Blau, rehfarben, Fahlrot, gestromt; mit oder ohne Weiß.

234. IRISH WOLFHOUND – Irischer Wolfshund

Ursprung und Verwendung Lange vor unserer Zeitrechnung brachten die Kelten diesen Typ nach Griechenland. Die Römer kannten die Rasse. In Irland stand der Wolfshund vom 12.–16. Jahrhundert in Ansehen. Gegen Mitte des 19. Jahrhunderts gab es nur noch einige Hunde dieses alten Stammes. Mit Hilfe des Deerhound belebte man die Rasse wieder.
Äußere Kennzeichen *Kopf:* Lang, nicht zu breiter Schädel, langer, mäßig spitzer Fang, fast kein Stop. *Augen:* Dunkel. *Ohren:* Kleine Rosenohren. *Scherengebiß. Hals:* Recht lang und stark, ohne Kehlhaut. *Körper:* Lang, sehr tiefe, breite Brust, gewölbte Lenden und gut hochgezogener Bauch. *Läufe:* Lang mit kräftigen Knochen. *Pfoten:* Mäßig groß und rund. *Rute:* Lang und leicht gebogen. *Haar:* Rauh, hart, kraus.
Charakter Freundlich, gehorsam, kinderlieb.

235. MAGYAR AGĂR – Ungarischer Windhund

Ursprung und Verwendung Als die nomadischen Magyaren im 9. Jahrhundert nach Ungarn eindrangen, brachten sie mit ihren großen Viehherden neben Hirtenhunden auch Windhunde für die Jagd mit. Diese östlichen Hunde kreuzten sie wahrscheinlich mit den bereits im Lande lebenden römischen Windhunden. Im 20. Jahrhundert fügte man viel Greyhoundblut zu mit dem Ziel, die Hunde schneller und zierlicher zu machen, wodurch aber der alte Typ verloren ging. Nach dem 2. Weltkrieg waren nur noch wenige Exemplare zu finden. Heute versucht man in Ungarn, den ursprünglichen Typ wieder zurückzuzüchten.
Äußere Kennzeichen *Kopf:* Langer, breiter Schädel, langer, kräftiger Fang, deutlicher Stop. *Augen:* Dunkel. *Ohren:* Fleischige Rosenohren. *Scherengebiß. Hals:* Ziemlich lang und stark. *Körper:* Nicht zu langer, ziemlich gerader Rücken, tiefe Brust, gut gewölbte Rippen, hochgezogener Bauch. *Läufe:* Lang, mit kräftigen Knochen. *Pfoten:* Einigermaßen gestreckt. *Rute:* Lang, an der Spitze geringelt. *Haar:* Kurz, grob, dicht, glatt.
Charakter Ruhig, anhänglich, wachsam.

236. PHARAONENHUND

Ursprung und Verwendung Die FCI erkennt sowohl den Pharaonenhund als auch den Podenco Ibicenco an, der nach Ansicht vieler Fachleute zur selben Rasse gehört. Jedenfalls ähneln sie sich untereinander – und mit dem Cirneco dell'Etna äußerlich – und stimmen mit den in ägyptischen Grabkammern abgebildeten Hunden überein. Zweifellos sind die drei Rassen nahe verwandt. Man nimmt an, daß der Pharaonenhund mit den Phöniziern nach Gozo und Malta kam, die hier Handel mit Nordafrika, Malta und Griechenland trieben.
Äußere Kennzeichen *Kopf:* Langer Schädel, leichter Stop. *Augen:* Amberfarben. *Ohren:* Groß, fein, stehend. *Scherengebiß. Hals:* Lang, trocken. *Körper:* Gestreckt, gerader Rücken, tiefe Brust. *Läufe:* Lang, guter Knochenbau. *Pfoten:* Kurz und stark. *Rute:* Lang, reicht bis zum Sprunggelenk, in Aktion gebogen und hochgebogen getragen. *Haar:* Fein, kurz, glänzend.
Charakter Freundlich, fröhlich, anhänglich.

234

Schulterhöhe Rüde: mindestens 79 cm. Hündin: mindestens 71 cm.

Farbe Grau, gestromt, Rot, Schwarz, einfarbig Weiß, rehfarben und alle Farben, die beim Deerhound (Nr. 231) vorkommen.

235

Schulterhöhe Rüde und Hündin: 65–70 cm.

Farbe Alle Farben gestattet.

236

Schulterhöhe Rüde: 57,5 bis 62,5 cm. Hündin: 52,5–60 cm.

Farbe Rostbraun. Schmaler weißer Streifen auf dem Fang, weißer Stern auf der Brust und weiße Zehen erlaubt. Weiße Rutenspitze erwünscht.

237. PODENCO IBICENCO – Laufhund der Balearen

Ursprung und Verwendung Den Podenco Ibicenco findet man auf den Inseln Ibiza, Formentera, Mallorca und Minorca und in den Küstengebieten von Katalonien. Es ist eine sehr alte Rasse der gleichen Abstammung wie der Pharaonenhund. Verwendet bei der Jagd, sowohl allein als auch in kleiner Meute.
Äußere Kennzeichen *Kopf:* Langer, schmaler Schädel und Fang, wenig erkennbarer Stop. *Augen:* Hell amberfarben bis karamelfarbig mit intelligentem Ausdruck. *Ohren:* Groß und stehend. *Scherengebiß. Hals:* Gut lang und trokken. *Körper:* Leicht gewölbte Lenden, tiefe Brust, ziemlich flache Rippen, hochgezogener Bauch. *Läufe:* Lang und stark. *Pfoten:* Hasenpfoten. *Rute:* Lang, wenn Hund ruhig, dann hängend, in Aktion hoch gestreckt, gebogen oder geringelt getragen. *Haar:* Entweder kurz, rauh oder lang.
Charakter Aufgeweckt, intelligent, gutmütig, nicht aggressiv.

238. PODENCO PORTUGUES – Portugiesischer Laufhund

Ursprung und Verwendung Der Portugiesische Laufhund ist verwandt mit dem Pharaonenhund und dem Balearen-Laufhund. Es gibt drei Schläge, die ihrer Größe entsprechend bei der Jagd auf großes Wild, Hasen und Kaninchen eingesetzt werden.
Äußere Kennzeichen *Kopf:* Mäßig breiter Schädel, ziemlich kurzer, etwas spitz zulaufender Fang, deutlicher Stop. *Augen:* Klein und braun. *Ohren:* Groß, dünn, dreieckig, stehend. *Scherengebiß. Hals:* Lang, trocken. *Körper:* Ziemlich lang, mittelbreit, tiefe Brust, mäßig gewölbte Rippen. *Läufe:* Beim großen Schlag ziemlich lang, beim Mittelschlag ziemlich kurz, beim kleinen Schlag kurz. *Pfoten:* Rund. *Rute:* Mittellang, sichelförmig getragen. *Haar:* Entweder kurz, glatt und weich oder lang, rauh, ohne Unterwolle.
Charakter Wachsam, lebhaft, klug.

239. SALUKI – Persischer Windhund

Ursprung und Verwendung Persische Rasse, die wahrscheinlich aus Arabien stammt. Verwandt mit dem afghanischen Windhund. Genauso wie dieser im Land in vielen verschiedenen Typen vorkommend, die durch die Geländebedingungen und den unterschiedlichen Gebrauch der Stämme entstanden. Der Saluki wird bei der Jagd auf verschiedenartiges Wild eingesetzt, zum Beispiel auf Hasen, Schakal und Gazelle.
Äußere Kennzeichen *Kopf:* Lang und schmal, der Nase zu spitz zulaufend, Schädel mäßig breit, Fang lang und kräftig, Stop kaum sichtbar. *Augen:* Groß und dunkel- bis hellbraun, würdevoller und weicher Ausdruck, bei Aufmerksamkeit scharf und interessiert. *Ohren:* Hängend. *Scherengebiß. Hals:* Lang. *Körper:* Gestreckt, gerader Rücken, flache, doch sehr tiefe Brust, sehr leicht gewölbte Rippen, hochgezogener Bauch. *Läufe:* Lang, guter Knochenbau. *Pfoten:* Recht lang. *Rute:* Lang, mindestens bis zum Sprung reichend und gerade oder hochgebogen getragen. *Haar:* Weich, glatt, glänzend, länger an den Ohren, Beinen und Schwanz, mit oder ohne Befederung.
Charakter Intelligent, weich, würdig, wach, zuverlässig bei Kindern.

237

Schulterhöhe
Rüde: 65 cm.
Hündin: 60 cm.

Farbe Weiß mit Rot, Weiß mit Löwenfarbe oder einfarbig weiß, rot oder löwenfarbig.

238

Schulterhöhe
Rüde und Hündin: Großer Schlag 55–70 cm. Mittelschlag 50–55 cm. Kleiner Schlag 20–30 cm.

Farbe Gelb oder Rehbraun oder Schwarzgrau. Ein- oder mehrfarbig oder gefleckt.

239

Schulterhöhe
Rüde 58–71 cm.
Hündin: mindestens 54 cm.

Farbe Alle Farben, ausgenommen völlig Weiß, völlig Schwarz oder gestromt.

240. SLOUGHI – Arabischer Windhund

Ursprung und Verwendung Der Sloughi stammt ursprünglich aus den asiatischen Steppen und verbreitete sich nach der Eroberung Nordafrikas durch die Araber über alle Gebiete nördlich der Sahara. Anfänglich zählte die FCI den arabischen Windhund zu den französischen Rassen; seit kurzem erkennt man ihn aber als marokkanische Rasse an.
Äußere Kennzeichen *Kopf:* Flacher Schädel, genauso lang wie der keilförmige Fang, kaum sichtbarer Stop. *Augen:* Groß und dunkel, wehmütiger Ausdruck. *Ohren:* Nicht zu groß, dreieckig, hängend. *Scherengebiß. Hals:* Mittellang. *Körper:* Mäßig lang, lange, nicht zu breite und tiefe Brust, gut gewölbte Rippen, gerader Rücken und hochgezogener Bauch. *Läufe:* Lang und trocken. *Pfoten:* Langgestrecktes Oval. *Rute:* Lang, reicht bis zum Sprunggelenk und ist am Ende gut hochgebogen. *Haar:* Glatt und fein.
Charakter Hängt am Herrn, gleichgültig gegenüber Fremden, ruhig, guter Wächter.

241. TASY – Mittelasiatischer Windhund

Ursprung und Verwendung Dieser russische Windhund ist in Zentralasien zu Hause. Man verwendet ihn bei der Jagd auf Hasen, Fuchs, Wildkatze, Wolf. Die Rasse ist außerhalb Rußlands unbekannt.
Äußere Kennzeichen *Kopf:* Lang und konisch, Schädel und Fang nicht zu schmal, kein wahrnehmbarer Stop. *Augen:* Oval, groß. *Ohren:* Rosenohren. *Hals:* Ziemlich kurz und schwer. *Körper:* Leicht gebogene Lenden, sehr tiefe Brust, leicht gewölbte Rippen, mäßig hochgezogener Bauch. *Läufe:* Lang mit gutem Knochenbau. *Rute:* Lang. *Haar:* Kurz, dicht, hart.
Charakter Selbständig.

242. WHIPPET

Ursprung und Verwendung Der Ursprung des Whippet ist nicht ganz klar. Einerseits nimmt man an, daß er aus einer Kreuzung von Greyhound und Terrier entstand, andererseits meint man, er stamme vom Pharaonenhund ab, der zu Zeiten der Römer nach England kam (55 n. Chr.). Nach der großen Ähnlichkeit mit dem Greyhound erscheint die erste Annahme die wahrscheinlichste. Ursprünglich benutzten ihn die Bergarbeiter bei Wettkämpfen im Kaninchenfangen; auch Wilddiebe wußten diese Fähigkeit zu nutzen; danach setzte man ihn bei Wettrennen ein.
Äußere Kennzeichen *Kopf:* Langer Schädel und Fang, leichter Stop. *Augen:* Hell mit lebhaftem Ausdruck. *Ohren:* Dünne Rosenohren. *Scherengebiß. Hals:* Lang, muskulös. *Körper:* Lang, sehr tiefe Brust, gut gewölbte Rippen, deutlich gebogene Lenden und hochgezogener Bauch. *Läufe:* Lang und stark. *Pfoten:* Kurz und stark. *Rute:* Lang, wenn er ruhig ist, ist sie zwischen den Beinen, in Aktion leicht gebogen, aber nicht über dem Rücken getragen. *Haar:* Kurz, fein, dicht.
Charakter Anhänglich, kinderlieb.

240

Schulterhöhe Rüde und Hündin: 55–75 cm.

Farbe Sandfarben oder rötlich mit oder ohne schwarzer Maske. Fahlweiß, gestromt, Schwarz mit rostbraunen Abzeichen an Kopf, Pfoten und manchmal auf der Brust.

241

Schulterhöhe Rüde: 60–68 cm. Hündin: 56–65 cm.

Farbe Hellgelb, Gelb, Grau, Schwarz, Graugelb, Schwarz mit gelben Abzeichen.

242

Schulterhöhe Rüde: 47 cm. Hündin: 44,5 cm.

Farbe Alle Farben oder Farbkombinationen.

243. CHORTAJ – Europäisch-Russischer Steppenwindhund

Ursprung und Verwendung Von den vielen in Rußland vorkommenden Schlägen der Windhunde wählte man 1952 auf einem kynologischen Kongreß in Moskau vier aus, die man sauber weiterzüchten wollte. Der Chortaj wurde früher viel mit dem Tasy (Nr. 241) gekreuzt. Er ist ein leidenschaftlicher Jäger, den man ausschließlich für die Jagd hält. Außerhalb des Landes unbekannt. **Äußere Kennzeichen** *Kopf:* Lang, breiter Schädel, kräftiger, konisch zulaufender Fang, leichter Stop. *Augen:* Groß. *Ohren:* Dünne, lange Rosenohren. *Hals:* Lang, gebogen. *Körper:* Gewölbte Lenden, tiefe Brust, stark hochgezogener Bauch. *Läufe:* Lang, nicht schwer, doch mit starken Knochen. *Pfoten:* Stark. *Rute:* Lang, säbelförmig, Spitze manchmal geringelt. *Haar:* Mäßig kurz und hart. *Schulterhöhe:* Rüde: 65 cm, Hündin: 63 cm. *Farbe:* Viele Farben zugelassen.

244. SÜDRUSSISCHER STEPPEN-WINDHUND

Ursprung und Verwendung Stimmt völlig mit dem Chortaj (Nr. 243) überein.

Äußere Kennzeichen *Kopf:* Lang, konisch zulaufender breiter Schädel und langer Fang. *Augen:* Groß. *Ohren:* Dreieckig, gerade hängend. *Hals:* Mittellang. *Körper:* Tiefe Brust, gewölbte Lenden, hochgezogener Bauch. *Läufe:* Lang, dünn und stark. *Pfoten:* Stark. *Rute:* Lang, in Ruhe hängend, in Aktion geringelt. *Haar:* Kurz und hart. *Schulterhöhe:* Rüde: 62–70 cm, Hündin: 59–67 cm. *Farbe:* Viele Farben zugelassen.

Vorstehhunde

Die Vorstehhunde entstammen den Laufhunden. Bereits im vierten Jahrhundert vor unserer Zeitrechnung berichtete der griechische Geschichtsschreiber Xenophon über einige Bracken, die – statt das Wild zu verfolgen – vor Erregung zitternd, wie verzaubert mit hoch erhobenem Kopf stehenblieben, um den Wildgeruch zu schnuppern. Ursprünglich betrachtete man dieses merkwürdige Verhalten eines Jagdhundes unwürdig. Später änderte man die Meinung als man erkannte, daß man die Hunde lehren konnte, sich auf den Boden zu legen, wenn sich das Wild unsichtbar machen wollte, indem es stocksteif sitzenblieb. Das brachte dem Jäger einen doppelten Vorteil. Das unsichtbare Wild wurde aufgespürt, und er konnte sich dann sehr nahe heranpirschen. Vor allem bei der Jagd mit dem Netz, das dabei sowohl über den Hund als auch über das Wild geworfen wurde, nutzte man diese Eigenschaft besonders gut. Eine andere Methode war die Falkenjagd. Auch hier zeigte sich der Vorstehhund als brauchbarer Kumpan. Er hatte die Aufgabe, das sich im Unterwuchs verborgene Wild vorsichtig »aufzustöbern«, woraufhin es sich in die Luft erhob und so in den Bereich des Jagdfalken geriet. Weil in beiden Fällen das Ziel ausschließlich Vögel waren, benannte man diese Hunde mit dem Namen »Vogelhunde«.

Mit dem Aufkommen und der Weiterentwicklung der Feuerwaffen veränderte sich der Vogelhund zum Vorstehhund. Dieser spürt erst das Wild auf, bleibt dann für den Jäger deutlich sichtbar davor stehen, jagt es erst auf Befehl hoch und apportiert es nach dem Schuß. Um diese Jagdweise zu erreichen, mußte man den Jagdtrieb der Bracke zügeln und ihr Gehorsam beibringen. Das schaffte man mit Laufhunden (die eine Anlage zum indirekten Aufspüren des Wildes hatten, das bedeutet das Auffinden der Fährte), die man mit von Natur aus disziplinierten Hütehunden kreuzte. In diesen Kreuzungen sucht man auch die Erklärung für das Vorkommen der Rauhhaarigkeit bei einigen Jagdhundrassen. Diese gehen nämlich auf rauhhaarige Hirtenhunde zurück.

Die Bracke jagt, weil sie von ihren angeborenen Eigenschaften getrieben wird, und braucht nur wenig Abrichtung. Beim Vorstehhund, und wenn seine Anlage noch so gut ist, ist Übung für die Begleitung bei der Arbeit unentbehrlich. Jeder Hund ist in seinem tiefsten Innern ein Jäger. Darum muß man einem Vorstehhund, den man für die Jagd ab-

richten will, von klein auf beibringen, daß es nicht möglich ist, nach Herzenslust hinter dem Wild herzuhetzen. Hat er erst einmal Geschmack daran gefunden, ist es sehr schwierig, ihm das wieder abzugewöhnen, und er kann als Gebrauchshund verdorben sein.
Die zu dieser Gruppe gehörenden britischen Spaniels, französischen Épagneuls und deutschen Wachtelhunde stehen zwischen den Lauf- und Vorstehhunden. Sie arbeiten unter dem Gewehr, das bedeutet, dicht vor dem Jäger, warten sitzend oder liegend vor dem Wild, jagen es hoch, damit es der Jäger gut schießen kann, und apportieren es dann. In dicht bewachsenem und unübersichtlichem Gebiet verlangt man manchmal von diesen Hunden, daß sie »Hals geben«, das heißt laut kläffend treiben, damit der Jäger weiß, wo sie sind. Ehe Ende des vorigen Jahrhunderts der Kennel Club die verschiedenen Schläge der Spaniels als unterschiedliche Rassen anerkannte, wurden sie nicht sauber gezüchtet. Abhängig vom Wild und vom Gelände wählte der Jäger seinen Spanieltyp, so daß Hunde aus dem gleichen Wurf mit verschiedenen Gebrauchsnamen belegt wurden; man erhob sie später zu Rassenamen. Der kontinentale Vorstehhund ist ein vielseitiger Jagdhund; der Jäger erwartet von ihm, daß er ihm bei mancherlei Jagdaufgaben hilft. Die britischen Jäger neigen dagegen zu der Ansicht, daß es der Arbeit schade, wenn man einen Hund die unterschiedlichsten Aufgaben verrichten läßt. Sie machen aus ihren Vorstehhunden Spezialisten. Ihre Pointer und Setter suchen äußerst schnell das Feld ab und bleiben stocksteif vor dem Wild stehen. Die Retriever warten dagegen ruhig beim Jäger, bis der Schuß gefallen ist, stellen fest, wo das Wild herunterkommt, und apportieren es dann auf Befehl. Ist das Wild nur angeschossen, spüren sie es auf und bringen es zum Jäger.
Der Vorstehhund ist ein freundlicher, aktiver, treuer und bei guter Erziehung gehorsamer Kumpan. Wegen dieser anziehenden Charaktereigenschaften schätzt man ihn auch als Hausgenossen.

Der Größenmaßstab der zu diesem Kapitel gehörenden Abbildungen (Nr. 245–294) beträgt 1:15.

245. BARBET

Ursprung und Verwendung Sehr alte französische Rasse, aus der viele lang- und rauhhaarige Rassen hervorgegangen sind, unter anderem der Pudel, der Bichon und der Briard. Um die Mitte dieses Jahrhunderts schien es, als würden sie aussterben; in den Händen älterer Jäger befanden sich nur noch wenige Exemplare. Seit 1970 sieht man auf Ausstellungen auch wieder Barbets, die völlig mit der Rassenbeschreibung aus dem 16. Jahrhundert übereinstimmen. Der Barbet ist für die Jagd auf Wasserwild bestimmt.
Äußere Kennzeichen *Kopf:* Rund, mit breitem Schädel, kurzer, vierkantiger Fang und erkennbarer Stop. *Augen:* Rund und dunkelbraun. *Ohren:* Lang, dick, platt und hängend. *Scherengebiß. Hals:* Schwer und ziemlich kurz. *Körper:* Mit breiter, nicht zu tiefer Brust und gut gewölbten Rippen. *Läufe:* Ziemlich kurz mit kräftigem Knochenbau. *Pfoten:* Groß und rund. *Rute:* Lang. *Haar:* Wollig, lang, dick und lockig, fällt in Strähnen, mit Neigung zum Verfilzen.
Charakter Temperamentvoll, intelligent, verrückt nach Wasser, anhänglich, mutig, unermüdlich.

246. BRACCO ITALIANO

Ursprung und Verwendung Früher gab es zwei Schläge: einen leichteren Schlag, verwandt mit der Braque Français in Piemont, und einen schwereren Schlag in der Lombardei. Dieser Hund ist ein ziemlich langsamer Arbeiter und steht zwischen den Lauf- und Vorstehhunden. In der Zeit seines jahrhundertelangen Bestehens hat er sich wenig verändert. Außerhalb seines Landes ist er fast unbekannt.
Äußere Kennzeichen *Kopf:* Lang und eckig, ziemlich breiter, langer Schädel, genauso langer, breiter Fang, geringer Stop. *Augen:* Gelb bis braun. *Ohren:* Ziemlich lang, hängend. *Scherengebiß. Hals:* Ziemlich kurz, stark. *Körper:* Mit breiter, tiefer Brust und schön gewölbten Rippen. *Läufe:* Ziemlich lang mit kräftigen Knochen. *Rute:* Auf 15–25 cm Länge gekürzt, horizontal getragen. *Haar:* Kurz, dicht, glänzend.
Charakter Ruhig, freundlich, willig.

247. BRAQUE DE L'ARIÈGE – ARIÈGEOIS

Ursprung und Verwendung Französische Rasse aus dem Gebiet von Ariège, an der französisch-spanischen Grenze. Über ihren Ursprung bestehen unterschiedliche Meinungen. Die Rasse ist sehr selten. Ursprünglich zur Jagd auf Wachteln und Rebhühner gebraucht.
Äußere Kennzeichen *Kopf:* Ziemlich breiter Schädel, langer, vierkantiger Fang mit kastanienbrauner oder rosa Nase, sehr leichter Stop. *Augen:* Groß mit freundlichem Ausdruck. *Ohren:* Fein, einigermaßen gefältelt, hängend. *Scherengebiß. Hals:* Lang mit leichter Kehlhaut. *Körper:* Gestreckt, breite, tiefe Brust, gut gewölbte Rippen, gerader Rücken und leicht hochgezogener Bauch. *Läufe:* Ziemlich lang, mit schweren Knochen. *Pfoten:* Stark, oval. *Rute:* Lang, gerade, meist gekürzt. *Haar:* Kurz, fein und dicht.
Charakter Ruhig, recht starrsinnig, klug.

245

Schulterhöhe Rüde und Hündin: 45–55 cm.

Farbe Grau, Schwarz, Milchkaffeebraun, Schmutzigweiß, Weiß und Kastanienbraun, Weiß und Schwarz.

246

Schulterhöhe Rüde und Hündin: 55–67 cm.

Farbe Weiß, Weiß mit Orange, bernsteinfarben oder Weiß mit einer dieser Farben gesprenkelt.

247

Schulterhöhe Rüde und Hündin: 60–67 cm.

Farbe Weiß mit orangenen oder kastanienbraunen Flecken, kommt mitunter nur auf der Haut vor.

248. BRAQUE D'AUVERGNE

Ursprung und Verwendung Die Wiege dieses französischen Vorstehhundes ist das Gebiet von Auvergne. Eingesetzt bei der Jagd auf Rebhühner und als Apporteur.
Äußere Kennzeichen *Kopf:* Langer, nicht zu breiter Schädel. Langer, vierkantiger Fang, erkennbarer Stop. *Augen:* Dunkel haselnußfarben. *Ohren:* Mittellang, leicht gefältelt, hängend. *Scherengebiß. Hals:* Lang und recht schwer, mit leichter Kehlhaut. *Körper:* Mäßig breite, tiefe Brust und gut gewölbte Rippen, kurzer gerader Rücken und leicht hochgezogener Bauch. *Läufe:* Ziemlich lang mit gutem Knochenbau. *Pfoten:* Zwischen Hasen- und Katzenpfoten. *Rute:* Auf 15–20 cm gekürzt, waagerecht getragen. *Haar:* Kurz, nicht zu fein, glänzend.
Charakter Klug, willig.

249. BRAQUE FRANÇAIS

Ursprung und Verwendung Zweifellos die älteste Rasse der Vorstehhunde auf der Welt. Aus den Pyrenäen hat sie sich über große Teile des Kontinents verbreitet.
Äußere Kennzeichen *Kopf:* Nicht zu schwer, ziemlich breiter und langer Schädel und Fang, geringer Stop. *Augen:* Dunkelbraun. *Ohren:* Mittellang, leicht gefältelt, hängend. *Scherengebiß. Hals:* Genügend lang, mit leichter Kehlhaut. *Körper:* Gestreckt, breite und tiefe Brust, nicht übertrieben gerundete Rippen, breiter, gerader Rücken. *Läufe:* Mäßig lang mit kräftigen Knochen. *Pfoten:* Stark. *Rute:* Meist gekürzt. *Haar:* Kurz, grob und dicht.
Charakter Intelligent, aufmerksam, nicht kampflustig, kinderlieb.

250. BRAQUE FRANÇAIS, PETIT TAILLE

Äußere Kennzeichen Unterscheidet sich in einigen Punkten von Nr. 249. *Kopf:* Mit kürzerem Fang. *Ohren:* Kürzer und flach hängend. *Hals:* Mit weniger oder ohne Kehlhaut. *Schulterhöhe:* Rüde und Hündin: 47–56 cm. *Farbe:* Braune Farbe stärker ausgebreitet, manchmal zu einem Mantel, oder einfarbig. Das Braun kann von einem sehr hellen bis zum ganz dunklen Braun reichen.

251. BRAQUE SAINT-GERMAIN

Ursprung und Verwendung Diese Rasse entstand um 1830 aus Kreuzungen von französischen Vorstehhunden mit dem Pointer. Für Jagd auf größeres Wild.
Äußere Kennzeichen *Kopf:* Mit recht breitem Schädel, langem, ziemlich hohem Fang, deutlichem Stop. *Augen:* Goldfarben, mit gütigem, weichem Ausdruck. *Ohren:* Ziemlich kurz, dünn, stehen etwas vom Kopf ab, hängend. *Scherengebiß. Hals:* Recht lang, etwas Kehlhaut erlaubt. *Körper:* Ziemlich kurz, breite, tiefe Brust, gerader Rücken. *Läufe:* Mäßig lang mit schweren Knochen. *Pfoten:* Lang. *Rute:* Lang, waagerecht getragen. *Haar:* Kurz, nicht zu dünn, nie hart.
Charakter Willig, ruhig, zurückhaltend.

248

Schulterhöhe
Rüde: 57–63 cm.
Hündin: 55–60 cm.

Farbe Weiß mit schwarzen Flecken oder mehr oder weniger zahlreichen Sprenkeln, oder Schwarzgrau durch Mischung vieler schwarzer Haare mit weißen; hierbei muß der Kopf regelmäßig schwarz gezeichnet sein, so daß beide Augen im Schwarzen liegen.

249

Schulterhöhe
Rüde und Hündin: 56–65 cm.

Farbe Weiß mit kastanienbraunen Sprenkeln und Flecken.

251

Schulterhöhe
Rüde: 56–62 cm.
Hündin: 54–59 cm.

Farbe Mattweiß mit hellorangenen Flecken. Einige Sprenkel gestattet, aber nicht erwünscht.

252. DEUTSCHER WACHTELHUND

Ursprung und Verwendung 1897 begannen deutsche Berufsjäger, die noch verbliebenen, mittelgroßen, langhaarigen Gebrauchshunde – von denen man bereits im 18. Jahrhundert als Vogelhunde berichtete – systematisch zu züchten. Durch strenge Auslese erhielt man den vielseitigen Wachtelhund. Dieser sucht kläffend das Gebiet ab und eignet sich deshalb sehr gut für bewaldetes Gelände.
Äußere Kennzeichen *Kopf:* Breiter, ungefähr gleichlanger Schädel und Fang. *Augen:* Groß, alle Brauntöne. *Ohren:* Flach hängend. *Gebiß:* Gut schließend. *Hals:* Mittellang. *Körper:* Gestreckt, tiefe, breite Brust, leicht gewölbte Rippen. *Läufe:* Ziemlich kurz mit starken Knochen. *Pfoten:* Ziemlich groß, etwas länglich. *Rute:* Lang, nie hoch getragen. *Haar:* Lang, glänzend, leicht gewellt, Kopf kurz behaart.
Charakter Leidenschaftlich, klug, gehorsam.

253. DRENTSE PATRIJSHOND

Ursprung und Verwendung Zu dieser niederländischen Rasse, die aus der Provinz Drenthe stammt, gehören alle Vertreter auf alten Gemälden. Die Rasse wurde äußerlich nur wenig oder gar nicht verändert. Geschickter Jagdhund auf vielerlei Wild. Außerhalb seines Landes fast unbekannt.
Äußere Kennzeichen *Kopf:* Mit ziemlich breitem Schädel, breitem, keilförmigem, stumpf endendem Fang und flachem Stop. *Augen:* Amberfarben mit gutmütigem, intelligentem Ausdruck. *Ohren:* Mäßig groß, flach hängend. *Hals:* Mittellang, ohne Kehlhaut. *Körper:* Gestreckt, ziemlich breite, tiefe Brust, gut gewölbte Rippen, mittellanger, gerader Rücken, leicht hochgezogener Bauch. *Läufe:* Mäßig lang mit gutem Knochenbau. *Pfoten:* Rund bis oval. *Rute:* Lang, fast bis zum Sprunggelenk reichend, am Ende leicht hochgebogen getragen. *Haar:* Auf dem Körper nicht zu lang, dicht, gerade, anliegend, gute Befederung.
Charakter Anhänglich, still, folgsam, kinderlieb, wachsam.

254. ÉPAGNEUL BRETON

Ursprung und Verwendung Kommt seit Jahrhunderten in der Bretagne vor. Der einzige französische Spaniel, der auch außerhalb seines Ursprungslandes sehr bekannt ist. Eignet sich für die Jagd sowohl auf dem Lande als auch im Wasser.
Äußere Kennzeichen *Kopf:* Mit mittellangem, nicht zu schmalem Schädel und etwas kürzerem Fang, straffen Lefzen und deutlichem Stop. *Augen:* Dunkel amberfarben mit lebhaftem Ausdruck. *Ohren:* Ziemlich kurz und hängend. *Scherengebiß. Hals:* Mittellang, ohne Kehlhaut. *Körper:* Mit recht breiter und sehr tiefer Brust und gut gewölbten Rippen, leicht hochgezogener Bauch. *Läufe:* Mäßig lang mit schweren Knochen. *Pfoten:* Oval. *Rute:* Schwanzlos geboren oder bis auf 10 cm Länge eingekürzt. *Haar:* Auf dem Körper vorzugsweise flach liegend oder leicht gewellt, mit leichter Befederung.
Charakter Mutig, intelligent, lebhaft, sehr anhänglich.

252

Schulterhöhe
Rüde und Hündin: 40–50 cm.

Farbe Braun, manchmal mit weißen Abzeichen an Brust und Läufen; Weiß mit Platten und Sprenkeln; Braunschimmel, Rotschimmel, Schimmel mit roten oder gelben Abzeichen.

253

Schulterhöhe
Rüde und Hündin: 55–63 cm.

Farbe Weiß mit braunen oder orangenen Platten, manchmal mit lohfarbenen Abzeichen; mit oder ohne Sprenkel; Mantel gestattet, doch nicht erwünscht.

254

Schulterhöhe
Rüde und Hündin: 45–50 cm.

Farbe Weiß mit Orange, Weiß mit Kastanienfarbe, seit 1933 auch Weiß und Schwarz.

255. ÉPAGNEUL FRANÇAIS

Ursprung und Verwendung Diese alte Rasse war im 17. und 18. Jahrhundert sehr geschätzt, drohte aber im 19. Jahrhundert auszusterben. Nach dem Zweiten Weltkrieg erholte sie sich wieder. Besonders geeignet zur Arbeit auf schwierigem Gelände; auch sehr gut als Apporteur.
Äußere Kennzeichen *Kopf:* Breiter Schädel, langer, breiter Fang und deutlicher Stop. *Augen:* Braun oder dunkelgelb. *Ohren:* Ziemlich lang und flach hängend. *Scherengebiß. Hals:* Ziemlich kurz. *Körper:* Lang mit breiter tiefer Brust und flachen Rippen, gerader Rücken mit leichter Senkung hinter den Schultern. *Läufe:* Nicht zu lang, mit schweren Knochen. *Pfoten:* Groß und rund. *Rute:* Lang. *Haar:* Sehr reichlich, glatt oder leicht gewellt, Läufe befedert, ebenso Ohren und Rute.
Charakter Intelligent, gehorsam, bereitwillig, anhänglich.

256. ÉPAGNEUL PICARD

Ursprung und Verwendung Sehr alte Rasse aus der Picardie, kommt viel in Nordfrankreich vor. Besonders geeignet für die Jagd in Wald und Sumpf.
Äußere Kennzeichen *Kopf:* Breiter, runder Schädel, langer, kräftiger Fang und fliehender Stop. *Augen:* Dunkel amberfarben, sehr ausdrucksvoll. *Ohren:* Recht lang und breit, hängend. *Scherengebiß. Hals:* Mittellang. *Körper:* Mittellang, tiefe, ziemlich breite Brust, Rücken mit leichter Senkung hinter den Schultern, hochgezogener Bauch. *Läufe:* Nicht zu lang, starke Knochen. *Pfoten:* Groß und rund. *Rute:* Nicht zu lang, bildet zwei leichte Kurven, die erste konvex, die zweite konkav. *Haar:* Grob und dicht gewellt, fein auf dem Kopf; Befederung an Ohren, Läufen und Rute.
Charakter Intelligent, gehorsam, treu.

257. ÉPAGNEUL BLEU DE PICARDIE

Äußere Kennzeichen Stimmt sehr stark mit Nr. 256 überein, außer *Kopf:* Ovaler Schädel. *Hals:* Leichte Kehlhaut erlaubt. *Körper:* Gewölbte Rippen. *Schulterhöhe:* Rüde und Hündin: 57–60 cm. *Farbe:* Schwarzgrau mit bläulich glänzenden Flecken; Rostbraun auf Kopf und Läufen ist erlaubt.

258. ÉPAGNEUL PONT-AUDEMER

Ursprung und Verwendung Über die Entstehung dieser Rasse gehen die Meinungen stark auseinander. Gedacht für die Jagd auf Waldschnepfe, Schnepfe und Ente, sowohl in tiefem Wasser als auch im Sumpfgebiet.
Äußere Kennzeichen *Kopf:* Runder Schädel, langer, nicht zu schwerer Fang, leichter Stop. *Augen:* Klein, haselnußbraun bis dunkel amberfarben. *Ohren:* Ziemlich groß, flach hängend. *Scherengebiß. Hals:* Mäßig lang und trocken. *Körper:* Breite, tiefe Brust und gut gewölbte Rippen, gerader Rücken, leicht hochgezogener Bauch. *Läufe:* Ziemlich kurz mit gutem Knochenbau. *Pfoten:* Groß und rund. *Rute:* Bis auf 1/3 gekürzt. *Haar:* Nicht zu hartes, krauses Haar, das auf Ohren und Schädel ein ganz kurzhaariges Gesicht umschließt.
Charakter Energisch, intelligent, treu.

255

Schulterhöhe Rüde und Hündin: 55–62 cm.

Farbe Weiß mit kastanienroten Flecken und mitunter Sprenkeln.

256

Schulterhöhe Rüde: 55–62 cm. Hündin: 55–60 cm.

Farbe Grau gesprenkelt mit kastanienbraunen Flecken; manchmal an Kopf und Läufen rostbraun.

258

Schulterhöhe Rüde und Hündin: 52–58 cm.

Farbe Kastanienfarben mit Grau oder Weiß oder völlig kastanienfarbig.

259. GAMAL DANSK HONSEHUND

Ursprung und Verwendung Die Vorfahren des dänischen Vorstehhundes kamen im 17. Jahrhundert aus Spanien nach Dänemark. Dem Wiederaufbau der sehr alten Rasse widmete man viel Aufmerksamkeit. Der Dänische Kennelclub erkannte die Rasse 1962 an. Eignet sich für die Jagd im dänischen Flachland.
Äußere Kennzeichen *Kopf:* Tief und kurz mit breitem Schädel und Fang und leichtem Stop. *Augen:* Mittelgroß, hell- bis dunkelbraun, mit geringem Triefauge. *Ohren:* Lang, breit, hängend. *Scherengebiß. Hals:* Schwer mit Kehlhaut. *Körper:* Ziemlich kurz, breite tiefe Brust, gut gewölbte Rippen. *Läufe:* Mäßig lang mit kräftigen Knochen. *Pfoten:* Kurz. *Rute:* Lang. *Haar:* Kurz, dicht und weich.
Charakter Ruhig, aufmerksam.

260. GRIFFON À POIL DUR – KORTHALS

Ursprung und Verwendung Rauhhaarige Vorstehhunde kamen bereits vor Jahrhunderten in ganz Europa vor; wahrscheinlich entstanden sie aus Kreuzungen von Jagdhunden mit rauhhaarigen Hirtenhunden, die vermutlich aus Asien nach Europa kamen. Der Niederländer Korthals brachte in der zweiten Hälfte des 19. Jahrhunderts aus den besten dieser Hunde, die er hauptsächlich in Frankreich, Deutschland und in den Niederlanden antraf, den rauhhaarigen Griffon zuwege, der nach ihm benannt wurde. Die heutigen Vertreter dieser Rasse gehen alle auf die acht von Korthals verwendeten Stammtiere zurück. Es ist ein vielseitiger Gebrauchshund.
Äußere Kennzeichen *Kopf:* Groß und lang, mit nicht zu breitem Schädel, langem, vierkantigem Fang, wenig Stop. *Augen:* Groß, braun, mit klugem Ausdruck. *Ohren:* Mittelgroß, flach hängend. *Scherengebiß. Hals:* Ziemlich lang, ohne Wamme. *Körper:* Mit tiefer Brust und leicht gewölbten Rippen. *Läufe:* Mäßig lang mit starken Knochen. *Pfoten:* Rund und stark. *Rute:* Um $1/3$ eingekürzt. *Haar:* Nicht zu lang, hart, mit dichter, weicher Unterwolle.
Charakter Intelligent, anhänglich, gehorsam.

261. GRIFFON À POIL LAINEUX – BOULET

Ursprung und Verwendung Rasse aus Nordfrankreich aus der zweiten Hälfte des 19. Jahrhunderts; auch kurzweg Boulet genannt nach dem ersten Züchter dieser Rasse. Beim Aufbau verwendete er neben anderen Rassen den Barbet und den Korthals. Sehr brauchbarer Hund auf unterschiedlichem Gelände.
Äußere Kennzeichen *Kopf:* Mit mittelbreitem Schädel, vierkantiger, langer, breiter Fang. *Augen:* Gelb. *Ohren:* Leicht gefältelt, hängend. *Scherengebiß. Hals:* Mäßig lang. *Körper:* Nicht zu kurz, ziemlich breite, tiefe Brust. *Läufe:* Mäßig lang mit kräftigen Knochen. *Pfoten:* Stark und kurz. *Rute:* Gekürzt. *Haar:* Weich, lang, seidig aber nicht glänzend, flach liegend oder leicht gewellt.
Charakter Intelligent, still, gehorsam.

259

Schulterhöhe Rüde: ungefähr 55 cm. Hündin: ungefähr 51 cm.

Farbe Weiß mit hell- bis dunkelbraunen Flecken.

260

Schulterhöhe Rüde: etwa 55–60 cm. Hündin: etwa 50–55 cm.

Farbe Grau – am liebsten Blaugrau – oder Grau mit braunen Platten oder völlig Braun, oft mit grauen Haaren gemischt, oder Weiß mit Braun.

261

Schulterhöhe Rüde: 55–60 cm. Hündin: 50–55 cm.

Farbe Mattes Kastanienbraun bis zur Farbe eines toten Blattes, gemischt mit einigen weißen Haaren, mit oder ohne Flecken.

262. MÜNSTERLÄNDER, KLEINER – HEIDEWACHTELHUND

Ursprung und Verwendung Zu Beginn dieses Jahrhunderts züchtete man in Westfalen aus alten Schlägen von kleinen langhaarigen Vorstehhunden den Kleinen Münsterländer. Er ist u. a. verwandt mit den französischen Épagneuls und dem Drentser Patrijshond. Vielseitiger Gebrauchshund.
Äußere Kennzeichen *Kopf:* Nicht zu breiter Schädel, langer kräftiger Fang und kaum Stop. *Augen:* Dunkelbraun. *Ohren:* Nicht zu lang, flach hängend. *Scherengebiß. Hals:* Mittellang. *Körper:* Gestreckt, mit tiefer Brust, gut gewölbten Rippen und leicht hochgezogenem Bauch. *Läufe:* Mäßig lang, mit nicht zu schweren Knochen. *Pfoten:* Rund. *Rute:* Lang. *Haar:* Lang, schlicht, etwas gewellt, glatt anliegend, leichte Befederung.
Charakter Verständig, anhänglich, gehorsam, wachsam.

263. MÜNSTERLÄNDER, GROSSER

Ursprung und Verwendung Nach dem Ersten Weltkrieg züchteten deutsche Jäger – wie schon zehn Jahre zuvor den Kleinen Münsterländer – nun den Großen Münsterländer. Er ist, wie alle deutschen Vorstehhunde, ein passionierter und vielseitiger Arbeiter.
Äußere Kennzeichen *Kopf:* Lang mit mäßig breitem Schädel und Fang und leichtem Stop. *Augen:* Dunkel. *Ohren:* Lang und flach hängend. *Scherengebiß. Hals:* Mäßig lang, kräftig, ohne Wamme. *Körper:* Nicht zu kurz, mit tiefer, breiter Brust und leicht gewölbten Rippen, gerader Rücken, leicht hochgezogener Bauch. *Läufe:* Mittellang mit starken Knochen. *Pfoten:* Zwischen Katzen- und Hasenpfoten, stark. *Rute:* Lang. *Haar:* Lang, glatt, leicht gewölbt, kurz auf dem Kopf, gute Befederung.
Charakter Klug, wachsam, anhänglich, Raubzeugvernichter.

264. PERDIGUEIRO DE BURGOS – PERDIGUERO BURGALÈS

Ursprung und Verwendung Eine der ältesten spanischen Rassen. Im eigenen Land ein beliebter Jagdhund auf alle Arten Kleinwild in unterschiedlichem Gelände.
Äußere Kennzeichen *Kopf:* Breiter Schädel, vierkantiger Fang und geringer Stop. *Augen:* Dunkel mit traurigem Ausdruck. *Ohren:* Groß, lang, in einer Falte hängend. *Scherengebiß. Hals:* Rund, stark, mit leichter Kehlhaut. *Körper:* Lang, tief, breite Brust, runde Rippen, starker, breiter Rücken. *Läufe:* Lang, mit schweren Knochen. *Pfoten:* Oval. *Rute:* Bis $^{2}/_{3}$ gekürzt, fröhlich getragen. *Haar:* Kurz, glatt.
Charakter Zuverlässig, aktiv, willig.

262

Schulterhöhe
Rüde: 50–56 cm.
Hündin: 48–54 cm.

Farbe Braun mit Weiß, Braunschimmel; lohfarbene Abzeichen am Fang und über den Augen gestattet.

263

Schulterhöhe
Rüde und Hündin: 58–62 cm.

Farbe Weiß mit schwarzem Kopf, große schwarze Platten auf dem Körper und unregelmäßig verteilte kleinere schwarze Flecken und schwarze Haare im Weiß.

264

Schulterhöhe
Rüde: 65–75 cm.
Hündin: etwas kleiner.

Farbe Weiß mit leberfarbenem Schimmel und leberfarbigen Flecken; leberfarben mit grauweißem Schimmel, braune Flecken und Sprenkel.

265. PERDIGUEIRO PORTUGUÊS – Portugiesischer Vorstehhund

Ursprung und Verwendung Dieser Hund ist wahrscheinlich mit dem spanischen Vorstehhund verwandt. Geschätzter Jagd- und Haushund; außerhalb Portugals unbekannt.
Äußere Kennzeichen *Kopf:* Von vorn gesehen viereckig, von oben gesehen rechteckig, breiter Schädel, langer, breiter Fang, sehr starker Stop. *Augen:* Groß, dunkel, haselnußfarben oder braun. *Ohren:* Groß, dünn, hängend. *Scherengebiß. Hals:* Ziemlich lang, leichte Kehlhaut. *Körper:* Kurz, recht breite, tiefe Brust, gut gewölbte Rippen, gerader, kurzer Rücken, leicht hochgezogener Bauch. *Läufe:* Ziemlich lang, mit kräftigen Knochen. *Rute:* Bis $^{2}/_{3}$ eingekürzt. *Haar:* Kurz, rauh und dicht.
Charakter Aktiv, freundlich, anhänglich, gehorsam.

266. POINTER

Ursprung und Verwendung Überall bekannter und geschätzter, sehr schnell arbeitender Vorstehhund. Zahllosen Rassen hat man erfolgreich Pointerblut zugefügt. Die Rasse ist spezialisiert auf die Jagd nach Federwild. Die Kreuzung mit dem Foxhound, um der Rasse mehr Temperament und Ausdauer zu verleihen, ist ein sehr umstrittener Punkt. Zweifellos schadet man damit dem Kopftyp. Der ursprüngliche Kopftyp ist außerhalb Englands bei Pointern, z. B. in Skandinavien und auf dem Balkan, noch erhalten geblieben.
Äußere Kennzeichen *Kopf:* Mittelbreiter Schädel, der unter den Augen einsinkt, genauso langer Fang mit eingedrücktem Nasenrücken, deutlicher Stop. *Augen:* Haselnußfarben oder braun, mit freundlichem Ausdruck. *Ohren:* Mittellang, geschmeidig hängend. *Scherengebiß. Hals:* Lang, rund, stark und ohne Kehlhaut. *Körper:* Kurz mit mäßig breiter, tiefer Brust und gut gewölbten Rippen, abfallende Rückenlinie, hochgezogener Bauch. *Läufe:* Mäßig lang mit starken Knochen. *Pfoten:* Oval. *Rute:* Mittellang, gerade und in einer Linie mit dem Rücken getragen. *Haar:* Fein, kurz, hart.
Charakter Intelligent, lebhaft, anhänglich, still.

267. PUDELPOINTER

Ursprung und Verwendung Gegen Ende des 19. Jahrhunderts wollten deutsche Jäger eine vielseitige Rasse haben, deren Haar rauh und dicht sein mußte. Um das zu erreichen, kreuzten sie den Pointer mit dem sehr intelligenten und feurigen Pudel. Die Pudelpointer spielten dann bei vielen Wettkämpfen eine wichtige Rolle. Ins Stammbuch werden nur Hunde aufgenommen, die erfolgreich eine Jagdgebrauchsprüfung abgelegt haben.
Äußere Kennzeichen *Kopf:* Mäßig langer, breiter Schädel, langer, breiter Fang und tiefer Stop. *Augen:* Rund, gelb bis gelbbraun mit raubvogelartigem Ausdruck. *Ohren:* Flach hängend. *Scherengebiß. Hals:* Mittellang und trocken. *Körper:* Gestreckt, mäßig breite, tiefe Brust, gut gewölbte Rippen, gerader Rücken, hochgezogener Bauch. *Läufe:* Mäßig lang mit starken Knochen. *Pfoten:* Rund. *Rute:* Gekürzt. *Haar:* Mittellang, hart, dichtes Drahthaar.
Charakter Intelligent, lebhaft, lernfreudig.

265

Schulterhöhe Rüde: etwa 56 cm. Hündin: 52 cm.

Farbe Meist Rotgelb bis Creme, mit dunkler Maske und Ohren. Gestattet: Völlig kastanienbraun; Weiß, Schwarz oder Flecke einer dieser Farben auf weißem Untergrund.

266

Schulterhöhe Rüde: 63,5 bis 68,5 cm. Hündin: 61–66 cm.

Farbe Am meisten kommt vor: Gelb mit Weiß, Orange mit Weiß, Leberfarbe mit Weiß und Schwarz mit Weiß. Einfarbig und dreifarbig ebenfalls gestattet.

267

Schulterhöhe Rüde und Hündin: 60–65 cm.

Farbe Braun oder die Farbe von trockenem Laub.

268. RETRIEVER, CHESAPEAKE BAY

Ursprung und Verwendung Beim Untergang eines englischen Schiffes vor der Küste von Maryland im Jahr 1807 sollen mit der Besatzung auch zwei junge Hunde gerettet worden sein: Neufundländer oder Labrador. Aus Kreuzungen dieser Hunde mit einheimischen Retrievern und Otterhounds soll der Chesapeake Bay Retriever gezüchtet worden sein. Man braucht ihn fast ausschließlich als Jagdhund.
Äußere Kennzeichen *Kopf:* Mäßig lang, mit breitem Schädel, kurzem, mäßig breitem Fang und mäßigem Stop. *Augen:* Bernsteinfarben. *Ohren:* Klein, flach hängend. *Scherengebiß. Hals:* Mittellang. *Körper:* Mittellang mit breiter, tiefer Brust und gut gewölbten Rippen. *Läufe:* Mittellang, starke Knochen. *Pfoten:* Große Hasenpfoten. *Rute:* Lang. *Haar:* Nicht länger als 2,5 bis fast 4 cm, dick, ölig, dicht, fein, gute Unterwolle.
Charakter Hart, starrsinnig, kampflustig, klug.

269. RETRIEVER, CURLY COATED

Ursprung und Verwendung Die Entstehungsgeschichte dieser Rasse ist unsicher. Man nimmt aber allgemein an, daß der Wasserspaniel, der Pudel, der kleine Neufundländer – Vorläufer des heutigen Neufundländers – und vielleicht ein oder zwei Setterrassen verwendet wurden.
Äußere Kennzeichen *Kopf:* Lang mit mäßig breitem Schädel, langer, nicht spitzer Fang und fast kein Stop. *Augen:* Schwarz oder braun. *Ohren:* Ziemlich klein, hängend. *Scherengebiß. Hals:* Mäßig. *Körper:* Recht kurz mit nicht zu breiter, tiefer Brust und gut gewölbten Rippen. *Läufe:* Mäßig lang mit starken Knochen. *Pfoten:* Rund. *Rute:* Nicht zu lang, nahezu gerade gebogen. *Haar:* Dichte, kurze Locken, außer auf Gesicht und Schädel.
Charakter Intelligent, gehorsam, wachsam, freundlich.

270. RETRIEVER, FLAT COATED

Ursprung und Verwendung Bei der Entstehung der Rasse sollen sowohl der kleine Neufundländer als auch die großen Spaniels, Setter und Pointer schuld sein. Erst entstand der Wavy coated Retriever, der Vorfahre des heutigen Flat coated. Wahrscheinlich ist die Veränderung des Haarkleides vom Collie entlehnt. Da die Flat coated gute Retriever sind, war die Rasse vor dem Ersten Weltkrieg in England bei den Jägern sehr im Gespräch. Danach verdrängten ihn der Labrador und der Golden. Heute gewinnt er wieder zunehmend Anklang, auch außerhalb seiner Landesgrenzen.
Äußere Kennzeichen *Kopf:* Lang, mittelbreiter Schädel, langer, breiter Fang, geringer Stop. *Augen:* Dunkelbraun oder haselnußfarben, mit klugem Ausdruck. *Ohren:* Klein, flach hängend. *Hals:* Lang, ohne Wamme. *Körper:* Gestreckt, recht breite, tiefe Brust, gut gewölbte Rippen. *Läufe:* Mäßig lang mit starken Knochen. *Pfoten:* Rund. *Rute:* Nicht zu lang, gerade, nicht weit über der Rückenlinie getragen. *Haar:* Mittellang, dicht, glatt anliegend, kurz auf dem Kopf und an der Vorderseite der Läufe.
Charakter Intelligent, lebhaft, gehorsam, wachsam.

268

Schulterhöhe Rüde: 57,5 bis 65 cm. Hündin: 52,5–60 cm.

Farbe Jede Farbe von Blaßbraun bis Dunkelbraun in den Tönen des trockenen Grases oder von Rotbraun bis matt Strohgelb.

269

Schulterhöhe Rüde und Hündin: 62,5–67,5 cm.

Farbe Schwarz oder Leberfarbe.

270

Gewicht 27–31,5 kg.

Farbe Schwarz oder Leberfarbe.

271. RETRIEVER, GOLDEN

Ursprung und Verwendung Die Golden Retrievers sollen entstanden sein durch Kreuzungen von gelben Retrievers mit einem alten Schlag Wasserspaniels, später noch mit einem Irischen Setter, einem Bluthund und verschiedenen schwarzen Retrievers. In vielen Ländern sind sie nun sehr gesuchte Gebrauchs- und Ausstellungshunde.
Äußere Kennzeichen *Kopf:* Breiter Schädel, breiter, nicht zu langer Fang, deutlicher Stop. *Augen:* Dunkel. *Ohren:* Mäßig groß und flach hängend. *Scherengebiß. Hals:* Ziemlich lang. *Körper:* Kurz, tiefe Brust mit gut gewölbten Rippen, gerader Rücken. *Läufe:* Mäßig lang mit schweren Knochen. *Pfoten:* Rund. *Rute:* Lang, gerade. *Haar:* Lang, flach oder gewellt, gute Befederung, dichte Unterwolle, kurz auf dem Kopf und an der Vorderseite der Läufe.
Charakter Intelligent, still, freundlich, willig.

272. RETRIEVER, LABRADOR

Ursprung und Verwendung Man nimmt an, daß der Labrador in Neufundland entstand. Seine Vorfahren sollen einheimische schwarze Wasserhunde sein. Der Labrador ist eine weitverbreitete Rasse, sowohl in England als auch anderswo. Er ist sicher der populärste der Retrieverrassen, sowohl als Gebrauchs- und Haushund als auch als Ausstellungshund. Sehr geeignet als Blindenhund.
Äußere Kennzeichen *Kopf:* Breiter Schädel, breiter, mittellanger Fang und leichter Stop. *Augen:* Braun oder haselnußfarben, mit klugen und gutartigem Ausdruck. *Ohren:* Flach hängend. *Scherengebiß. Hals:* Lang und kräftig. *Körper:* Kurz mit breiter, tiefer Brust und gut gewölbten Rippen. *Läufe:* Mäßig lang mit kräftigen Knochen. *Pfoten:* Rund. *Rute:* Mittellang, sogenannte Otterrute; fröhlich getragen und dick. *Haar:* Kurz, dicht, hart.
Charakter Zuverlässig, gehorsam, gut gelaunt, kinderlieb.

273. SETTER, ENGLISH – Englischer Setter

Ursprung und Verwendung Eine der ältesten Vorstehhundrassen. Der Setter entstand im 17. Jahrhundert aus dem Spaniel; möglicherweise hat auch der spanische Pointer mitgeholfen. Im 18. Jahrhundert setzten sich zwei Züchter, Laverack und Llewellin, für die Rasse ein. Der eine züchtete aus zwei Hunden einen nahezu reinen Stamm Englische Setter, die sehr beliebt wurden, aber arg eigensinnig waren. Der andere kreuzte Laverack-Hunde mit Irischen Settern und danach mit Gordon Settern. Daraus entstand ein Stamm, der sich besser für die Jagd eignete.
Äußere Kennzeichen *Kopf:* Lang mit mäßig breitem Schädel, recht breitem, mäßig tiefem, fast quadratischem Fang, deutlicher Stop. *Augen:* Dunkel haselnußfarben. *Ohren:* Mäßig lang, in einer Falte hängend. *Scherengebiß. Hals:* Recht lang, ohne Kehlhaut. *Körper:* Mittellang, tiefe Brust, gut gewölbte Rippen, gerader Rücken. *Läufe:* Mäßig lang, mit schweren Knochen. *Pfoten:* Kurz und stark. *Rute:* Mittellang, gerade oder leicht gebogen; in einer Linie mit dem Rücken getragen. *Haar:* Gewellt, lang, seidig, kurz auf dem Kopf, gute Befederung an der Vorderseite der Läufe.
Charakter Still, anhänglich, ruhig.

271

Schulterhöhe
Rüde: 56–61 cm. Hündin: 50,5 bis 56 cm.

Farbe Jeder Goldton oder rahmfarben.

272

Schulterhöhe
Rüde: 55,5 bis 57 cm. Hündin: 52,5–55,5 cm.

Farbe Völlig Schwarz, Gelb, Schokoladenbraun.

273

Schulterhöhe
Rüde: 63–67 cm. Hündin: 60–63 cm.

Farbe Schwarz und Weiß; Dunkel- oder Hellorange mit Weiß. Schwarz, Weiß und Lohfarben. Leberfarben und Weiß. Die Farbe ist in sehr kleinen bis großen Flecken enthalten.

274. SETTER, GORDON

Ursprung und Verwendung Der erste Stamm dieses Schottischen Setters, um 1770 auf Gordon Castle entstanden, ging durch den Verkauf der Zucht verloren. Collie, Bluthund und Irischer Setter standen beim Wiederaufbau Pate. Als schwerster der drei Setterrassen ist der Gordon auch der langsamste.
Äußere Kennzeichen *Kopf:* Eher tief als breit; mäßig breiter Schädel, langer, ziemlich breiter, fast quadratisch endender Fang, deutlicher Stop. *Augen:* Dunkelbraun. *Ohren:* Ziemlich lang, dünn, hängend. *Scherengebiß. Hals:* Lang, ohne Kehlhaut. *Körper:* Ziemlich kurz mit tiefer, nicht zu breiter Brust, gut gerundete Rippen. *Läufe:* Mäßig lang, mit schweren Knochen. *Pfoten:* Oval. *Rute:* Reicht nur bis zum Sprunggelenk, horizontal getragen. *Haar:* Lang, weich, glänzend, gerade oder leicht gewellt, kürzer auf Kopf und an der Vorderseite der Läufe.
Charakter Starke Persönlichkeit, anhänglich, fröhlich.

275. SETTER, IRISH – Irischer Setter

Ursprung und Verwendung Der Irische Setter wird in Irland, wo die Jagd schon immer ein allgemeiner Sport war, seit Jahrhunderten sauber gezüchtet. Anfänglich war die Farbe Rot-Weiß. Nur wenige rote Exemplare kamen vor. Die rote Farbe ist heute die einzig anerkannte, doch die rotweißen Hunde werden von den irischen Jägern noch verwendet und als eigene Rasse gezüchtet.
Äußere Kennzeichen *Kopf:* Lang; ziemlich schmaler Schädel, langer, ziemlich tiefer, fast quadratisch endender Fang, deutlicher Stop. *Augen:* Dunkel haselnußfarben oder dunkelbraun. *Ohren:* Mittellang, fein und in einer Falte hängend. *Scherengebiß. Hals:* Mittellang, nicht zu dick, ohne Kehlhaut. *Körper:* Ziemlich kurz, recht schmale, tiefe Brust, gut gewölbte Rippen. *Läufe:* Ziemlich lang, mit starken Knochen. *Pfoten:* Klein und stark. *Rute:* Mittellang, nicht über der Rückenlinie getragen. *Haar:* Lang, glatt, glänzend; auf dem Kopf und an der Vorderseite der Beine kurz; gute Befederung.
Charakter Temperamentvoll, anhänglich, still.

276. SPANIEL, AMERICAN COCKER – Amerikanischer Cocker-Spaniel

Ursprung und Verwendung Bei der Verbesserung des Englischen Cocker-Spaniels züchtete man in England anders als in Amerika. Während man in Amerika durch reine Auswahl zu Werke ging, kreuzte man in England mit anderen Spanielrassen. Der Unterschied wurde immer größer, bis man 1945 beschloß, die beiden Spaniels als besondere Rassen anzuerkennen.
Äußere Kennzeichen *Kopf:* Ziemlich kurzer, breiter Schädel, kurzer, breiter, tiefer, quadratischer Fang und scharfer Stop. *Augen:* Groß, entweder dunkelbraun bis schwarz, dunkel haselnußfarben oder haselnußfarbig je nach Haarfarbe, intelligenter, flehender Ausdruck. *Ohren:* Länglichrund, lang, flach hängend. *Scherengebiß. Hals:* Lang und trocken. *Körper:* Viereckig, tiefe, ziemlich breite Brust, gut gewölbte Rippen, kräftiger, nach hinten abfallender Rücken. *Läufe:* Mäßig lang, starke Knochen. *Pfoten:* Rund. *Rute:* Gekürzt, gerade getragen. *Haar:* Mittellang, flach oder leicht gewellt, seidig, gute Befederung, auf dem Kopf kurz.
Charakter Fröhlich, lebhaft, trotzig, neugierig.

274

Schulterhöhe
Rüde: 65 cm.
Hündin: 62 cm.

Farbe Schwarz mit lohfarbenen Abzeichen.

275

Schulterhöhe
Rüde und Hündin: etwa 65 cm.

Farbe Gold, Kastanienbraun.

276

Schulterhöhe
Rüde: 36,5 bis 39 cm. Hündin: 34,5–36,5 cm.

Farbe Völlig schwarz oder andere Farben; bunt, Schimmel, Schwarz mit Lohfarbe.

277. SPANIEL, AMERICAN WATER – Amerikanischer Wasser-Spaniel

Ursprung und Verwendung In den USA züchteten Jäger für die Jagd auf Wasserwild aus importierten Irischen Wasser-Spaniels und Curly Coated Retrievers den Amerikanischen Wasser-Spaniel.
Äußere Kennzeichen *Kopf:* Mittellang mit breitem Schädel, breiter Fang und mittlerer Stop. *Augen:* Haselnußfarbig oder braun. *Ohren:* Lang, flach hängend. *Scherengebiß. Hals:* Rund, mäßig lang, ohne Kehlhaut. *Körper:* Lang, tiefe, mäßig breite Brust, gut gewölbte Rippen, gerader Rücken. *Läufe:* Mittellang mit starken Knochen. *Pfoten:* Kompakt. *Rute:* Lang, hängend getragen. *Haar:* Dicht, fein, kraus.
Charakter Lebhaft, freundlich, anhänglich.

278. SPANIEL, CLUMBER

Ursprung und Verwendung Über den Ursprung dieser ältesten der bekannten Spanielrassen wissen wir nichts weiter, als daß sie vom Festland nach England kam. Im 18. Jahrhundert soll der damalige Herzog von Noailles die Rasse aus Kreuzung eines inzwischen ausgestorbenen Spanielschlages und einem Basset aufgebaut haben. In der Französischen Revolution brachte er seine Hunde beim Herzog von Newcastle in Sicherheit. Die berühmte Zucht blieb in England und trägt seitdem den Namen des Landbesitzes, auf dem sie Unterkunft fand. Sehr geschätzte Apporteure und Stöberer.
Äußere Kennzeichen *Kopf:* Groß mit mäßig breitem Schädel, tiefer, mäßig langer, breiter Fang, tiefer Stop. *Augen:* Dunkel amberfarben. *Ohren:* Weinlaubförmig, groß, hängend. *Scherengebiß. Hals:* Ziemlich lang und dick. *Körper:* Schwere, tiefe, breite Brust, stark gewölbte Rippen, gerader Rücken. *Läufe:* Kurz mit schweren Knochen. *Pfoten:* Groß, rund. *Rute:* Nicht zu stark gekürzt, in Rückenhöhe getragen. *Haar:* Lang, reichlich, dicht, seidig, glatt, Läufe gut befedert. Kurz auf dem Kopf und an der Vorderseite der Läufe.
Charakter Ruhig, würdig, willig.

279. SPANIEL, COCKER

Ursprung und Verwendung Eine der ältesten englischen Spanielrassen. Sie wurde erst Ende des vorigen Jahrhunderts durch den Kennelclub anerkannt. Obwohl die Cocker sehr gute, vielseitige Gebrauchshunde sind, werden sie jetzt in der ganzen Welt als Haus- und Ausstellungshunde gezüchtet und gehalten.
Äußere Kennzeichen *Kopf:* Weder zu breiter noch zu langer Schädel, viereckiger Fang und deutlicher Stop. *Augen:* Haselnußfarben oder braun, mit verständigem, weichem Ausdruck. *Ohren:* Lappenförmig, dünn, lang und hängend. *Scherengebiß. Hals:* Lang und stark. *Körper:* Kurz, mit tiefer, nicht zu breiter Brust und gut gewölbten Rippen, kurzer, etwas nach hinten abfallender Rücken. *Läufe:* Ziemlich kurz mit starken Knochen. *Pfoten:* Katzenpfoten. *Rute:* Nicht zu stark gekürzt, waagerecht getragen. *Haar:* Lang, glatt seidig, mit Befederung, kurz auf dem Kopf und an der Vorderseite der Läufe.
Charakter Fröhlich, still, anhänglich.

277

Schulterhöhe
Rüde und Hündin: 38–46 cm.

Farbe Leber- oder dunkle Schokoladenfarbe. Weiß auf Zehen und Brust gestattet.

278

Gewicht
Rüde: 25–32 kg.
Hündin: 20–27 kg.

Farbe Weiß mit hellzitronenfarbenen Flecken; Orange gestattet, doch nicht erwünscht. Schwache Abzeichen am Kopf und gesprenkelter Vorderfang auf weißem Körper werden vorgezogen.

279

Schulterhöhe
Rüde: etwa 38,5–40 cm.
Hündin: etwa 37,5–38,5 cm.

Farbe Viele Farben, sowohl einfarbig als auch bunt.

280. SPANIEL, ENGLISH SPRINGER

Ursprung und Verwendung Stammform aller Spanielrassen, mit Ausnahme des Clumber Spaniels. 1903 wurde aus diesem Stamm ein berühmter Wettkampfhund geboren, Velox Powder, der 20 Siege errang.
Äußere Kennzeichen *Kopf:* Mittellanger, ziemlich breiter Schädel, ziemlich breiter, tiefer Fang und deutlicher Stop. *Augen:* Dunkel haselnußfarben mit freundlichem, wachem Ausdruck. *Ohren:* Lappenförmig, ziemlich lang, flach hängend. *Scherengebiß. Hals:* Ziemlich lang, ohne Kehlhaut. *Körper:* Mit mäßig breiter, tiefer Brust, gut gewölbte Rippen. *Läufe:* Nicht zu kurz mit starken Knochen. *Pfoten:* Rund. *Rute:* Gekürzt, hängend getragen. *Haar:* Lang, dicht, weich, Befederung kurz auf Kopf und Vorderseite der Läufe.
Charakter Aktiv, fröhlich, anhänglich, kinderlieb.

281. SPANIEL, FIELD

Ursprung und Verwendung Um einen Spaniel zu erhalten, der besser das Dickicht durchdringen konnte als der Springer und ruhiger arbeitete als der Cocker, kreuzte man diese beiden miteinander und mit dem Sussex. Der dabei entstehende, nicht so hohe und längere Hund war der Field Spaniel.
Äußere Kennzeichen *Kopf:* Mäßig breiter und langer Schädel. Langer, nicht zu breiter Fang und deutlicher Stop. *Augen:* Entweder dunkel haselnußfarben oder braun oder fast schwarz. *Ohren:* Mittellang, gefältelt hängend. *Hals:* Lang und stark. *Körper:* Mittellang, nicht zu breite, tiefe Brust, gut gewölbte Rippen. *Läufe:* Nicht zu kurz, mit starken, nicht zu schweren Knochen. *Pfoten:* Rund. *Rute:* Gekürzt, hängend getragen. *Haar:* Lang, gerade oder leicht gewellt, dicht, seidig, gute Befederung, kurz auf dem Kopf und an der Vorderseite der Läufe.
Charakter Intelligent, anhänglich, gehorsam.

282. SPANIEL, IRISH WATER – Irischer Wasserspaniel

Ursprung und Verwendung Auch über die Abstammung dieses Spaniels kann man nichts mit Sicherheit sagen. Die Behauptung, er sei aus einer Kreuzung von Pudel und Irischem Setter entstanden, ist falsch, weil die Haarstruktur eine völlig andere ist. Die absolut saubere Vererbung der Rasse zeigt aber, daß sie sehr alt ist und seit sehr langer Zeit ohne fremde Blutbeimischung gezüchtet wird.
Äußere Kennzeichen *Kopf:* Beträchtlich breiter, langer Schädel, langer, kräftiger, einigermaßen viereckiger Fang und deutlicher Stop. *Augen:* Amberfarben. *Ohren:* Sehr lang, lappenförmig, hängend. *Scherengebiß. Hals:* Ziemlich lang und stark. *Körper:* Kurz, tiefe, nicht zu breite Brust, gut gewölbte Rippen, breiter, kurzer, gerader Rücken. *Läufe:* Ziemlich lang mit starken Knochen. *Pfoten:* Groß und rund. *Rute:* Lang, bis zum Sprunggelenk reichend und nicht hoch getragen. *Haar:* Steife Locken, kurz im Gesicht, auf dem Fang und auf der Rute.
Charakter Intelligent, anhänglich, mutig, gehorsam.

280

Schulterhöhe Rüde: etwa 50 cm. Hündin: etwas kleiner.

Farbe Vorzugsweise leberfarben mit Weiß und Schwarz mit Weiß, mit lohfarbenen Abzeichen. Zugelassen sind alle Landspanielfarben.

281

Schulterhöhe Rüde: etwa 45 cm. Hündin: etwas kleiner.

Farbe Einfarbig schwarz, leberfarben, goldleberfarben, mahagonirot oder Schimmel. Eine dieser Farben mit lohfarbenen Abzeichen.

282

Schulterhöhe Rüde: etwa 53–58,5 cm. Hündin: 50,5–55,5 cm.

Farbe Dunkel leberfarbig mit violettem Schein.

283. SPANIEL, SUSSEX

Ursprung und Verwendung Diese Rasse entstand in Sussex. Um frisches Blut hineinzubringen, kreuzte man 1954 mit gutem Resultat den Clumber Spaniel ein. Ursprünglich ausschließlich als Jagdhund gebraucht, erschien er erst später auf Ausstellungen. Der Sussex Spaniel ist außerhalb Englands der am wenigsten verbreitete Spaniel. Die Rasse hat die Neigung, laut zu jagen, das heißt kläffend.
Äußere Kennzeichen *Kopf:* Mittellanger, breiter Schädel, ziemlich langer, viereckiger Fang und deutlicher Stop. *Augen:* Tief amber- bis haselnußfarben, mit weichem, schmachtendem Ausdruck. *Ohren:* Dick, ziemlich groß, lappenförmig, flach hängend. *Scherengebiß. Hals:* Mäßig lang und kräftig. *Körper:* Ziemlich lang, tiefe, ziemlich breite Brust mit gut gewölbten Rippen, langer, breiter, gerader Rücken. *Läufe:* Ziemlich kurz mit schweren Knochen. *Pfoten:* Groß und rund. *Rute:* Gekürzt auf 12,5–18 cm, hängend getragen. *Haar:* Lang, reichlich, flach anliegend, gute Befederung, kurz auf Gesicht und Fang.
Charakter Einmannhund, lebhaft, willig.

284. SPANIEL, WELSH SPRINGER

Ursprung und Verwendung Diese Rasse, zweifellos mit dem Épagneul Breton (Nr. 254) verwandt, kommt viel vor in Neath Valley. Bis vor kurzem hauptsächlich als Jagdhund gehalten, erscheint er gegenwärtig immer häufiger auf Ausstellungen, auch außerhalb seines Mutterlandes.
Äußere Kennzeichen *Kopf:* Mäßig langer, breiter Schädel, mittellanger, breiter, ziemlich viereckiger Fang und deutlicher Stop. *Augen:* Haselnußfarben oder dunkelbraun. *Ohren:* Ziemlich klein, flach hängend. *Scherengebiß. Hals:* Lang, stark, ohne Kehlhaut. *Körper:* Nicht lang, tiefe, nicht zu breite Brust, gut gewölbte Rippen. *Läufe:* Mittellang mit kräftigen Knochen. *Pfoten:* Kompakt. *Rute:* Auf 1/3 gekürzt. *Haar:* Lang, dicht, flach, seidig, gute Befederung, kurz auf dem Kopf und an den Vorderseiten der Läufe.
Charakter Gehorsam, aktiv, freundlich.

285. SPINONE

Ursprung und Verwendung Bereits lange bestehende italienische Rasse, deren Ursprung in Frankreich liegt, im Gebiet von Bresse. Als französische Vorfahren nennt man Barbet, Porcelaine und den französischen Griffon. Später Kreuzungen mit dem Griffon Korthals und dem Rauhhaarigen Deutschen Vorstehhund waren, was das Äußere angeht, nicht erfolgreich; die Jagdleidenschaften wurden aber wohl verbessert.
Äußere Kennzeichen *Kopf:* Langer, ziemlich schmaler Schädel, genauso langer, viereckiger Fang und leichter Stop. *Augen:* Dunkelgelb bis ockerfarben. *Ohren:* Dreieckig, flach hängend. *Scherengebiß. Hals:* Ziemlich kurz, mit Kehlhaut. *Körper:* Kurz, tiefe, ziemlich breite Brust und gut gewölbte Rippen. *Läufe:* Lang mit schlanken Knochen. *Pfoten:* Stark. *Rute:* Auf 15 oder 25 cm gekürzt. *Haar:* Hart, dicht, kraus, 4–6 cm lang.
Charakter Zuverlässig, anhänglich, willig.

283

Schulterhöhe Rüde und Hündin: 40 cm.

Farbe Leberbraun mit goldenem Schimmer.

284

Schulterhöhe Rüde und Hündin: etwa 50–52,5 cm.

Farbe Dunkelrot mit Weiß.

285

Schulterhöhe Rüde: 60–65 cm. Hündin: 55–60 cm.

Farbe Weiß; Weiß mit orangenen oder kastanienbraunen Flecken.

286. STABYHOUN

Ursprung und Verwendung Dieser aus den Niederlanden stammende Hund war ein vielseitiger Jagdhund. Er soll mit dem Drentse Patrijshond und dem Heidewachtel verwandt sein. Kommt außerhalb der Niederlande nicht vor.
Äußere Kennzeichen *Kopf:* Mäßig breiter, recht langer Schädel, genauso langer, kräftiger Fang, leichter Stop. *Augen:* Bei den schwarzbunten dunkelbraun, bei den braun- oder orangebunten etwas heller. *Ohren:* Mittellang, flach hängend. *Scherengebiß. Hals:* Kurz, rund, ohne Kehlhaut. *Körper:* Gestreckt mit recht breiter, nicht zu tiefer Brust und gut gewölbten Rippen, recht langer, gerader Rücken, mäßig hochgezogener Bauch. *Läufe:* Mäßig lang mit starken Knochen. *Pfoten:* Rund. *Rute:* Lang. *Haar:* Lang und schlicht, gute Befederung, Kopf kurz behaart.
Charakter Anhänglich, klug, gehorsam, ruhig, wachsam.

287. VIZSLA, RÖVIDSZÖRÜ MAGYAR – Kurzhaariger ungarischer Vorstehhund

Ursprung und Verwendung In Ungarn entstanden aus Kreuzungen einheimischer Bracken mit dem aus der Türkei eingeführten gelben Vogelhund, mit deutschen Schweißhunden und Vorstehhunden. Vielseitiger Jagdhund.
Äußere Kennzeichen *Kopf:* Trocken, breiter, mäßig langer Schädel, genauso langer, kräftiger, stumpf endender Fang, mäßig tiefer Stop. *Augen:* Ein bißchen dunkler als das Haar, mit verstehendem, aufmerksamem Blick. *Ohren:* Ziemlich groß, breit, hängend. *Scherengebiß. Hals:* Mittellang, ohne Kehlhaut. *Körper:* Ziemlich kurz, tiefe, mäßig breite Brust, mäßig gewölbte Rippen, gerader, kurzer Rücken, etwas hochgezogener Bauch. *Läufe:* Lang mit kräftigen Knochen. *Pfoten:* Rund. *Rute:* Bis $^2/_3$ eingekürzt. *Haar:* Kurz, gerade, grob, glänzend.
Charakter Gutgelaunt, freundlich, lernfreudig, gehorsam, lebhaft.

288. VIZSLA, DRÓTSZÖRÜ MAGYAR – Rauhhaariger ungarischer Vorstehhund

Ursprung und Verwendung Man erhielt ihn durch Kreuzung des Vizsla mit dem Drahthaarigen Deutschen Vorstehhund.
Äußere Kennzeichen Stimmt mit dem kurzhaarigen Vizsla (Nr. 287) überein, abgesehen vom *Haar:* 3–4 cm lang, dicht, rauh, weiche Unterwolle; Kopf, Ohren und Läufe kürzer behaart; Augenbrauen und Bart erwünscht.

289. VORSTEHHUND, DRAHTHAARIGER DEUTSCHER

Ursprung und Verwendung Vielseitiger Gebrauchshund; besonders geeignet für die Jagd auf Wasserwild.
Äußere Kennzeichen *Kopf:* Ziemlich lang mit breitem Schädel und Fang. *Augen:* Heller. *Ohren:* Mittellang, flach hängend. *Scherengebiß. Hals:* Mittellang. *Körper:* Mäßig breite, tiefe Brust, gut gewölbte Rippen. *Läufe:* Mäßig lang, starke Knochen. *Pfoten:* Rund. *Rute:* Gekürzt. *Haar:* Mittellang, sehr hart, glatt anliegend.
Charakter Klug, gehorsam, lebhaft, scharf.

286

Schulterhöhe
Rüde: 50 cm.
Hündin: etwas kleiner.

Farbe Schwarzbunt, blaubunt, braunbunt oder orangebunt.

287

Schulterhöhe
Rüde: 57–64 cm.
Hündin: etwas kleiner.

Farbe Dunkel weizenblond.

289

Schulterhöhe
Rüde: 60–65 cm.
Hündin: nicht kleiner als 56 cm.

Farbe Unauffällig. Meist einfarbig braun oder Braunschimmel, auch Pfeffer und Salz.

290. VORSTEHHUND, KURZHAARIGER DEUTSCHER

Ursprung und Verwendung Aus der meistverbreiteten und meistgebrauchten Jagdhundrassen.
Äußere Kennzeichen *Kopf:* Trocken, markant, genügend breiter Schädel, langer, starker Fang, deutlicher Stop. *Augen:* Mittelgroß und braun. *Ohren:* Mäßig lang, flach hängend. *Scherengebiß. Hals:* Recht lang, so wenig wie möglich Kehlhaut. *Körper:* Gestreckt mit tiefer, mäßig breiter Brust und gut gewölbten Rippen. *Beine:* Ziemlich lang mit starken Knochen. *Pfoten:* Rund bis löffelförmig. *Rute:* Gekürzt. *Haar:* Kurz, dicht, grob und hart.
Charakter Energisch, freundlich, gehorsam, treu.

291. VORSTEHHUND, LANGHAARIGER DEUTSCHER

Ursprung und Verwendung Aus Kreuzungen von Wachtel- oder Vogelhunden mit französischen Épagneuls entstanden. Hervorragender, vielseitiger Vorstehhund.
Äußere Kennzeichen *Kopf:* Gestreckt und trocken, ziemlich breiter Schädel. *Augen:* So dunkel wie möglich. *Ohren:* Ziemlich breit und lang, flach hängend. *Scherengebiß. Hals:* Mittellang. *Körper:* Kurz, mit tiefer, nicht zu breiter Brust und gewölbten Rippen, Rücken kurz und gerade, Bauch leicht hochgezogen. *Läufe:* Mäßig lang und starke Knochen. *Pfoten:* Mäßig lang und rund. *Rute:* Lang, gerade, horizontal getragen. *Haar:* Lang, auf Rücken und Flanken 3–5 cm, auf Brust und Bauch etwas länger; gute Befederung.
Charakter Intelligent, willig, treu, gehorsam, lebhaft.

292. VORSTEHHUND, STICHELHAARIGER DEUTSCHER

Ursprung und Verwendung Ältere Rasse der beiden rauhhaarigen, heute mindestens so geschätzt wie der Rauhhaar.
Äußere Kennzeichen Stimmen mit denen des Drahthaar (Nr. 289) überein. *Augen:* Hell- bis dunkelbraun. *Haar:* Borstig, hart, steif.
Schulterhöhe: Rüde und Hündin: 60–66 cm. *Farbe:* Braun und Weiß; Grau und Braun gemischt, mit dunkelbraunen Flecken oder Platten.

293. WEIMARANER

Ursprung und Verwendung Am Hof von Weimar gezüchtet.
Äußere Kennzeichen *Kopf:* Ziemlich schmal, langer Schädel und langer, nicht spitzer Fang, ganz geringer Stop. *Augen:* Bernsteinfarben. *Ohren:* Geschmeidig, ziemlich lang, nicht zu flach hängend. *Scherengebiß. Hals:* Mittellang, ohne Kehlhaut. *Körper:* Ziemlich lang mit tiefer, nicht zu breiter Brust und leicht gewölbten Rippen, einigermaßen langer, starker Rücken. *Läufe:* Ziemlich lang, mit starken Knochen. *Pfoten:* Kurz und stark. *Rute:* Gekürzt. *Haar:* Beim Kurzhaar kurz, fein und hart, beim Rauhhaar dicht, hart und drahtig, beim Langhaar 3–5 cm lang, etwas länger an Hals, Brust und Bauch, gute Befederung.
Charakter Freundlich, gehorsam, mutig.

290

Schulterhöhe Rüde: 62–64 cm. Hündin: etwas kleiner.

Farbe Völlig braun; Braun mit geringen weißen oder gesprenkelten Abzeichen an Brust und Läufen; dunkelbrauner Schimmel mit braunem Kopf und braunen Platten oder Flecken; hellbrauner Schimmel mit braunem Kopf mit oder ohne braune Platten oder Flecken; Weiß mit Braun. Alle genannten Kombinationen mit Schwarz anstelle von Braun.

291

Schulterhöhe Rüde und Hündin: meist etwas kleiner als der Kurzhaar, ungefähr 60–62 cm.

Farbe Völlig braun oder Braun mit Weiß.

293

Schulterhöhe Rüde: 59–70 cm. Hündin: 57–65 cm.

Farbe Silber-, Reh- oder Mausgrau. Kopf und Ohren meist etwas kleiner. Geringe weiße Abzeichen an Brust und Läufen erlaubt.

294. WETTERHOUN

Ursprung und Verwendung Alte Rasse, die in Friesland (Niederlande) bei der Jagd auf Wasserwild verwendet wird, besonders auf Otter, die früher häufig vorkamen. Sein Mut und seine Schärfe, zum Packen von Ottern wichtige Eigenschaften, haben ihn vor dem Aussterben bewahrt. Obwohl er durch ausländische Rassen als Jäger auf Wasserwild verdrängt wurde, blieb er auf dem Lande als sehr geschätzter Wachhund und Iltis- und Maulwurffänger erhalten.
Äußere Kennzeichen *Kopf:* Kräftiger, breiter Schädel, breiter, stumpf endender Fang, geringer Stop. *Augen:* Dunkelbraun für die Schwarz- und Blauschimmel, braun für braune Hunde. *Ohren:* Mittellang, flach hängend. *Scherengebiß. Hals:* Rund, kurz, kräftig. *Körper:* Kurze, breite tiefe Brust und runde Rippen, gerader, kurzer Rücken, mäßig hochgezogener Bauch. *Läufe:* Mäßig lang mit starken Knochen. *Pfoten:* Rund. *Rute:* Als Spirale aufgerollt, hoch neben dem Kreuz hängend getragen. *Haar:* Überdeckt mit dichten starken Locken, außer auf dem Kopf; die Rute endet in einem Federbusch.
Charakter Mutig, scharf, wachsam, selbständig.

295. BRAQUE DU BOURBONNAIS

Ursprung und Verwendung Diese Rasse legte man um die Jahrhundertwende in der Bourbonnais in Mittelfrankreich fest, wo sie am besten erhalten geblieben war. Obwohl diese Braque ein guter Jagdhund ist, wurde sie außerhalb ihrer Landesgrenzen nie bekannt; sie droht heute auszusterben.
Äußere Kennzeichen *Kopf:* Langer, mäßig breiter Schädel, langer, breiter Fang und leichter Stop. *Augen:* Dunkle Bernsteinfarbe. *Ohren:* Lang, leicht gefältelt hängend. *Hals:* Kurz, mit leichter Kehlhaut. *Körper:* Tiefe, breite Brust und gewölbte Rippen. *Läufe:* Ziemlich lang mit starken Knochen. *Rute:* Auf 3–5 cm gekürzt. *Haar:* Dicht, kurz, ölig. *Schulterhöhe:* Rüde und Hündin: 50–58 cm. *Farbe:* Weiß, gesprenkelt mit hellem Kastanienbraun, kastanienbraune Flecke auf dem Kopf, gelbe Stellen über den Augen, auf den Lefzen und Pfoten.

296. CESKY FUNSEK – Tschechischer Vorstehhund

Ursprung und Verwendung Vorstehhund aus der Tschechoslowakei, der nahe verwandt ist mit dem Rauhhaarigen Deutschen Vorstehhund (Nr. 292). Ausschließlich im eigenen Land verwendeter Vorstehhund.
Äußere Kennzeichen Sie stimmen mit denen des Rauhhaar (Nr. 292) überein, mit Ausnahme der Behaarung, die dreifach ist: Dichte, kurze Unterwolle, die im Sommer völlig verschwindet; 4 cm langes, gut anliegendes Deckhaar, gemischt mit 6 cm langen Haaren, die durch das Deckhaar hindurchstoßen. *Farbe:* Tief Dunkelbraun; Weiß, gesprenkelt mit Braun; Weiß mit braunen Sprenkeln und/oder Platten; Weiß mit braunen Platten und Kopfzeichnung.

294

Schulterhöhe Rüde: 55 cm. Hündin: etwas kleiner.

Farbe Schwarz-, Braun- oder Blauschimmel.

297. BRAQUE DUPUY

Ursprung und Verwendung Dieser französische Vorstehhund entstand aus einer Kreuzung von Windhund mit der Braque Français; er trägt den Namen seiner Züchter, der Gebrüder Dupuy. Die Rasse gibt es kaum noch oder gar nicht mehr. Sie war bestimmt für die Jagd sowohl auf dem Land als auch im Wasser.

Äußere Kennzeichen Sehr großer, eleganter Vorstehhund, dem man die Abstammung vom Windhund noch deutlich ansieht. *Kopf:* Lang und schmal, kein Stop. *Augen:* Goldfarben oder Braun, weicher, betrübter Ausdruck. *Ohren:* Ziemlich lang, dünn, in Falten hängend. *Scherengebiß. Hals;* Lang. *Körper:* Tiefe, schmale Brust und flache Rippen. *Läufe:* lang, starke Knochen. *Pfoten:* Lang. *Rute:* Sehr lang. *Haar:* Mehr oder weniger kurz, hart, glatt, an Kopf und Ohren feiner. *Schulterhöhe:* Rüde: etwa 67 cm, Hündin: etwa 65 cm. *Farbe:* Weiß, mit kleinen oder großen kastanienbraunen Flecken; oder Mantel, mit oder ohne Sprenkel im Weiß.

Große Gesellschaftshunde

Im Vergleich mit den vorangegangenen Gruppen zeigt diese Gruppe eine bemerkenswerte Unterschiedlichkeit der Rassen.

Diese Unterschiede sind nicht zufällig. Ihre Ursache liegt in den besonderen Maßstäben, die man in diesem Fall anlegt. Während bisher die Anlage ausschlaggebend war, um eine sehr scharf umrissene Aufgabe zu erfüllen, liegt bei dieser Gruppe die Betonung auf den Charaktereigenschaften. Da nun einmal zwischen dieser und jener Familie ein großer Unterschied in ihrer Umwelt besteht, sollen diese Gegensätze auch in den Charakteren der möglichen Gesellschaftshunde zu finden sein.

So passen der Mops, die Französische Bulldogge und der Boston-Terrier gut in eine ruhige Familie und sind eine angenehme Gesellschaft auf den Spaziergängen nicht mehr ganz junger Menschen. Das typische Schnarchen, nicht nur während des Schlafes, sondern auch als Äußerung des Gemütszustandes, muß man aber schätzen können.

Etwas stolzer sind der Basenji und der Chow-Chow. Sie gehen gern ihre eigenen Wege und sind deshalb für eine Wohnung ungeeignet, die an einer verkehrsreichen Straße liegt, weil sie hier Gefahr laufen, überfahren zu werden.

Beide sind, genau wie der Spitz und der Tibet-Terrier, besonders geeignet für Alleinstehende, weil sie sich stark auf eine Person konzentrieren.

Die übrigen hier aufgezählten Rassen sind angenehme Familienhunde, lebhaft und aufgeweckt, folgen morgens der Frau des Hauses bei ihrer Arbeit durch die Wohnung, begrüßen den Herrn und die Kinder überschwenglich, wenn sie nach Hause kommen, und sind zu allen möglichen Streichen mit einigen oder allen Hausgenossen bereit.

Die weniger großen Rassen sind angebracht bei jüngeren Kindern; der Große und der Kleine Pudel und der Dalmatiner sind geeignete sportliche Gesellschafter für ältere Kinder.

Schließlich findet man noch eine seltsame Erscheinung in dieser Zusammenstellung: den Mexikanischen Nackthund. In England und auf dem Kontinent sieht man ihn und den ebenfalls nahezu unbehaarten Chinesischen Nackthund, die zur folgenden Gruppe gestellt wurden, hin und wieder auf Ausstellungen.

Der dritte der bestehenden haarlosen Hunde ist der Abessinische oder Afrikanische Sandterrier, den man aber außerhalb seines Gebietes kaum oder nie antrifft. Die verschiedenen Schläge der Nackthunde sind sicher miteinander verwandt; man nimmt allgemein an, daß sie alle aus Afrika stammen. Die Körpertemperatur dieser Tiere ist höher als bei üblicherweise behaarten Hunden, und ihr Gebiß ist nicht vollständig. Es gab noch keine ernsten Untersuchungen nach dem Grund ihrer Haarlosigkeit, man denkt aber, daß bestimmte für den Haarwuchs wichtige Hormone fehlen oder daß es eine Mutation ist. Jedenfalls verursacht dieser Mexikaner während des Haarwechsels keinen Ärger für die Hausfrau. Er ist der geeignete Hausgenosse für diejenigen, die auf Tierhaare allergisch reagieren.

Der Größenmaßstab für die zu diesem Kapitel gehörenden Abbildungen (Nr. 298–313) beträgt 1:10.

298. BASENJI

Ursprung und Verwendung Die Vorfahren des Basenji kamen aus dem ehemaligen Belgisch-Kongo und aus dem südlichen Sudan nach England. Sie bellen nicht, sondern stoßen ein eigenartiges Geheul aus.
Äußere Kennzeichen *Kopf:* Mäßig breiter Schädel, wenig Stop. *Augen:* Dunkel, mit undurchdringlichem Ausdruck. *Ohren:* Klein, dünn, senkrecht stehend. *Scherengebiß. Hals:* lang, stark. *Körper:* Kurz, tiefe, ziemlich breite Brust, gut gewölbte Rippen, kurzer, gerader Rücken und gut hochgezogener Bauch. *Läufe:* Lang, mit leichten Knochen. *Pfoten:* Klein, schmal. *Rute:* Geringelt. *Haar:* Kurz, glatt, fein.
Charakter Klug, anhänglich, selbständig, wenig gehorsam.

299. BOULEDOGUE FRANÇAIS – Französische Bulldogge

Ursprung und Verwendung Das Entstehen dieser kleinen Bulldogge ist unsicher. Die Franzosen betrachten sie als einheimisch. Nach den Engländern soll sie von ihrer Bulldogge abstammen. Sehr wahrscheinlich besteht eine Verwandtschaft zwischen diesen beiden einerseits und zwischen der französischen Bulldogge und der Bordeaux Dog andererseits. Es ist auch nicht ausgeschlossen, daß sowohl der Belgische Griffon und der Brabançon als auch der Mops eine Rolle gespielt haben.
Äußere Kennzeichen *Kopf:* Quadratisch, breiter, kurzer Schädel mit Hautfalten, breitem viereckigem Fang, tiefer Stop. *Augen:* Dunkel, manchmal hervortretend, mit lebhaftem Ausdruck. *Ohren:* Fledermausohren, stehend. *Gebiß:* Vorbeißer. *Hals:* Kurz, ohne Kehlhaut. *Körper:* Kurz, mit breiter, tiefer Brust, runden Rippen und gewölbten Lenden, breitem Rücken und hochgezogenem Bauch. *Läufe:* Kurz, Hinterläufe etwas länger als die vorderen, schwere Knochen. *Pfoten:* Katzenpfoten. *Rute:* Kurz, Korkenzieherrute. *Haar:* Kurz, dicht, weich, glänzend.
Charakter Lernfreudig, empfindlich, anhänglich, ruhig, kein Kläffer.

300. PUDEL – CANICHE

Ursprung und Verwendung Sehr alte Rasse, die man ursprünglich bei der Jagd auf Wasserwild verwendete. Caniche, der französische Name für die Rasse, soll sich von canard = Ente herleiten. Deutschland forderte die Rasse; die FCI erkannte die Rasse als französische an. Heute ist der Pudel über die ganze Welt verbreitet und ein sehr beliebter Haushund. In England züchtet man ihn in mehr Farben als der FCI-Standard anerkennt.
Äußere Kennzeichen *Kopf:* Gestreckt, mäßig breiter, langer Schädel, etwas kürzerer, kräftiger Fang, ganz leichter Stop. *Augen:* Schwarz oder dunkelbraun, bei braunen Hunden dunkel bernsteinfarben, mit feurigem Ausdruck. *Ohren:* Ziemlich lang, flach hängend. *Scherengebiß. Hals:* Mäßig lang, kräftig, ohne Kehlhaut. *Körper;* Gestreckt, ziemlich breite, tiefe Brust, gewölbte Rippen, breiter Rücken und ziemlich hochgezogener Bauch. *Läufe:* Lang, mit guten Knochen. *Pfoten:* Klein, oval. *Rute;* Bis zur Hälfte oder 1/3 gekürzt. *Haar:* Beim Krauspudel reichlich, wollig, gelockt; beim Schnürpudel lange wollige Schnüre; dieser kommt nicht mehr vor.
Charakter Intelligent, gehorsam, fröhlich, lernfreudig.

298

Schulterhöhe
Rüde: etwa 48 cm.
Hündin: etwa 45 cm.

Farbe Hell rotbraun, Schwarz oder Schwarz mit rotbraunen Abzeichen. Stets weiße Pfoten, Brust und Rutenspitze.

299

Schulterhöhe
Rüde und Hündin: 25–34 cm.

Farbe Gestromt oder Weiß und gestromt.

300

Schulterhöhe
Großer Pudel, Rüde und Hündin: 45–55 cm.
Kleiner Pudel, Rüde und Hündin: 35–45 cm.

Farbe Weiß, Schwarz, Braun, Grau.

301. CAVALIER KING CHARLES SPANIEL

Ursprung und Verwendung Der Name dieses Hundes erinnert daran, daß König Charles II. von England fast immer von mehreren dieser kleinen Spaniels umgeben war. Mit dem Pekingesen, dem Japanischen Spaniel und dem Mops kamen die breiten Köpfe mit den ganz platten Nasen in Mode, und so züchtete man den King Charles zu diesem Typ. Um 1926 begann man damit, den alten Typ wieder zurückzuzüchten, und gab der neuen »alten« Rasse den Namen Cavalier King Charles Spaniel.
Äußere Kennzeichen *Kopf:* Breiter, mittellanger Schädel, ungefähr 4 cm langer, breiter Fang, deutlicher Stop. *Augen:* Groß, dunkel. *Ohren:* Lang, flach hängend. *Scherengebiß. Hals:* Ziemlich kurz. *Körper:* Mäßig breite, ausreichend tiefe Brust, gut gewölbte Rippen, gerader Rücken. *Läufe:* Nicht zu kurz mit nicht zu schweren Knochen. *Pfoten:* Oval. *Rute:* Lang, gekürzt oder nicht. *Haar:* Lang, seidig, glatt oder leicht gewellt, kurz auf dem Kopf, gute Befederung.
Charakter Lebhaft, sportlich, furchtlos, fröhlich, kinderlieb.

302. CHOW-CHOW

Ursprung und Verwendung Sehr alte Rasse, gehalten als Haus-, Wach- und Jagdhund; diente sogar als Nahrung. In nördlichen Gebieten auch Schlittenhund.
Äußere Kennzeichen *Kopf:* Schwer, breiter Schädel, wenig Stop, Zahnfleisch und Zunge blau. *Augen:* Klein, schwarz; bei blauem Fell hellere Augen erlaubt. *Ohren:* Klein, aufrechtstehend. *Scherengebiß. Hals:* Stark, breit. *Körper:* Kurz, breite, tiefe Brust, schön gewölbte Rippen, kurzer, gerader Rücken. *Läufe:* Mittellang mit sehr schweren Knochen, die Hinterläufe völlig gerade, ohne Biegung im Knie- oder Sprunggelenk. *Pfoten:* Katzenpfoten. *Rute:* Geringelt. *Haar:* Lang, dicht, mit weicher Unterwolle.
Charakter Selbstbewußt, stolz, mutig, intelligent, wachsam, Einmannhund.

303. CHOW-CHOW (Kurzhaariger)

Äußere Kennzeichen Stimmen mit denen des langhaarigen (Nr. 302) überein, außer in der *Behaarung:* Kurz, dicht, etwa 4 cm lang.

304. DALMATINER

Ursprung und Verwendung Vermutlich aus einer sehr alten Brackenrasse. Sicherlich kommen sie nicht aus Dalmatien. Zu Unrecht wurde die Rasse durch die FCI als jugoslawisch anerkannt, obwohl sie aus England stammt.
Äußere Kennzeichen *Kopf:* Ziemlich lang, ziemlich breiter Schädel, langer, kräftiger Fang, mäßiger Stop. *Augen:* Bei Schwarzgefleckten dunkel, bei Lebergefleckten bernsteinfarben. *Ohren:* Mittelgroß, hängend. *Scherengebiß. Hals:* Ziemlich lang, ohne Kehlhaut. *Körper:* Nicht zu breite, tiefe Brust und gut gewölbte Rippen, gerader Rücken, so wenig wie möglich hochgezogener Bauch. *Läufe:* Lang mit starken Knochen. *Pfoten:* Rund. *Rute:* Lang. *Haar:* Kurz, hart, glatt, glänzend.
Charakter Fröhlich, wachsam, aufmerksam, kinderlieb.

301

Gewicht
4,5–8 kg.

Farbe Schwarz oder Schwarzweiß mit lohfarbenen Abzeichen, völlig rot oder Kastanienbraun auf Weiß mit symmetrischen Zeichnungen auf dem Kopf.

302

Schulterhöhe
Rüde und Hündin: mindestens 45,5 cm.

Farbe Einfarbig, Schwarz, Rot, Beige, Creme, Blau, Weiß.

304

Schulterhöhe
Rüde: 55–61 cm.
Hündin: 50–58 cm.

Farbe Weiß mit abgerundeten, unregelmäßig stehenden schwarzen oder leberfarbenen Flecken.

305. DEUTSCHER GROSSSPITZ

Ursprung und Verwendung Der Spitz kommt bereits seit Jahrhunderten in Deutschland vor; in Württemberg wurden vor allem schwarze, in Westfalen wolfsgraue gezüchtet. Über die Niederlande kamen die Spitze nach England. Sie sind ausgezeichnete Wachhunde, die ihren Hof nie verlassen.
Äußere Kennzeichen *Kopf:* Keilförmig, mäßig breiter Schädel, ziemlich kurzer, zulaufender Fang, mäßiger Stop. *Augen:* Dunkel. *Ohren:* Klein, dreieckig, stehend. *Scherengebiß. Hals:* Mittellang. *Körper:* Kurz, tiefe Brust, gut gewölbte Rippen, kurzer, gerader Rücken und leicht hochgezogener Bauch. *Läufe:* Mittellang mit starken Knochen. *Pfoten:* Klein und rund. *Rute:* Geringelt. *Haar:* Reich, lang, gerade, abstehend; gute Unterwolle; kurze und dichte Behaarung an Gesicht, Ohren und Vorderseiten der Läufe.
Charakter Lebhaft, wachsam, Kläffer, mißtrauisch bei Fremden, Einmannhund.

306. HARLEKINPINSCHER

Ursprung und Verwendung Als letzte der deutschen Pinscherrassen erkannte 1958 die FCI den Harlekinpinscher an. In Deutschland und in Österreich hält man ihn als Haus- und Wachhund und auch als Ratten- und Mäusefänger.
Äußere Kennzeichen *Kopf:* Mäßig breiter und langer Schädel, mittellanger, breiter Fang und wenig Stop. *Augen:* Vorzugsweise dunkel. *Ohren:* Klein, stehend, Überfallohr oder kupiert. *Scherengebiß. Hals:* Ohne Kehlhaut. *Körper:* Kurz mit tiefer Brust und mäßig gewölbten Rippen, gerader Rücken, mäßig hochgezogener Bauch. *Läufe:* Lang, mit gutem Knochenbau. *Pfoten:* Klein und rund. *Rute:* Meist stark gekürzt, hoch getragen. *Haar:* Kurz und glänzend.
Charakter Lebhaft, dreist, aufmerksam.

307. ISLANDSK HUND – Isländer Spitz

Ursprung und Verwendung Eine seit Jahrhunderten in Island bestehende Rasse, für die man 1898 in Dänemark einen Standard aufstellte. Die Rasse wurde vom Britischen Kennelclub anerkannt, kommt jedoch hier wie im eigenen Land kaum noch vor. Wachhund, den man auch viel zum Treiben von Pferden und Schafen verwendet. Ihm fehlt der Jagdinstinkt der meisten anderen nördlichen Rassen.
Äußere Kennzeichen *Kopf:* Breiter Schädel, ziemlich kurzer, spitz zulaufender Fang. *Augen:* Dunkel. *Ohren:* Breit, dreieckig, stehend. *Scherengebiß. Hals:* Ziemlich kurz. *Körper:* Ziemlich kurz, breite, tiefe Brust. *Läufe:* Mäßig lang, ziemlich leichte Knochen. *Pfoten:* Lang. *Rute:* Geringelt. *Haar:* Mittellang, dicht, flach anliegend; auf Kopf und Beinen kurz.
Charakter Lebhaft, wachsam, treu.

305

Schulterhöhe Rüde und Hündin: für den wolfsgrauen mindestens 45 cm, für die anderen Farben 40 cm.

Farbe Für den wolfsgrauen Silbergrau mit schwarzen Haarspitzen; für die anderen Farben Schwarz, Weiß, Braun.

306

Schulterhöhe Rüde und Hündin: 30–35 cm.

Farbe Gefleckt auf weißem oder hellem Untergrund; Grau mit schwarzen oder dunklen Platten; gestromt mit oder ohne Feuer.

307

Schulterhöhe Rüde und Hündin: 30–40 cm.

Farbe Bräunlich, Grau, Schmutzigweiß, gelblich, teilweise Schmutzigweiß an Hals, Kragen, Gesicht, Läufen, Körperunterseite und Rute.

308. KROMFOHRLÄNDER

Ursprung und Verwendung Nach dem Zweiten Weltkrieg kam auf dem Landbesitz Kromfohrland in Nassau-Siegen von einer rauhhaarigen Terrier-Hündin und einem Griffon Fauve de Bretagne ein Wurf zur Welt. Die Besitzerin war über das Zuchtergebnis so entzückt, daß sie beschloß, den Versuch zu unternehmen, die Rasse heranzuzüchten, die das Äußere dieser Hunde fortsetzen würde. Nach rund 10 Jahren war das Ziel soweit erreicht, daß die Rasse durch die FCI anerkannt wurde.
Äußere Kennzeichen *Kopf:* Keilförmig, mäßig breiter Schädel, stumpf zulaufender Fang, leichter Stop. *Augen:* Dunkel. *Ohren:* Dreieckig, hängend. *Scherengebiß,* oder *Zangengebiß. Hals:* Mittellang. *Körper:* Gestreckt, tiefe, nicht zu breite Brust, leicht gewölbte Rippen, gerader Rücken, etwas hochgezogener Bauch. *Läufe:* Ziemlich lang. *Pfoten:* Kurz und rund. *Rute:* Lang. *Haar:* Kurz, gerade, rauh, leichter Bart.
Charakter Lebhaft, anschmiegsam, intelligent, gehorsam.

309. MEXIKANISCHER NACKTHUND – XOLOITZCUINTLI

Ursprung und Verwendung Die Nackthunde wurden erstmals zwischen 1580 und 1600 durch die Spanier aus dem fernen Osten nach Mexiko importiert. Man züchtete dann die Rasse in der Provinz Guerrero, in der die Hafenstadt Acapulco liegt. Man verehrte die Hunde im Kult des Gottes Xoloth, dessen Name im einheimischen Namen der Hunde zu finden ist.
Äußere Kennzeichen *Kopf:* Ziemlich schmaler Schädel, ziemlich langer, spitzer Fang und flacher Stop. *Augen:* Haselnußfarben oder dunkler. *Ohren:* Stehend. *Scherengebiß. Hals:* Ziemlich lang. *Körper:* Breite, ziemlich tiefe Brust und schön gewölbte Rippen. *Läufe:* Ziemlich lang mit nicht zu schweren Knochen. *Pfoten:* Hasenpfoten. *Rute:* Lang. *Haar:* Fehlt, nur manchmal ein Haarbüschel auf dem Kopf und an der Rutenspitze.
Charakter Lebhaft, anschmiegsam, intelligent, gehorsam.

310. MOPS

Ursprung und Verwendung Eine der ältesten Zwergrassen, die höchstwahrscheinlich aus China stammt. Holländische Seefahrer brachten die Hunde mit nach Hause, und von hier kamen sie zur Zeit der Statthalter nach England.
Äußere Kennzeichen *Kopf:* Viel Haut mit breiten und tiefen Falten, groß und rund mit äußerst kurzem viereckigem Fang; Nase liegt am Schädel. *Augen:* Sehr groß, kugelig und dunkel, mit einem weichen, fragenden Ausdruck. *Ohren:* Klein und dünn, Rosen- oder Knopfohren; Knopfohren werden vorgezogen. *Gebiß:* Vorbeißer. *Hals:* Schwer mit Kehlhaut. *Körper:* Kurz, gedrungen, breite Brust. *Läufe:* Mittellang und stark. *Pfoten:* Zwischen Hasen- und Katzenpfoten, mit schwarzen Krallen. *Rute:* In sich geringelt, wird über der Hüfte getragen. *Haar:* Kurz, glatt, weich und glänzend.
Charakter Spaßig-starrsinnig, empfindlich, mutig.

308

Schulterhöhe Rüde und Hündin: 38–46 cm.

Farbe Weiß mit Braun auf den Ohren, um die Augen, auf dem Schädel und auf dem Rücken. Durch weißen Streifen in zwei Teile geteilter Sattel genießt den Vorzug. Rutenansatz muß braun sein.

309

Schulterhöhe Rüde und Hündin: etwa 40–50 cm.

Farbe Haut: alle Farben, auch gefleckt; meist elefantengrau oder rosa, gefleckt oder nicht.

310

Gewicht 6,3–8 kg.

Farbe Silber, aprikosen-, rehfarben oder Schwarz. Die helleren Farben mit schwarzer Maske, schwarzen Ohren und Aalstrich.

311. SHIBA-INU

Ursprung und Verwendung Kleinste der drei ursprünglichen japanischen Rassen. Sie ist zweifellos eine sehr alte Rasse und stammt aus Zentraljapan, wurde aber erst 1928 in Japan anerkannt. Außerhalb des eigenen Landes soll sie nicht vorkommen. Der Shiba-Inu ist ein guter Wachhund und Vertilger von Schadtieren.
Äußere Kennzeichen *Kopf:* Ziemlich kurzer, breiter Schädel, recht kurzer, spitz zulaufender Fang, leichter Stop. *Augen:* Dunkelbraun. *Ohren:* Klein, dreieckig, stehend. *Scherengebiß. Hals:* Mittellang. *Körper:* Nicht zu kurz; breite, tiefe Brust, gut gewölbte Rippen, ziemlich langer Rücken. *Läufe:* Mäßig lang, guter Knochenbau. *Pfoten:* Kurz. *Rute:* Geringelt. *Haar:* Nicht zu lang, hart, dicht, abstehend; dichte, weiche Unterwolle.
Charakter Lebhaft, freundlich, wachsam.

312. TERRIER, BOSTON-

Ursprung und Verwendung In der 2. Hälfte des 19. Jahrhunderts in und um Boston in den USA entstanden aus Kreuzungen des englischen Bulldog, farbigem Bullterrier und Französischer Bulldogge. Im eigenen Land und in England ein beliebter Ausstellungs- und Haushund, der auch in anderen Ländern vorkommt, wenn auch nicht so verbreitet.
Äußere Kennzeichen *Kopf:* Quadratischer Schädel, kurzer, viereckiger Fang, deutlicher Stop. *Augen:* Groß, rund, dunkel, mit freundlichem, klugem Ausdruck. *Ohren:* Stehend, in den USA gekürzt. *Gebiß:* Leichter Vorbeißer. *Hals:* Mittellang. *Körper:* Kurz, tiefe, breite Brust, gut gewölbte Rippen. *Läufe:* Lang mit gutem Knochenbau. *Pfoten:* Klein und rund. *Rute:* Kurz, gerade oder schraubenförmig. *Haar:* Kurz, glänzend.
Charakter Lebhaft, klug, gehorsam.

313. TERRIER, TIBET-

Ursprung und Verwendung Die Rasse wurde von Nomadenstämmen in Tibet zum Hüten der Herden verwendet, wo sonst große Hunde im Bergland Mühe gehabt hätten. Man nimmt an, daß die Rasse mit dem ungarischen Puli verwandt ist. Der Name ist insofern irreführend, als das Tier nichts mit Terriern zu tun hat. Außerhalb seines Landes ist der Tibet-Terrier wegen seiner Wachsamkeit ein geschätzter Haushund geworden.
Äußere Kennzeichen *Kopf:* Nicht zu breiter, mittellanger Schädel, etwas kürzerer, nicht zu breiter Fang, leichter Stop. *Augen:* Groß, dunkel. *Ohren:* Nicht zu dicht am Kopf hängend, nicht zu groß. *Scherengebiß. Hals:* Mittellang. *Körper:* Eckig, gut gewölbte Rippen. *Läufe:* Mäßig lang mit gutem Knochenbau. *Pfoten:* Groß und rund. *Rute:* Geringelt. *Haar:* Lang, fein, nicht seidig oder wollig, glatt oder gewellt; Unterwolle schön und fein.
Charakter Lebhaft, klug, mutig, wachsam, nicht kampflustig.

311

Schulterhöhe Rüde: 37,5 bis 40 cm. Hündin: 35–37,5 cm.

Farbe Rot, Pfeffer und Salz, Rotgrau, Schwarzgrau, Schwarz, Schwarz und Lohfarbe, gefleckt, Weiß.

312

Gewicht Leicht unter 7 kg. Mittel 7–8,5 kg. Schwer 8,5–11 kg.

Farbe Gestromt mit symmetrischen weißen Abzeichen. Schwarz statt gestromt gestattet.

313

Schulterhöhe Rüde und Hündin: 35–43 cm.

Farbe Weiß, gold-, rahm-, rauch-, zwei- oder dreifarbig, Grau, Schwarz.

Kleine Gesellschaftshunde

Genau wie bei der vorigen Gruppe findet man hier eine bunte Hundeversammlung. Während aber bei den großen Gesellschaftshunden der Charakter Maßstab war, ist der vereinigende Faktor für diese Gruppe ausschließlich das kleine Format.

Zu den Liebhabern dieser Hunde gehören viele Menschen, die aus Raummangel oder anderen Ursachen gezwungen sind, ohne größere Hunde auszukommen, dafür aber zu den Zwergformen übergehen.

Für Terrierfreunde gibt es den Australischen, den Black and Tan und den Yorkshire Terrier, außerdem die deutschen Terrier: Affenpinscher, Zwergpinscher und Zwergschnauzer. Alle mit echtem Terriercharakter: markig und scharf.

Die Spanielanhänger haben reichlich Auswahl unter den fast fanglosen Pekingesen, Japan- oder King Charles Spaniels. Das gleiche eigenartige Aussehen mit der Nase flach vor dem Vorderkopf zeigen, obwohl sie keine Spaniels sind, auch der Belgische Brabançon und Griffons. Für diejenigen, die bei den kleinen Spaniels lieber einen normalen Fang sehen, gibt es den Tibet-Spaniel und die beiden Papillon-Varietäten.

Wer den Spitzen zugetan ist, weiß es zu schätzen, wenn sein Hund recht wachsam ist. Zwergspitz oder Schipperke sind dann die geeigneten.

Das leichte, zierliche Italienische Windspiel spricht zweifellos den Windhundliebhaber am meisten an.

Die Pudelfreunde finden hier den Zwergpudel und die nahe verwandten Bichons. Man führt die Abstammung der Bichons auf kleine, langhaarige, meist weiße Kleinhunde zurück, die bereits lange vor unserer Zeitrechnung im Gebiet um das Mittelmeer vorkamen. Aus ihnen entwickelten sich schließlich fünf Rassen: der Malteser, der Bologneser, der Havaneser, der Bichon à poil frisé und das Löwchen. Der Sammelname dieser Rassen soll entstanden sein aus der Verkleinerung von Barbet = Barbichon, von dem nur Bichon übrigblieb. Sie sollen alle von einem kleinen Schlag des Barbet abstammen, dem alten französischen lang-kraushaarigen Hund für die Wasserjagd.

Für diejenigen, die gern Hunde mit reichem Haar pflegen, sind der Shih-Tzu und der Lhasa Apso ausgezeichnete Hunde. Ebenfalls lang behaart, wenn auch nur mit zwei Quasten – eine auf dem Schädel und eine an der Rutenspitze –, ist der elegante chinesische Nackthund mit seiner schön gefleckten Haut. Dieser Nackte ist viel empfindlicher als sein größerer Kollege aus der vorigen Gruppe.

Von allen Hunderassen der Welt sind die Chihuahuas, die aber in ihren Maßen sehr unterschiedlich sein können, die kleinsten und erscheinen deshalb vielen als die Begehrenswertesten von diesen Zwergen.

Man glaube nie, diese kleinen Vertreter unserer Hunderassen seien keine richtigen Hunde. Man tut ihnen bestimmt keinen Gefallen, wenn man sie nicht als solche behandelt. Genau wie ihre größeren Artgenossen brauchen sie viel Körperbewegung und eine gesunde Ernährung. Gerade für diese Geschöpfe mit geringer Größe ist das Vollstopfen mit Naschwerk gefährlich. Nie darf man ihre Lebensfreude der äußerlichen Schönheit opfern. Man darf sie nicht hindern zu rennen und zu balgen, weil man die reichliche oder schöne weiße Behaarung schonen möchte. Nur Hätscheltier oder Prunkstück zu sein, ist für einen Hund unwürdig.

Der Größenmaßstab der zu diesem Kapitel gehörenden Abbildungen (Nr. 314–341) beträgt 1:10.

314. AFFENPINSCHER

Ursprung und Verwendung Zweifellos ist diese Rasse mit den belgischen Griffons verwandt, deren Stammform er vielleicht ist. Bereits im 15. und 16. Jahrhundert kommen zum Beispiel auf Gemälden von Jan van Eyck und Albrecht Dürer solche Kleinhunde vor. Bei den belgischen Rassen züchtete man die Fänge weg, so daß die Nase fast platt am Schädel liegt, doch beim Affenpinscher ist sie normal geblieben.
Äußere Kennzeichen *Kopf:* Ziemlich breiter, hoch gewölbter Schädel, kurzer, wenig spitzer Fang, deutlicher Stop. *Augen:* Rund, schwarz und glänzend. *Ohren:* Stehend, natürlich oder kupiert. *Gebiß:* Gut schließend, leichter Vorbiß erlaubt. *Hals:* Kurz. *Körper:* Quadratisch mit genügend tiefer Brust und gewölbten Rippen. *Läufe:* Ziemlich lang mit leichten Knochen. *Pfoten:* Oval. *Rute:* Kupiert. *Haar:* Hart, mehr oder weniger lang, lang vor allem an Kopf und Läufen.
Charakter Feurig, hitzig, scharf gegenüber Fremden, sehr anhänglich.

315. BICHON À POIL FRISÉ

Ursprung und Verwendung Wahrscheinlich entstanden aus der Kreuzung von Malteser mit einem kleinen Schlag Barbet und verwandt mit dem Zwergpudel. Obwohl es im 19. Jahrhundert auf der Insel Teneriffa viele kleine, kraushaarige, weiße Hunde gab, wies der Spanische Rat van Beheer darauf hin, daß die Rasse, trotz des Namens Teneriffe, die man den Hunden gab, keine spanische war. Die FCI erkannte daraufhin die Rasse als französisch-belgische an unter dem Namen Bichon à poil frisé.
Äußere Kennzeichen *Kopf:* Breiter Schädel, Fang kürzer als der Schädel, leichter Stop. *Augen:* Mäßig groß, rund, dunkel. *Ohren:* Nicht zu groß, hängend. *Scherengebiß. Hals:* Recht lang. *Körper:* Tiefe, ziemlich breite Brust, recht runde Rippen, aufgezogener Bauch. *Läufe:* Ziemlich kurz mit feinen Knochen. *Pfoten:* Stark. *Rute:* Ungeringelt, die Spitze mitten auf dem Rücken getragen. *Haar:* 7–12 cm lang, fein, wollig, kraus, wird geschoren wie eine Löwenfell.
Charakter Lebhaft, fröhlich, anhänglich.

316. BOLOGNESER

Ursprung und Verwendung Obwohl fast sicher von den Kanarischen Inseln nach Italien gekommen, scheint die Rasse bereits im 15. Jahrhundert in Bologna bestanden zu haben. Deshalb wurde sie unter dem Namen Bologneser als italienisch anerkannt. Außerhalb Italiens kommt sie fast nicht vor.
Äußere Kennzeichen *Kopf:* Nicht zu lang mit breitem Schädel, kurzer, starker Fang und deutlicher Stop. *Augen:* Rund, groß, dunkel. *Ohren:* Halbstehend. *Scherengebiß. Hals:* Nicht zu schwer und lang. *Körper:* Nicht zu kurz mit breiter, tiefer Brust und gut gewölbten Rippen. *Läufe:* Kurz. *Pfoten:* Rund. *Rute:* Geringelt über dem Rücken getragen. *Haar:* Lang, dicht, geringelt, abstehend, weich, auf dem Fang kurz.
Charakter Träge, ruhig, zurückhaltend.

314

Schulterhöhe
Rüde und Hündin: höchstens 26 cm.

Farbe Schwarz; Schwarz mit blasser Lohfarbe; Gelb; Rotgelb; Rot; Grau.

315

Schulterhöhe
Rüde und Hündin: 27–30 cm.

Farbe Weiß.

316

Schulterhöhe
Rüde und Hündin: höchstens 30 cm.

Farbe Weiß; einige hellgelbe Flecken sind gestattet.

317. ZWERGPUDEL – CANICHE NAIN

Ursprung und Verwendung Bereits am Hofe Ludwigs XVI. hielt man Zwergpudel. Sie sind genau wie die beiden größeren Schläge Abkömmlinge der älteren Barbetschläge. Die Rasse ist eine der verbreitetsten auf der ganzen Welt; in England, in den USA und in vielen europäischen Ländern sind sie außergewöhnlich populär. In England züchtete man neue Farben (Grau, Aprikotfarbe und Gefleckt), auf dem Kontinent ließ man nur die grauen Farben auf Ausstellungen zu.
Äußere Kennzeichen Genau wie die des Pudels (Nr. 300), mit Ausnahme der Schulterhöhe.

318. CHIHUAHUA (Langhaarige und Kurzhaarige)

Ursprung und Verwendung Die Rasse trägt den Namen der mexikanischen Provinz, in der sie viel vorkam. Man behauptet, sie lebten ursprünglich in der Freiheit und wurden durch Indianer gefangen und gezähmt. Es ist nicht ausgeschlossen, daß es dabei um eine verwilderte Form einer Zwergrasse ging, die durch ein bereits verschwundenes Kulturvolk gezüchtet wurde. Auffallend für diese äußerst kleine Rasse ist die Jagdleidenschaft.
Äußere Kennzeichen *Kopf:* Rund, mit breitem Kugelschädel, kurzer, spitzer Fang und tiefer Stop. *Augen:* Groß, schwarz, braun, blau oder rot; bei blonden Hunden helle Farbe erlaubt. *Ohren:* Groß, stehend. *Gebiß:* Regelmäßiger Vorbiß gestattet. *Hals:* Mittellang, rund. *Körper:* Gestreckt, tiefe Brust, schöne Rippenwölbung, aufgezogener Bauch. *Läufe:* Mäßig lang mit gutem Knochenbau. *Pfoten:* Klein. *Rute:* Ziemlich lang, über dem Rücken oder entlang der Flanke getragen. *Haar:* Kurz, dicht und glänzend oder lang, gewellt, mit Befederung; auf dem Kopf kurz.
Charakter Klug, neugierig, anhänglich, mutig.

319. CHINESISCHER SCHOPFHUND – Nackthund

Ursprung und Verwendung Sicher bereits 100 Jahre oder länger in China rein gezüchtet. Die Hunde waren die Schoßtiere der Mandarine.
Äußere Kennzeichen *Kopf:* Mäßig breiter Schädel, mäßig langer, zulaufender Fang, leichter Stop. *Augen:* Dunkel. *Ohren:* Stehend. *Hals:* Ziemlich lang. *Körper:* Mittelbreite, tiefe Brust und gut gewölbte Rippen. *Läufe:* Lang mit leichten Knochen. *Pfoten:* Oval. *Rute:* Lang. *Haar:* Fehlt, nur Schopf auf dem Kopf und ziemlich langes Haar an der Rutenspitze und an den Pfoten.
Charakter Lebhaft, anhänglich, freundlich.

317

Schulterhöhe Rüde und Hündin: höchstens 35 cm.

Farbe Schwarz, Weiß, Braun, Grau.

318

Gewicht 0,9–3,5 kg.

Farbe Alle Farben und Farbschattierungen erlaubt.

319

Gewicht 2,5–5,5 kg.

Farbe Blau, Rosa, Gold, Violett; uni oder gefleckt. Im Sommer dunkler.

320. DEUTSCHER KLEINSPITZ

Ursprung und Verwendung Der Kleinspitz kam von Deutschland nach England. Die ersten Tiere waren recht schwere Hunde, doch man züchtete in England schnell kleinere und leichtere mit einem gewaltigen Fell. Die weißen, die man heute selten sieht, haben die Rasse in diesem Land erstmals populär gemacht.
Äußere Kennzeichen Für diesen Kleinspitz gilt derselbe Standard wie für den Deutschen Großspitz. Da nahezu überall in der Welt nach dem englischen Typ gezüchtet wird, folgen hier die typischen Kennzeichen aus dem englischen Standard. *Kopf:* Fuchsartig mit ziemlich breitem Schädel, kurzem, spitz zulaufendem Fang, mäßiger Stop. *Augen:* Dunkel, mit intelligentem Ausdruck. *Ohren:* Klein, stehend. *Hals:* Ziemlich kurz. *Körper:* Kurz, mit breiter, ziemlich tiefer Brust und gut gerundeten Rippen. *Läufe:* Mittellang mit feinen Knochen. *Pfoten:* Klein. *Rute:* Über dem Rücken geringelt. *Haar:* Lang, gerade, hart, abstehend; schöne weiche Unterwolle; auf dem Kopf, der Vorderseite der Läufe und auf den Pfoten kurz und weich. Starke Befederung.
Charakter Fröhlich, aktiv, anhänglich.

321. ÉPAGNEUL NAIN CONTINENTAL – PAPILLON

Ursprung und Verwendung Die FCI erkannte die Rasse als französisch-belgische an. Die Varietät mit den Stehohren ist am bekanntesten.
Äußere Kennzeichen *Kopf:* Ziemlich kurz, mittelbreiter Schädel, Fang spitz und kürzer als der Schädel, deutlicher Stop. *Augen:* Ziemlich groß, mandelförmig, dunkel. *Ohren:* Stehend. *Scherengebiß. Hals:* Mittellang. *Körper:* Breite, ziemlich tiefe Brust, gut gewölbte Rippen. *Läufe:* Mäßig lang, ziemlich feine Knochen. *Pfoten:* Hasenpfoten. *Rute:* Lang, umgebogen und hoch getragen. *Haar:* Reichlich, glänzend, gewellt, nicht weich, kurz auf dem Kopf und an der Unterkante der Läufe, lange Befederung.
Charakter Stolz, anhänglich, freundlich.

322. ÉPAGNEUL NAIN CONTINENTAL – PHALÈNE

Ursprung Wahrscheinlich die ältere Varietät des Papillon (Nr. 321).
Äußere Kennzeichen Genau wie die des Papillon, außer den *Ohren,* die hängend sind.

323. GRIFFON BELGE – Belgischer Zwerggriffon

Ursprung und Verwendung Höchstwahrscheinlich entstanden aus Kreuzungen von kleinen rasselosen Hunden mit dem Affenpinscher und später mit dem Mops.
Äußere Kennzeichen *Kopf:* Breiter, runder Schädel, sehr kurzer Fang, tiefer Stop. *Augen:* Groß, rund, hervorstehend, schwarz. *Ohren:* Hängend oder kupiert. *Gebiß:* Vorbeißer. *Hals:* Ziemlich kurz. *Körper:* Mit recht breiter, tiefer Brust, leicht gewölbten Rippen und geradem Rücken. *Läufe:* Mittellang. *Pfoten:* Rund. *Rute:* Bis 1/3 gekürzt. *Haar:* Halblang, hart, kraus.
Charakter Verständig, lebhaft, anhänglich.

320

Schulterhöhe Rüde und Hündin: höchstens 28 cm.

Farbe Weiß, Schwarz, Hell- bis Dunkelbraun, Wolfsgrau, Orange.

321

Schulterhöhe Rüde und Hündin: selten über 28 cm.

Farbe Alle Farben erlaubt.

323

Gewicht Rüde: nicht über 4,5 kg. Hündin: nicht über 5 kg.

Farbe Schwarz, Schwarz mit lohfarbenen Abzeichen; Schwarz und Braun gemischt.

324. GRIFFON BRUXELLOIS

Ursprung und Verwendung Gleicher Ursprung wie Nr. 323. Diese Varietät wird nach der belgischen Hauptstadt genannt.
Äußere Kennzeichen Genau wie die von Nr. 323, mit Ausnahme der Farbe.

325. HAVANAIS

Ursprung und Verwendung Wahrscheinlich sind die Vorfahren des Havanais während der spanischen Herrschaft nach Cuba gekommen. Von dort gelangten sie wieder nach Europa zurück.
Äußere Kennzeichen *Kopf:* Breiter Schädel, spitzer Fang und tiefer Stop. *Augen:* Groß und dunkel. *Ohren:* In einer Falte hängend. *Scherengebiß. Körper:* Nicht zu kurz, tiefe Brust, gerader Rücken, gut gewölbte Rippen, leicht aufgezogener Bauch. *Läufe:* Mittelkurz. *Pfoten:* Oval. *Rute:* Über den Rücken gebogen getragen. *Haar:* Lang, weich, am Ende leicht geringelt.
Charakter Lebhaft, anhänglich.

326. LHASA APSO

Ursprung und Verwendung Man nimmt an, daß die Rasse durch Kreuzung des Tibet-Terriers und des Tibet-Spaniels entstand. Der Apso ist in den USA gut vertreten und ist in Europa immer mehr zu sehen.
Äußere Kennzeichen *Kopf:* Mittelschmaler Schädel, stumpfer Fang, der halb so lang ist wie der Schädel, geringer Stop. *Augen:* Dunkelbraun. *Ohren:* Hängend. *Gebiß:* Schließend oder Vorbiß. *Hals:* Mittellang. *Körper:* Gestreckt, mit genügend tiefer Brust und gut gewölbten Rippen. *Läufe:* Kurz. *Pfoten:* Katzenpfoten. *Rute:* Geringelt über dem Rücken getragen. *Haar:* Lang, gerade, hart, dicht.
Charakter Fröhlich, selbstbewußt, intelligent, treu, kein Jedermannsfreund!

324

Gewicht Rüde: Nicht über 4,5 kg. Hündin: Nicht über 5 kg.

Farbe Rötlich, etwas Schwarz an Bart und Kinn gestattet.

325

Schulterhöhe Rüde und Hündin: 28–32 cm.

Farbe Weiß, Beige, Kastanienbraun. Große Flecken an den Ohren oder Platten in Beige, Grau oder Schwarz gestattet.

326

Schulterhöhe Rüde: 25–28 cm. Hündin: etwas kleiner.

Farbe Gold-, sand- oder honigfarben; Rot; Dunkelgrau; schieferfarben, rötlich oder Schwarz oder Braun mit Weiß.

327. MALTESER

Ursprung und Verwendung Die älteste der zur Bichongruppe gehörenden Rassen; höchstwahrscheinlich stammen die übrigen vom Malteser ab. Die Rasse hat ihren Namen von der Insel Malta, auf der sie ihren Ursprung hat. Diese kleinen weißen Hunde nannte bereits Aristoteles im 4. Jahrhundert v. Ch. die Lieblinge der Frauen, und im Mittelalter waren sie wiederum große Mode. Heute trifft man sie in Europa und in den USA regelmäßig auf Ausstellungen an, aber zu den populären Rassen kann man sie nicht mehr zählen.
Äußere Kennzeichen *Kopf:* Flacher Schädel, ziemlich kurzer Fang. *Augen:* Groß, dunkel mit verstehendem Ausdruck. *Ohren:* Dreieckig, hängend. *Scherengebiß. Hals:* Lang, ohne Kehlhaut. *Körper:* Nicht zu kurz, tiefe Brust, gut gewölbte Rippen, gerader Rücken. *Beine:* Kurz, mit schweren Knochen. *Pfoten:* Rund. *Rute:* Über den Rücken entlang geringelt. *Haar:* Sehr lang, im Durchschnitt 22 cm, dicht, seidig, schimmernd.
Charakter Intelligent, lebhaft, anhänglich.

328. PEKINGESE – PEKING-PALASTHUNDE

Ursprung und Verwendung Sehr alte chinesische Rasse, genannt nach der Stadt Peking. Seit dem 8. Jahrhundert unter der Tang-Dynastie waren sie ausschließlich dem kaiserlichen Hof vorbehalten; auf den Diebstahl dieser Hunde stand die Todesstrafe. Trotzdem kamen 1860 die ersten aus dem Sommerpalast gestohlenen Pekingesen nach England.
Äußere Kennzeichen *Kopf:* Massig, mit breitem Schädel, sehr kurzer, breiter Fang mit Falten, tiefer Stop. *Augen:* Groß, kugelig, dunkel. *Ohren:* Herzförmig, hängend. *Körper:* Kurz, mit breiter Brust, runde Rippen, gerader Rücken, schmale Taille. *Läufe:* Kurz, Vorderläufe gebogen, mit schweren Knochen, Hinterläufe leichter. *Pfoten:* Breit, vordere leicht nach außen gedreht. *Rute:* Lang, leicht gebogen über dem Rücken auf eine Flanke fallend. *Haar:* Lang, gerade, hart; dicke Unterwolle, üppige Befederung.
Charakter Intelligent, würdig, mutig, lebhaft, eigensinnig.

329. PETIT BRABANÇON

Ursprung und Verwendung Dieselbe Abstammung wie die der Griffons; das kurze Haar ist durch die Kreuzung mit dem Mops in die Rasse gekommen. Erst mochte man die kurzhaarigen Hunde nicht, später behielt man sie und nannte sie nach der Provinz Brabant.
Äußere Kennzeichen Genau wie die des Griffon Belge (Nr. 323), ausgenommen die Behaarung, die kurz ist.

327

Schulterhöhe Rüde: 21–25 cm. Hündin: 20–23 cm.

Farbe Weiß.

328

Gewicht Rüde: 3–5 kg. Hündin: 3,5–5,5 kg.

Farbe Alle Farben und Zeichnungen sind erlaubt, außer Albinos und Leberfarbe.

329

Gewicht Rüde: Nicht über 4,5 kg. Hündin: Nicht über 5 kg.

Farbe Fuchsrot, mit oder ohne schwarze Maske, oder Schwarz mit rostbraunen Abzeichen.

330. LÖWCHEN – PETIT CHIEN LION

Ursprung und Verwendung Nahe verwandt mit den Bichons. Solche Hunde werden viel in Belgien gezüchtet. Der Bichon à Poil Frisé wurde durch die FCI als französisch-belgisch anerkannt, und merkwürdigerweise das Löwchen als französisch.
Äußere Kennzeichen *Kopf:* Kurz, ziemlich breiter Schädel, mittellanger Fang, spitzer sichtbarer Stop. *Augen:* Rund, groß, dunkel mit intelligentem Ausdruck. *Ohren:* Hängend. *Scherengebiß. Hals:* Ziemlich lang. *Körper:* Kurz, genügend tiefe Brust, gut gewölbte Rippen. *Läufe:* Lang mit feinen Knochen. *Pfoten:* Rund. *Rute:* Mittellang. *Haar:* Ziemlich lang, gewellt, wird wie ein Löwe frisiert.
Charakter Intelligent, lebhaft, anhänglich.

331. PICCOLO LEVRIERO ITALIANO – Italienisches Windspiel

Ursprung und Verwendung Obwohl sie italienisch genannt wird, ist die Rasse sicher nicht in Italien entstanden; sie kam bereits im Altertum in Ägypten und Griechenland vor. In allen Jahrhunderten fand die Rasse fürstliche Aufmerksamkeit. Sowohl Cleopatra als auch Charles I. von England und Friedrich der Große gehörten zu den Liebhabern dieser Rasse, die man auf vielen Porträts von Staatsoberhäuptern abgebildet findet. Ursprünglich war die Rasse größer und weniger zierlich als heute und fing Kaninchen, Ratten und Mäuse. So wie wir sie heute kennen, feiner und kleiner, wurde sie in England gezüchtet.
Äußere Kennzeichen *Kopf:* Platter Schädel, spitzer Fang, genauso lang wie der Schädel, wenig betonter Stop. *Augen:* Rund, groß, dunkel. *Ohren:* Rosenohren. *Scherengebiß. Hals:* Lang. *Körper:* Kurz mit gewölbten Lenden, tiefe Brust und stark aufgezogener Bauch. *Läufe:* Lang, mit feinen Knochen. *Pfoten:* Hasenpfoten. *Rute:* Lang. *Haar:* Kurz, glatt, glänzend.
Charakter Scharf, intelligent, fröhlich, anhänglich, wachsam.

332. SCHIPPERKE – Belgischer Schifferspitz

Ursprung und Verwendung Die Rasse entstand in Flandern, wo die Hunde im 19. Jahrhundert an Wettkämpfen des Rattenfangens teilnahmen. Man ist sich nicht einig, ob die Rasse aus einer Kreuzung zwischen Spitz und Terrier stammt oder von Schäferhunden, weil der ursprüngliche Name ›Scheperke‹ verballhornt wurde zu Schipperke.
Äußere Kennzeichen *Kopf:* Fuchsartig, ziemlich breiter Schädel, nicht zu langer, scharfer Fang, leichter Stop. *Augen:* Klein, dunkelbraun. *Ohren:* Stehend. *Gebiß:* Gut schließend. *Hals:* Stark. *Körper:* Mit kurzer, breiter, tiefer Brust, gut gewölbte Rippen. *Läufe:* Ziemlich lang mit leichten Knochen. *Pfoten:* Rund. *Rute:* Keine. *Haar:* Ziemlich kurz, hart, abstehend und länger um den Hals und an der Hinterseite der Hinterläufe; kurz auf dem Kopf.
Charakter Wachsam, Kläffer, treu, lebhaft, unfreundlich gegenüber Fremden, Vertilger von Nagetieren.

330

Schulterhöhe Rüde und Hündin: 20–35 cm.

Farbe Alle Farben erlaubt, sowohl uni als auch bunt. Meistgezüchtete Farben sind Weiß, Schwarz, Zitronenfarbe.

331

Schulterhöhe Rüde: 33–35 cm. Hündin: 32–35 cm.

Farbe Einfarbig schwarz, Schiefergrau, Isabellfarbe; Weiß an Brust und Zehen erlaubt.

332

Gewicht Rüde und Hündin: Großer Schlag 5–9 kg. Kleiner Schlag 3–5 kg.

Farbe Einfarbig schwarz. In England sind auch andere Farben zugelassen.

333. SHIH-TZU

Ursprung und Verwendung Es gibt zwei Vermutungen über die Entstehung dieser chinesischen Rasse; nach der einen soll sie gezüchtet sein aus dem Pekingesen und dem Tibet-Terrier, nach der anderen aus dem Lhasa Apso und dem Pekingesen. In England kommt der Shih-Tzu seit 1930 vor und ist genau wie in anderen europäischen Ländern regelmäßig auf Ausstellungen zu sehen. In den USA ist er um 1960 bekannt geworden.
Äußere Kennzeichen *Kopf:* Breit und rund, kurzer, viereckiger Fang und deutlicher Stop. *Augen:* Groß, rund, dunkel. *Ohren:* Groß, hängend. *Scherengebiß* oder leichter *Vorbeißer. Hals:* Mittellang. *Körper:* Gestreckt mit breiter, tiefer Brust und gut gewölbten Rippen, gerader Rücken. *Läufe:* Kurz mit kräftigen Knochen. *Pfoten:* Stark. *Rute:* Geringelt über dem Rücken getragen. *Haar:* Lang, dicht, gerade, dichte Unterwolle.
Charakter Intelligent, lebhaft, unabhängig.

334. JAPAN-CHIN

Ursprung und Verwendung Buddhistische Priester brachten diese Hunde, verwandt mit Mops und Pekingesen, aus China mit nach Japan, wo sie bereits um 800 in besseren Kreisen als Haustiere beliebt waren. Heute ist die Rasse auf den meisten Ausstellungen in Europa und den USA vertreten.
Äußere Kennzeichen *Kopf:* Groß, mit breitem, nach vorn abgerundetem Schädel, sehr kurzer, breiter Fang und tiefer Stop. *Augen:* Rund, dunkel. *Ohren:* Klein, hängend. *Gebiß:* Vorbeißer. *Hals:* Nicht zu kurz. *Körper:* Kurz, breite, tiefe Brust, gerader Rücken, hochgezogener Bauch. *Läufe:* Ziemlich kurz, mit feinen Knochen. *Pfoten:* Kleine Hasenpfoten. *Rute:* Geringelt über dem Rücken getragen. *Haar:* Lang, gerade, weich, seidig, kurz auf dem Kopf, gute Befederung.
Charakter Fröhlich, intelligent, lebhaft.

335. SPANIEL, KING CHARLES

Ursprung und Verwendung Im 17. Jahrhundert verewigte der Maler A. van Dyck König Charles I. von England zusammen mit seinen Hunden, woraufhin man wahrscheinlich die Hunde nach ihm benannte. Die vier Farbschläge, in denen die Rasse vorkommt, bekamen alle einen eigenen Namen. Außerhalb Englands kommen diese Spaniels nur sporadisch vor.
Äußere Kennzeichen *Kopf:* Mit gewölbtem, breitem Schädel, quadratischer, sehr kurzer, zurückgeschobener Fang, markanter Stop. *Augen:* Groß, dunkel. *Ohren:* Lang, flach hängend. *Körper:* Mit breiter, tiefer Brust und gut gewölbten Rippen, kurzer gerader Rücken. *Läufe:* Kurz mit gutem Knochenbau. *Pfoten:* Ziemlich groß. *Rute:* Meist bis zur Hälfte kupiert, nicht über der Rückenlinie getragen. *Haar:* Lang, seidig, gerade, leichte Wellen erlaubt, üppige Befederung.
Charakter Anhänglich, wachsam, aufmerksam.

333

Schulterhöhe
Rüde und Hündin: höchstens 27 cm.

Farbe Alle Farben. Weiße Blesse auf der Stirn und weiße Spitze an der Rute sehr geschätzt.

334

Schulterhöhe
Rüde: etwa 30 cm. Hündin: etwas kleiner.

Farbe Weiß mit Schwarz; Weiß mit Rot in verschiedenen Schattierungen.

335

Gewicht
3,5–6 kg.

Farbe King Charles: Schwarz und Lohfarbe. Prince Charles: Weiß und Schwarz mit lohfarbenen Abzeichen. Ruby: Kastanienrot. Blenheim: Weiß mit Kastanienrot.

336. TIBET SPANIEL

Ursprung und Verwendung Die Rasse wird am häufigsten in den Grenztälern zwischen Tibet und China gezüchtet, und hier ist der Tibet-Spaniel das Schoßtier der Frauen und Priester. In England und den USA beliebter Haushund.
Äußere Kennzeichen *Kopf:* Mittelgroß, mit mäßig breitem Schädel; kurzer, stumpfer Fang und leichter Stop. *Augen:* Mittelgroß, braun. *Ohren:* Hängend. *Körper:* Nicht zu lang, mit mittelbreiter Brust. *Läufe:* Kurz, vordere leicht gebogen. *Pfoten:* Hasenpfoten. *Rute:* Geringelt über dem Rücken getragen. *Haar:* Ziemlich lang, glatt, flach; gute Unterwolle, gute Befederung; kurz am Kopf und an der Vorderseite der Läufe.
Charakter Klug, lebhaft, selbstsicher, kein Jedermannsfreund, mutig.

337. TERRIER, AUSTRALIAN SILKY – SILKY-TERRIER

Ursprung und Verwendung Anfangs nannte man die australische Rasse Sydney Silky Terrier. Sie hat ihren Ursprung in der Kreuzung von Yorkshire-Terrier und dem Australischen Terrier.
Äußere Kennzeichen *Kopf:* Keilförmig, Schädel nicht zu breit und etwas länger als der Fang, nicht zu tiefer Stop. *Augen:* Dunkel, mit intelligentem Ausdruck. *Ohren:* Stehend. *Scherengebiß. Hals:* Dünn und mäßig lang. *Körper:* Lang mit mäßig breiter, ziemlich tiefer Brust, gerader Rücken. *Läufe:* Kurz mit leichten Knochen. *Pfoten:* Katzenpfoten. *Rute:* Kupiert. *Haar:* 12–15 cm lang, flach seidig, glänzend; an den Mittelläufen und Pfoten kurz.
Charakter Intelligent, lebhaft, fröhlich.

338. TERRIER, ENGLISH TOY – BLACK AND TAN TERRIER

Ursprung und Verwendung Aus dem alten rauhhaarigen Black and Tan Terrier, Vorfahre mancher englischer Terrier, stammt der Manchester Terrier, aus dem mit Hilfe von Whippets und Italienischen Windspielen der English Toy Terrier entstand. Diese Hunde sind große Rattenfänger.
Äußere Kennzeichen *Kopf:* Lang, mit schmalem Schädel, schmal zulaufendem Fang und leichtem Stop. *Augen:* Klein, dunkel. *Ohren:* Stehend. *Scherengebiß. Hals:* Ziemlich lang. *Körper:* Ziemlich kurz, mit schmaler, tiefer Brust und gut gewölbten Rippen. *Läufe:* Lang. *Pfoten:* Mehr Katzen- als Hasenpfoten. *Rute:* Mäßig lang, nicht über dem Rücken getragen. *Haar:* Kurz, dicht, glänzend.
Charakter Wachsam, anhänglich, mißtrauisch gegenüber Fremden, Einmannhund.

336

Schulterhöhe Rüde: höchstens 28 cm. Hündin: höchstens 24 cm.

Farbe Goldgelb; Fuchsrot; Schwarz; Schwarz und Lohfarbe; Weiß mit dunklen Flecken; Creme; Weiß; Braun.

337

Schulterhöhe Rüde und Hündin: 22,5–25 cm.

Farbe Blau: Silber-, Tauben- oder Schieferblau mit Lohfarbe auf Fang, Wangen, rund um die Ohren, auf den Mittelpfoten und der Rutenunterseite.

338

Schulterhöhe Rüde und Hündin: 25–30 cm.

Farbe Pechschwarz mit lohfarbenen Abzeichen.

339. TERRIER, YORKSHIRE-

Ursprung und Verwendung Die Rasse entstand in der zweiten Hälfte des 19. Jahrhunderts in Leeds und Halifax. Wahrscheinlich brauchte man den Skye und den Manchester Terrier, vielleicht auch den Dandie Dinmont und den Malteser. Der Yorkshire Terrier kommt in letzter Zeit auch außerhalb Englands immer mehr zur Geltung.
Äußere Kennzeichen *Kopf:* Klein mit flachem Schädel, recht kurzem Fang und erkennbarem Stop. *Augen:* Dunkel mit scharfem, klugem Ausdruck. *Ohren:* Klein, stehend. *Körper:* Kurz mit geradem Rücken. *Läufe:* Kurz mit leichten Knochen. *Pfoten:* So rund wie möglich. *Rute:* Bis zur Hälfte kupiert. *Haar:* Lang, vollkommen gerade, glänzend, seidig.
Charakter Mutig, klug, lebhaft, sportlich.

340. ZWERGPINSCHER

Ursprung und Verwendung Aus den vielen Pinscherschlägen, die von alters her in Deutschland vorkamen, entwickelten sich drei Rassen: Die Pinscher, die Schnauzer und die Zwergpinscher. Der Zwergpinscher ist in vielen europäischen Ländern und in den USA sehr geschätzt.
Äußere Kennzeichen *Kopf:* Gestreckt, flacher Schädel, kräftiger Fang, mäßiger Stop. *Augen:* Oval, fast schwarz. *Ohren:* Stehend, nach den deutschen Rassemerkmalen kupiert, in anderen Ländern auch Knopfohr. *Scherengebiß. Hals:* Ziemlich lang. *Körper:* Kurz mit tiefer Brust und gut gewölbten Rippen, kurzer Rücken und etwas hochgezogener Bauch. *Läufe:* Mäßig lang mit gutem Knochenbau. *Pfoten:* Katzenpfoten. *Rute:* Bis auf drei Wirbel kupiert. *Haar:* Kurz, dicht, glatt, glänzend.
Charakter Dreist, verständig, leidenschaftlich, aufmerksam.

341. ZWERGSCHNAUZER

Ursprung und Verwendung Man nimmt an, daß die kleinen Exemplare des Mittelschlag-Schnauzers, vielleicht gekreuzt mit dem Affenpinscher, die Vorfahren des Zwergschnauzers sind. Sowohl in Europa als auch in den USA schätzt man die Rasse sehr.
Äußere Kennzeichen *Kopf:* Lang mit flachem Schädel, kräftiger Fang und mäßiger Stop. *Augen:* Oval, dunkel. *Ohren:* Stehend, nach den deutschen Rassemerkmalen kupiert, in andere Ländern auch Knopfohr. *Scherengebiß. Hals:* Lang, ohne Kehlhaut. *Körper:* Kurz mit mäßig breiter, sehr tiefer Brust und mäßig gewölbten Rippen, geradem Rücken, mäßig hochgezogener Bauch. *Läufe:* Mittellang mit gutem Knochenbau. *Pfoten:* Katzenpfoten. *Rute:* Bis auf drei Wirbel kupiert. *Haar:* Rauh, hart, große Augenbrauen und Bart.
Charakter Gehorsam, anhänglich, markig, tollkühn, kein Jedermannsfreund.

339

Gewicht Rund 3 kg.

Farbe Vom Hinterkopf bis Rutenansatz dunkel Stahlblau, sonst Lohfarben: die lohfarbenen Haare verlaufen von der Wurzel zur Spitze immer heller.

340

Schulterhöhe Rüde und Hündin: 25–36 cm.

Farbe Schwarz mit rotbraunen Abzeichen; einfarbig rehbraun bis hirschrot; Blaugrau bis Schokoladenbraun, beide mit roten bis gelbbraunen Abzeichen.

341

Schulterhöhe Rüde und Hündin; 30–35 cm.

Farbe Pfeffer und Salz; Schwarz.

Register der Hunderassen